Laços de Família

Del Priore assevera que, no sentido comum, este termo se refere à vida privada, à família, às atividades ligadas aos laços sociais, ao trabalho doméstico, e às práticas relacionadas ao consumo. As questões relacionadas à economia, à política e ao cultural são excluídos.[6]

A vida cotidiana se define na transformação profunda das relações sociais, na privatização da vida familiar, na nova arquitetura dos interiores da casa, que se tornam um local exclusivo para morar, onde não é exercido o comércio, o que muda as relações entre os familiares e destes com o espaço. O quarto de dormir não é mais o local de receber visitas, cada cômodo tem sua função definida. O quarto dos empregados é distante do dos senhores; na frente da casa, a sala, o escritório, ao fundo, a privacidade, a cozinha, o quarto de dormir.[7]

Para Le Goff, o estudo do cotidiano só tem um valor, histórico e científico, quando contribui para explicar o funcionamento dos sistemas históricos. A História não é produto somente dos grandes acontecimentos, ela é uma construção diária, feita por todas as camadas da população. Trata-se, ainda, de uma História que rediscute os sujeitos. Tornar-se sujeito da história é valorizar uma imagem, uma ação.[8]

A História do Cotidiano insere-se na História Social, que também se subdivide em outras áreas: a história da família, a história social do trabalho e a história social do Brasil colonial e da

---

6 DEL PRIORE, Mary. História do Cotidiano e da vida privada. In.: *Os Domínios da História: ensaios de Teoria e Metodologia.* Rio de Janeiro: Campus, 1997, p. 260-261.

7 Ibidem, p. 261.

8 DEL PRIORE, Mary. *op.cit.*, p. 262, 266, 274.

escravidão; as três vertentes que nos últimos anos têm concentrado o maior número de trabalhos e discussões.[9]

Neste sentido, cabe-nos fazer uma história que recupere os indivíduos, a família, o modo de viver do cotidiano. A família exerceu uma função primordial na colônia, principalmente quando no ambiente rural. A família foi uma forma de estabilidade e de movimento, o indivíduo não era isolado, pertencia a um grupo. Trata-se então, a família, de um conceito ligado aos elementos que extrapolam os limites da consangüinidade, abrangendo a parentela e a coabitação incluindo, enfim, as relações habituais.[10]

A discussão sobre o tema da família é ampla e há muito tempo vem sendo discutida entre os historiadores. As formas de estudá-la variam de acordo com a documentação utilizada (registros paroquiais de casamento, batizado e óbito) o que permite, algumas vezes, estabelecer a reconstituição das famílias nos moldes da demografia francesa ou das listas nominativas, que favorecem a realização de estudos mais próximos às análises realizadas pelo grupo de Cambridge.[11]

O estudo da família negra está atrelado às análises que emergiram desde os anos 80 sobre família escrava. Nos últimos anos, a história social da escravidão debruçou-se sobre a problemática da família escrava, novos estudos emergiram por todas as partes, sugerindo o escravo como parte ativa da sociedade.

> Na verdade, tais estudos evidenciam que escravos e senhores manipulavam e transigiam no sentido de obter a cola-

9 CASTRO, Hebe Maria Mattos de. A História Social. In.: *Domínios da História*, p. 55.

10 FARIA, Sheila de Castro. *A Colônia em Movimento: fortuna e família no cotidiano colonial.* Rio de Janeiro: Nova Fronteira, 1988, p. 19-20.

11 FARIA,Sheila de Castro. *op.cit.*, p. 39-40.

> boração um do outro, cada qual utilizando seus objetivos, recursos e estratégias.[12]

Verifica-se um alargamento metodológico por meio de novas perspectivas de análise que creem na possibilidade de se elaborar uma história do escravo em conjunto com a do senhor – contraponto do escravo, a partir do qual este se define. Da mesma forma, a apreensão dos comportamentos dos senhores de escravos passa também pela consideração de suas relações com os cativos enquanto elo primordial na concretização e funcionamento do sistema. A sociedade escravista apresenta-se como fruto da dinâmica social entre senhores e escravos. Sociedade polarizada em torno desses dois eixos básicos, seu campo de influência não se esgotava produzindo uma complexa rede de relações sociais, propiciou as ligações entre os diferentes segmentos sociais, mesmo daqueles não diretamente implicados no sistema escravista.[13]

Consequentemente, efetua-se uma revisão no conceito de resistência, que passa a ser compreendido enquanto campo diferenciado de possibilidades de oposição ao sistema escravista, não podendo dissociá-la do conceito de acomodação.[14]

Nesta perspectiva, podemos compreender as histórias de Zumbi – visto como a ira sagrada, o treme terra – e de outros como Mãe Preta e Pai João – vistos como a submissão conformada. Pai João não foi a ausência de luta, mas uma estratégia desta, pois no Brasil, como em outras partes, os escravos negociaram mais do que

---

12 REIS, João José & SILVA, Eduardo. *Negociação e Conflito: A resistência negra no Brasil escravista*. São Paulo: Companhia das Letras, 1989, p. 16.

13 GONÇALVES, Rosana Andréa, Ivani Maia, Marco Antônio Cabral dos Santos, Fabiana Schleumer. *op.cit.*, p. 68-69.

14 MACHADO, M.H.P.T. *Crime e Escravidão: Trabalho, Luta e Resistência nas lavouras paulistas1830-1888.*, São Paulo: Brasiliense, 1987, p. 16-21.

lutaram abertamente contra o sistema. Trata-se do heroísmo prosaico de cada dia, pois apesar dos castigos físicos, da alimentação inadequada, da saúde comprometida ou do esfacelamento da família, os escravos conseguiram viver o seu dia-a-dia.[15]

> Relativamente poucos, na verdade, assassinaram seus senhores, ou participaram de rebeliões, enquanto que a maioria, por estratégia, criatividade ou sorte, ia vivendo da melhor forma possível. Como verbalizaram os próprios escravos, no Sul dos Estados Unidos, os brancos fazem como gostam; os pretos, como podem.[16]

A revisão do conceito de resistência, permite os recortes dos espaços de autonomia conquistados pelos escravos perante o mundo do senhor. Os espaços de autonomia do escravo se definem pela elaboração de uma ética particular do trabalho, valores morais, concepção de mundo próprio. A consideração da existência de elementos independentes, próprios aos escravos, permite resgatá-lo enquanto ator social capaz de estabelecer laços coerentes em face de seus iguais e de outros grupos subalternos. A autonomia era relativa, forjada nas relações orgânicas entre senhores e escravos, ocupando as brechas do domínio hegemônico da camada dominante. A autonomia do escravo refletia os limites da dominação senhorial. A circulação da população escrava, nas cidades e no campo: a amizade de escravos, entre si e entre estes e outras camadas não proprietárias, e o compadrio (...).[17]

Em períodos anteriores, a nossa historiografia afirmava que negros – escravos ou libertos – não possuíam família. Freyre apontou

---

15 GONÇALVES, Rosana Andréa, Ivani Maia, Marco Antônio Cabral dos Santos, Fabiana Schleumer. *op. cit.*, p. 88.

16 REIS, João José & SILVA, Eduardo. *op.cit.*, p. 13-14.

17 MACHADO, M.H.P.T. *op.cit.*, p .20.

a animalidade dos negros, a falta de freio aos impulsos sexuais; Viotti da Costa falou da promiscuidade das senzalas; Nogueira afirmou que, devido à instabilidade das organizações familiares, os escravos não sabiam quem era sua mãe e seus irmãos; Bastide argumentou que as mulheres escravas dormiam com vários homens, que o filho do senhor tinha pai branco e mãe – ama de leite – negra; que o filho do escravo, quando conhecia sua mãe, não sabia quem era seu pai que era na verdade, o senhor branco, o dono do engenho. Afirmava também o autor que, devido à impossibilidade de manter a existência da família, da linhagem e do culto aos antepassados, os escravos bantus estavam predestinados a desaparecer ou a sobreviver pelo que ele chama de vias indiretas. Para Fernandes, a escravidão não só marcou o comportamento sexual dos negros, como também minou suas formas de organização em família; o resultado, segundo ele, foi que o negro saiu do cativeiro num estado de "anomia" ou de "patologia social", sem laços de solidariedades entre parentes, algo muito importante para enfrentar a concorrência do imigrante e alcançar a mobilidade social. Estes autores basearam-se no testemunho de viajantes estrangeiros que estiveram no Brasil. Tschudi comentou sobre a leviandade e a inconstância do negro com relação às ações sexuais; Perdigão Malheiro, um jurista senhor de escravos, declarou que as escravas, em geral, viviam concubinadas, ou melhor, em devassidão; Louis Couty, um francês, declarou que as negras não sabiam quantos filhos tinham e nem sequer por onde eles andavam. Com exceção de Debret, que deixa dúvidas devido a seu texto ambíguo, os demais autores apresentam a imagem da devassidão como marca no comportamento sexual e na vida familiar dos escravos. Tratam-se de *olhares brancos* sobre *lares negros*.[18]

---

18 SLENES, Robert. Lares negros, olhares brancos. In.: *Colcha de retalhos: histórias da família escrava no século XIX*. 2 ed. Campinas, SP: Editora da UNICAMP, 1993, p. 91.

Tais afirmações decorrem de um juízo de valor, opiniões estritamente relacionadas à moral. Acreditava-se que os negros viviam em desordem, em meio a balbúrdia e à vadiagem. Uma das funções da moral é a inibição, o veto, a outra é a transformação, a culturalização das aspirações da particularidade individual, tratam-se, assim, de juízos provisórios que se enraízam na particularidade.[19]

Em meio a este contexto, o preconceito configura-se como uma categoria do pensamento e do comportamento cotidiano. Os preconceitos desempenham uma função importante também em esferas que se encontram acima da cotidianidade; mas não precedem essencialmente dessas esferas, nem aumentam sua eficácia; ao contrário, não só a diminuem como obstaculizam o aproveitamento das possibilidades que elas comportam. Quem não se liberta de seus preconceitos artísticos, científicos e políticos fracassa, inclusive pessoalmente.[20]

Como uma característica de nosso pensamento e de nosso comportamento cotidianos, há a ultra generalização que pode ser adquirida através da interiorização de esquemas estereótipos, analogias; por outro lado, podem ser transmitidos pelo meio social em que crescemos. Em períodos estáticos, passam-se frequentemente inteiras gerações sem que se problematizem os estereótipos de comportamento e pensamento.[21]

Em épocas dinâmicas, esses elementos podem tornar-se problemáticos até mesmo várias vezes em uma só geração. Além disso, a problematização é mais lenta e infrequente em caracteres inclinados para o conformismo do que em indivíduos dinâmicos e críticos. A tradição não é sempre a fonte da generalização, há ainda a experiência pessoal e a atitude que se contrapõe ao sistema

---

19 HELLER, Agnes. *op. cit.*, p. 37 e 97.

20 Ibidem, p. 43.

21 HELLER, Agnes. *op.cit*, p. 44.

estereotipado tradicional. Concluímos que a ultra generalização é inevitável na vida cotidiana. Cada uma de nossas atitudes baseia-se em valores já adquiridos.[22]

Nossos preconceitos sociais podem ser estereotipados ou não. Todo preconceito dominante ou relativamente generalizado apresenta, via de regra, um núcleo estereotipado, semi-estereotipado ou, simplesmente, não-estereotipado. O fato de que a formulação de um preconceito possa ser mais ou menos individual, contudo, nada diz acerca da individualidade do homem que assumiu esse preconceito. Não há relação direta entre a estereotipia e a intensidade do preconceito. A intensidade dos preconceitos percebe-se em seu grau de transposição prática, pois estes são[23] resultantes da própria integração social. O preconceito é produto da classe dominante, mesmo quando pretendem uma imagem do mundo relativamente isenta de preconceitos. As classes dominantes desejam manter a coesão de uma estrutura social que lhes beneficie.[24]

Todo homem, em certa medida, tem preconceitos, porém todo preconceito impede a autonomia do homem, ou seja, diminui sua liberdade relativa diante do ato de escolha, deforma e estreita a sua margem real de alternativas.[25]

A vinculação do indivíduo com a sociedade coincide com a vinculação do indivíduo com a comunidade. As últimas integrações desse tipo foram a família clânica e as tribos. Quanto mais diferenciada é a estrutura, mais uma sociedade é concreta.[26] Em oposição à filosofia Bantu, pertencer a uma comunidade não é um fato obrigatório. Na sociedade burguesa o homem não nasce em uma comu-

---

22 Ibidem, p. 44.

23 Ibidem, p. 50.

24 Ibidem, p. 53-54.

25 HELLER, Agnes. *op.cit.*, p. 59.

26 Ibidem, p. 65.

nidade, sua existência individual não se relaciona a sua existência social: o indivíduo burguês cresce, freqüentemente, fora de qualquer comunidade e chega mesmo a viver assim por toda a vida.[27]

Com a publicação de Casa Grande e Senzala, em 1933, surgiu uma polêmica historiográfica sobre o caráter do sistema escravista brasileiro; para alguns ele era violento e cruel, para outros brando e benevolente.[28] Freyre, adepto da segunda opção, foi um autor revolucionário com relação ao método antropológico-cultural, quanto à originalidade da pesquisa dos fatos e à forma de interpretação dos mesmos, pois ele provocou mudanças nas idéias, que existiam no país, sobre a inferioridade do povo negro, destacou as raízes africanas e sua importância na cultura brasileira; por outro lado, foi conservador, ressaltou a benignidade da escravidão brasileira, reforçou o mito da brandura do senhor, da submissão do escravo e influenciou outros autores, entre eles, alguns norte-americanos como Frank Tannembaun, Stanley Elkins e Genovese.[29]

A partir dos anos 50 surgiu uma nova concepção, novos estudos sobre a escravidão negra, que se opôs às considerações feitas por Freyre. A derrota do nazismo, a luta do negro norte-americano pela igualdade racial e a ampliação dos direitos civis, tiveram seus reflexos numa nova historiografia que avançou com o surgimento de novos enfoques teóricos, métodos mais rigorosos e subsídios interdisciplinares.[30]

Nos Estados Unidos, surgiam os trabalhos de Davis, Charles Wagley, Boxer e Genovese; e no Brasil, os trabalhos de Cardoso,

---

27 Ibidem, p. 76.

28 Ibidem, p. 103.

29 QUEIRÓS, S. R. R. Escravidão negra em debate. In.: FREITAS, Marcos Cézar de. *Historiografia Brasileira em Perspectiva.* São Paulo: Contexto, *1998*, p. 104-105.

30 QUEIRÓS, S.R.R., *op.cit.*, p. 105.

Fernandes, Ianni e Viotti da Costa cujos estudos diferem, assim como os norte-americanos correlatados das percepções de Freyre e seus adeptos.[31]

Estes autores, então, apontam a violência do sistema escravista e se opõem a quase todas as afirmações de Freyre. Em 1977, Moura se tornou um dos pioneiros no estudo da rebeldia negra ao estudar as revoltas baianas ocorridas na primeira metade do século XIX.[32]

Algranti, num estudo sobre a escravidão urbana considerada mais suave pela historiografia, rediscute a questão e verifica que o cativeiro na cidade não era melhor ou piou, mas simplesmente diferente. A historiografia derrubou o modelo de escravidão onde os senhores eram severos mas paternais e os escravos submissos e fiéis.[33]

A partir dos anos 80, surgiu uma nova corrente historiográfica que rediscute o conceito de resistência e que, na visão de alguns autores, é um neopatriarcalismo. "*Ser escravo no Brasil*", de Mattoso, seria o marco deste estudo. Logo após, temos Lara com "*Campos da Violência*". Outros autores trilharam este caminho, entre eles Silva, Vainfas, Chalhoub e Flamarion Cardoso.[34]

Estes autores, com suas respectivas, obras permitem que novos ângulos sejam repensados, entre eles o da família escrava, que tem como principais representantes Slenes, Costa, Gutiérrez e Motta.[35]

Pensar em negros – escravos ou libertos – vivendo em família no Brasil, antes da década de 80, gerava uma grande polêmica, assim como pensar em libertos organizando escravarias e adquirindo escravos negros. Travou-se, então, uma discussão sobre os modos de se fazer história. As perspectivas historiográficas

---

31 Ibidem, p. 106.

32 Ibidem, p. 107.

33 Ibidem, p. 108.

34 QUEIRÓS, S.R.R. *op.cit*, p. 107-108.

35 Ibidem,. p. 111.

apontavam para uma história econômica, marxista, que estudava os indivíduos como classe econômica, diminuindo as influências dos aspectos sociais e/ou individuais sobre os acontecimentos. Por meio de uma perspectiva de história voltada para o social, objetivando a compreensão dos valores e posicionamentos humanos, foi possível trilhar novos caminhos. O advento da demografia histórica, no Brasil, e um novo arsenal de fontes e métodos apresentados aos historiadores brasileiros, despertou a possibilidade do estudo de novas temáticas como, por exemplo, a família negra.

A demografia histórica

A Demografia histórica nasceu nos anos 1929-30, devido a algumas mutações historiográficas. A preocupação com a crise mundial originou uma história voltada para as questões econômicas, parcialmente quantitativa como a história dos preços, das estruturas flutuantes. A História buscava traçar caminhos econômicos, aproximava-se das lições de Simiand e de Labrousse, como o estudo das flutuações de curta e longa duração, bem como os ensinamentos atribuídos por Fernand Braudel que se relacionavam aos espaços, ao mar e ao oceano.[36]

A partir dos anos 50 consolidou-se na história a preocupação com as questões econômicas e quantitativas. A ascensão de outras Ciências Sociais, como a Antropologia, a Sociologia, a Linguística e a Demografia, permitiu à história novas dimensões. Neste contexto, destaca-se a demografia histórica. Trata-se de uma ciência auxiliar que de início volta-se para a efetuação de cálculos rigorosos sobre a reprodução humana na França. Havia ainda a carência de métodos e técnicas de análise, supridas pelo estudioso Luís Henry

36 MARCÍLIO, Maria Luíza. *Demografia histórica: organizações, técnicas e metodológicas.* São Paulo: Pioneira, 1977, p. 2.

através da elaboração de seu método de reconstituição de famílias, aplicado primeiramente na França, em seguida na Inglaterra e, logo após, em toda a parte. O método consiste em medir com precisão e rigor a natalidade, a reprodução e a mortalidade humana. O trabalho desenvolvido por Henry-Fleury, demógrafo, contou com a colaboração de Pierre Goubert, historiador que, em 1952, realizou um estudo sobre a demografia do século XVIII francês utilizando, como "corpus" documentais, registros eclesiásticos de batizados, casamentos e óbitos.[37]

Os métodos e preocupações da Demografia Histórica estenderam-se para outras localidades. Na Grã-Bretanha, T. Hollingsworth aplicou a técnica a uma parcela da população previamente estudada pelo método de genealogia: a nobreza.[38]

A escola de Cambridge, que tem em Laslett seu maior expoente, adotou o modelo francês para a análise das paróquias anglicanas e o enriqueceu. Trata-se do método agregativo, que objetiva a simplificação da coleta de dados, a ampliação do raio de estudo, agrupando paróquias distintas e consequentemente regiões mais amplas. Afasta-se um pouco do rigor da metodologia francesa, porém esse afastamento não invalida as possibilidades de pesquisas mais rigorosas.[39]

Os interesses da escola de Cambridge voltaram-se para o desenvolvimento de estudos comparativos e internacionais, análises demográficas e sociais, sobre a família e o agrupamento doméstico, por três séculos em várias partes do mundo. Um dos temas orientadores desta escola é o estabelecimento de programas de processamento utilizados na reconstituição de famílias e no tratamento demográfico-estatístico dos dados.[40]

---

37 Ibidem, p. 3-5.

38 Ibidem, p. 8.

39 MARCÍLIO, Maria Luiza. *op.cit.*, p. 8.

40 Ibidem, p. 8.

> O sucesso da nova ciência está também na convicção cada vez maior de que o embasamento demográfico em qualquer estudo histórico de natureza social, econômica ou cultural é essencial. Por outro lado, as mudanças populacionais não poderiam ser compreendidas ou explicadas isoladamente, mas dentro de um todo orgânico. O caráter multidisciplinar da pesquisa histórica-demográfica mostrou-se desde logo como um dos melhores frutos do enfoque científico.[41]

Os estudos relacionados a Demografia Histórica, no Brasil, tiveram como precursor Lisanti. Logo após, Marcílio utilizou-se dos registros paroquiais brasileiros aplicando o método de Henry-Fleury.[42]

Um aspecto da demografia histórica é o estudo do desenvolvimento de um país de um ano para o outro. Ela estuda a evolução da população analisando as mudanças ocorridas através dos nascimentos, das mortes e das migrações, relacionadas à idade para o casamento, às medidas necessárias para a saúde pública e ao crescimento das cidades.[43]

A demografia histórica comporta duas abordagens principais, uma relacionada às fontes e a outra a uma temática particular. No primeiro caso, o historiador objetiva estudar documentos que parecem ter um significado demográfico. A realização de uma análise exaustiva, a utilização de outros documentos e, em segundo plano, a consideração de informações adicionais caracterizam o primeiro tipo. Há uma interlocução entre os interesses do historiador e os métodos de análise demográfica.[44] Por outro lado, a

41 Ibidem, p. 9.

42 Ibidem, p. 16-17.

43 Ibidem, p. 24.

44 MARCÍLIO, Maria Luiza. *op.cit.*, p. 30-31.

segunda abordagem da demografia histórica inicia a investigação com uma hipótese, teoria ou modelo, que se deseja comprovar.[45]

As categorias de fontes existentes podem ser divididas de diversas maneiras. Hollingsworth salienta três distinções amplas: a primeira, abrange as fontes escritas e as não-escritas. As últimas pouco acrescentam às primeiras, excetuando-se as sociedades primitivas; a segunda, corresponde aos dados referentes à população como um todo e aos dados que dizem respeito a uma parte da sociedade.

A terceira, corresponde aos censos, enumerações da população. Citam-se como fontes: o censo (listas nominativas); o registro civil; os censos eclesiásticos; os registros paroquiais; as genealogias; os seguros e as listas profissionais. Sugere-se, como única regra coerente, a confrontação de diferentes fontes.[46]

Como as fontes são utilizadas no debate historiográfico brasileiro? O estudo da obra de Prado, do seu modelo interpretativo sobre a economia colonial, permite-nos, entre outras coisas, repensar a utilização das fontes no traçado de uma história do Brasil colonial mais preocupada com o cotidiano e as formas de sobrevivência da população.

O modelo pradiano frente às novas perspectivas de pesquisa

A historiografia brasileira, desde o período que sucede a abolição da escravatura, vem buscando modelos explicativos para a economia brasileira. A abolição da escravatura foi um divisor de águas nos estudos sobre o Brasil. No início, o escravo não era um elemento que explicava a história, mas era explicado por ela; o interesse das pesquisas voltava-se para outros campos. Devido às ideologias vigentes

---

45 Ibidem, p. 31.

46 Ibidem, p. 32-39.

apontava-se, então, uma interpretação sociológica que privilegiava as classes senhoriais, o que permitiu o modelamento de uma história da sociedade patriarcal e aristocrática. Identificam-se, com essas prerrogativas, os estudos de Vianna e Freyre. O primeiro, pregou a supremacia racial da aristocracia escravista brasileira e, o segundo, advogava em favor do antirracismo (paternalismo). Apesar das diferenças, verificam-se semelhanças nos pontos de vista de ambos os autores; pois que, estes, incluíram a sociedade patriarcal na tipologia feudal. Posteriormente, outra linha historiográfica elaborou uma teoria na qual o latifúndio passou a ser entendido como categoria central que modelou o feudalismo; daí o surgimento de duas vertentes abrangendo a temática feudal: a primeira é representada por Alberto Passos Guimarães – e, nela, era preciso admitir que o feudalismo se baseou em relações escravistas (fenômeno considerado secundário diante do privilegiamento teórico da grande propriedade territorial) –; a segunda, que compreendia o escravismo como uma superficial especificidade, teve existência restrita. Logo após, surgiu a vertente relacionada à historiografia econômica, que propunha como categoria central o comércio exterior. Vislumbrou-se uma História do Brasil, Colônia e Império, vinculada à história das exportações realizadas e relacionadas, de forma condensada e periodizada, a alguns produtos economicamente dominantes. Cada período de dominação de um produto de exportação foi considerado um ciclo, daí resultou a teoria dos ciclos (pau-brasil, açúcar, algodão, ouro, café). A primeira obra a representar a teoria dos ciclos referia-se a Portugal – Épocas do Portugal econômico de Azevedo – obra que abrangeu o ciclo dos produtos coloniais. Em seguida, destacou-se um outro escritor português, Normano, com a obra *Evolução Econômica do Brasil* – uma exposição mais elaborada sobre a teoria dos ciclos. No entanto, somente com *História Econômica do Brasil*, de Simonsen, é que a teoria dos ciclos atingiu o seu acabamento final. Essa obra elencou os produtos dominantes de exportação e os produtos secundários através de um levantamento fatual e avaliações quantitativas; tratava-se, contudo, de uma teoria demasiadamente estreita, ocasionando a limitação das possibilidades explicativas. Nessa perspectiva, surgiu a obra de Prado, que representou um "salto qualitativo" não só com a descoberta da estrutura exportadora, mas ultrapassando os limites da história comercial, avançando no sentido de fornecer um arcabouço econômico-social, limitando-se, todavia, à perspectiva do comércio exterior.[47] Tal fator delimita o que se denomina o "sentido da colonização," que pode ser resumido nas seguintes palavras

> (...). Se vamos a essência da nossa formação, veremos que na realidade nos constituímos para fornecer açúcar, tabaco (..) e em seguida café, para o comércio europeu. É com tal objetivo, objetivo exterior, voltado para fora do país e sem atenção a considerações que não fossem interesse daquele comércio, que se organizaram a sociedade e a economia brasileira.[48]

Os estudos subsequentes à obra de Prado mantiveram esse caráter exportacionista. Como exemplo, citamos o estudo desenvolvido por Furtado que centrou o eixo da compreensão do funcionamento da economia colonial no comércio exterior. Evidencia-se, assim, uma brecha para o estudo das relações internas. O autor afirma que as atividades de exportação, altamente especializadas, seriam marcadas por um grande coeficiente de importação. Eis então a brecha através da qual, em tese, se poderia desenvolver um mercado interno colonial, ou seja, produções mercantis para o abastecimento, já que a instalação da agroexportação implicaria, necessa-

47 GORENDER, Jacob, *O Escravismo Colonial*, São Paulo: Editora Ática, 1978. p. 1-3.

48 COSTA, Iraci Del Nero da. *Repensando o modelo interpretativo de Caio Prado Jr.*, p. 1.

riamente, a implementação dos setores mercantis de produção. Em outras palavras, dadas às suas próprias características ao redor da empresa exportadora, poderia se desenvolver uma divisão social do trabalho e um mercado interno ligados ao seu abastecimento. Para Furtado, a economia colonial não possuía flutuações próprias, estas relacionavam-se ao mercado internacional. Tal constatação é lógica, haja vista a compreensão da colônia como um simples apêndice dos sistemas maiores.[49]

Posteriormente, publicou-se o trabalho de Novais no qual o autor, de forma mais sistemática e delimitada do que Prado, busca uma maior integração do Antigo Sistema Colonial Mercantilista à acumulação primitiva de capital. O autor estabelece uma série de pressupostos, dos quais emergem os traços básicos da economia colonial, iniciando pela escravidão.[50]

Em contrapartida, na década de 1970, elaborou-se um novo modelo para a historiografia brasileira: o modo de produção escravista colonial que tem em Barros de Castro, Cardoso e Gorender os seus mais expressivos expoentes. Observamos sérias divergências entre esses autores, mais acentuada do que nos autores que perfilham o perfil pradiano.[51]

Para Gorender, a expressão colonial refere-se à transferência de parte do excedente econômico da colônia para a metrópole. Já para Cardoso, a expressão significa restritamente a dependência estrutural da economia colonial. Segundo Gorender, o sistema colonial possuí três traços básicos: "a) economia voltada para o mercado externo, dependente deste estímulo originário do crescimento das forças produtivas; b) troca de gêneros agropecuários e/ou matérias primas minerais por produtos manufaturados estrangeiros

49 FRAGOSO, J.L.R, *Homens de grossa aventura: acumulação,* p. 51-57.

50 Ibidem, p. 57-58.

51 FRAGOSO, J.L.R. *op.cit.*, p. 59-62.

(...) c) impotência sobre a comercialização no mercado externo".[52] Estas concepções permitiram o estabelecimento de pontos de ligação entre Gorender, Furtado e Novais, visto que para Gorender as oscilações da economia colonial misturam-se com as variações das conjunturas econômicas dominantes no mercado internacional.[53]

Gorender apresenta um conceito de modo de produção bastante peculiar. Acrescentando-se a essas perspectivas, Barros de Castro afirma:

> A produção em massa de mercadorias cria raízes no Novo Mundo, objetivando-se sob a forma de um complexo aparato produtivo. O objetivo maior desta realidade, os seus sentidos se quiser-lhe é agora inerente: atender às suas múltiplas necessidades, a garantir a sua reprodução. Em tais condições o comércio é estruturalmente recolocado e os interesses mercantis - bem como os da coroa - terão necessariamente que ter em conta as determinações que se estabelecem ao nível da produção. Em outras palavras, a forma pela qual os interesses externos atuam sobre a colônia passa a depender primeiramente de sua solidez e da sua estrutura interna e ou mercantilista subsiste, sem dúvida - o seu raio de incidência - especialmente em conjunturas adversas - fica no entanto severamente limitado pelo surgimento na colônia de uma estrutura sócioeconômica com seus elementos de rigidez, suas regularidades, seus interesses e, por último, mas também importante, pelos conflitos que lhe são próprios.[54]

As críticas efetuadas por essas novas vertentes traziam consigo uma inflexão para dentro da economia. Deixava-se de olhar tão

52 Ibidem, p. 62.

53 Ibidem, p. 62.

54 Ibidem, p. 88-89.

fixamente para o mercado externo e começava-se a ater as atenções sobre a dinâmica interna da colônia.[55]

Gorender evidenciou também a sobreposição da esfera da circulação às relações de produção, sendo assim, elaborou o conceito de modo de produção escravista colonial, objetivando explicar o processo de formação econômica da colônia brasileira. As proposições de Cardoso são anteriores às de Gorender e caminham no sentido da crítica ao circulacionismo e da teoria do capitalismo comercial. Cardoso, por meio da rejeição à ênfase desmedida na esfera da circulação, juntamente com a crítica contundente ao dogmatismo presente no esquema stalinista de evolução das sociedades, expunha a especificidade do regime colonial. As especificidades das estruturas internas da colônia e sua origem histórica reclamam uma teoria baseada nos modos de produção coloniais, pois estas estruturas são específicas e dependentes.[56]

O modo de produção escravista colonial de Gorender representa uma "camisa de força", em que é impossível analisar outras temáticas como, por exemplo, a presença dos não-proprietários de escravos. Na década de 1980 surgiram novos dados e análises empíricas que apresentaram novas questões como a família escrava, o papel dos não-proprietários de escravos e dos homens livres pobres. Posteriormente, evidenciou-se uma vertente historiográfica que explorou o mosaico de formas não capitalistas de produção. Esta corrente apresenta uma crítica aos estudos de Prado, pregando a reprodução autônoma da economia brasileira.[57]

> A existência de um mercado doméstico e de segmentos produtivos para ele voltados introduz um novo elemento

55 MOTTA, J.F. *A Formação econômica e social do Brasil sob nova ótica.*, p. 18.

56 Ibidem, p. 19.

57 Ibidem, p. 19.

> na lógica de funcionamento da formação colonial, – referimo-nos à possibilidade de reproduções endógenas, (...) o processo de reprodução desses segmentos se dá em meio ao mercado interno, constituindo-se assim, em movimentos de acumulações introversas na economia colonial. Disso infere-se uma maior possibilidade de retenção do sobretrabalho na própria economia colonial e, portanto, de autonomia desta última, diante de flutuações externas (...) Em realidade, a possibilidade de se apreender os movimentos de acumulação endógena à economia colonial prende-se à compreensão dessa última enquanto formação econômico-social. Desse modo, aquela acumulação resultaria, a princípio, da interação mercantil dos processos de reprodução do escravismo colonial com os setores produtivos ligados ao mercado doméstico.[58]

Costa, em *Repensando o modelo interpretativo de Caio Prado Jr.*, efetua um balanço sobre a produção historiográfica referente à economia colonial. Segundo o autor, o corolário imediato do sentido da colonização era que tanto colonizadores como seus descendentes deveriam estar empolgados pela idéia de acumulação.

No entanto, observou-se que no correr do tempo tal fato não ocorreu inteiramente, uma parcela expressiva da população não participou efetivamente do processo de acumulação; por vários motivos, existiram os que não desejavam participar do processo de enriquecimento e os que não podiam, devido à alta concentração de riqueza existente no Brasil Colônia, o que permitiu o estabelecimento de uma sociedade excludente.[59]

Havia na colônia grupos populacionais em desenvolvimento que se viram, por vontade própria ou em consequência do próprio

---

58 FRAGOSO, J.L.R. *op. cit.* p. 131-132.

59 COSTA, Iraci Del Nero da. *Repensando o modelo interpretativo de Caio Prado Jr.*, p. 4.

funcionamento da economia, cada vez mais afastados do processo de acumulação. Essas pessoas ocupam um espaço muito restrito no modelo pradiano. Esses, em sua maioria, são colocados numa situação de marginalidade. Sendo assim, Prado menosprezou uma grande parcela da população brasileira e sua contribuição para a formação demográfica e econômica.[60]

Com relação à grande lavoura e à agricultura de subsistência, Prado agrupou realidades muito distintas sob o mesmo rótulo: a produção em larga escala de gêneros alimentícios, realizadas por escravistas de porte e vendidos no mercado interno; a produção realizada por não-proprietários e destinada ao seu próprio consumo; a produção realizada e consumida por cativos, nas grandes propriedades escravistas voltadas ao plantio ou preparo de bens de exportação, ou a venda ocasional de excedentes agrícolas, por parte de pequenos produtores isolados e sem escravo algum, perdendo-se assim a especificidade das temáticas. Costa afirma que é possível alterar essas categorias sem atingir o objetivo maior da obra de Prado, "o de mostrar o papel subsidiário da produção de gêneros para o mercado interno."[61] A bipartição (grande lavoura e subsistência) pode ocasionar dois riscos – extremar o isolamento do processo de produção vinculado ao mercado interno e, por outro lado, atribuir um peso mais do que devido ao processo de acumulação referente a produção dirigida ao mercado internacional. Dessa forma, o processo vinculado ao mercado externo, mais dinâmico e determinante, ocupa quase todo o espaço reservado à acumulação, enquanto a produção para o mercado interno, além de subsidiária e dependente, acaba confundindo-se com a mera economia de autoconsumo.[62]

---

60 Ibidem, p. 04.

61 COSTA, Iraci Del Nero da. *op.cit.*, p. 06.

62 Ibidem, p. 06.

A problemática da terra e do usufruto são representadas demonstrando um largo distanciamento entre a propriedade da terra (seletiva, elitista e restritiva) e as várias formas assumidas pelo usufruto (cessão graciosa, aluguel, aforamento, posse, existência de moradores, agregados, rendeiros, lavradores mais modestos, os obrigados, da meia, da terça etc), marcadas não pela excludência mas por certa permissividade, de onde resultou um amplo leque de maneiras que tornaram possível, aos menos privilegiados, o acesso à terra. O distanciamento entre propriedade e usufruto é crucial para o entendimento da formação das populações brasileiras, sobretudo com relação aos segmentos populacionais não ligados, de forma imediata, à manutenção e reprodução do sistema econômico dominante, ou melhor, não imediatamente necessário à grande lavoura. Nesta, nos defrontamos com o latifúndio excludente. Por outro lado, se for dada atenção ao usufruto da terra e ao autoconsumo, é possível vislumbrar o campo no qual se desenvolveu uma parcela substantiva da população brasileira. Nessa mesma órbita, verifica-se as raízes de muitos problemas sociais, demográficos e econômicos que nos afligem. A preponderância da grande lavoura, na análise pradiana, fez com que se prendesse a propriedade da terra remetendo-se à produção em larga escala efetuada no latifúndio escravista e monocultor. Deveria ser atribuído um papel de relevância ou co-determinante à agricultura de subsistência, pois assim seria possível complementar a perspectiva pradiana.[63]

> O usufruto da terra e a consequente posse precária de pequenas áreas nas quais sobretudo com base na mão-de-obra familiar praticava-se a policultura voltada, essencialmente para o autoconsumo.[64]

63 COSTA, Iraci Del Nero da. *op.cit.*, p. 7-8.

64 Ibidem, p. 8.

Perspectivas metodológicas recentes permitem a identificação de muitas vertentes temáticas que podem contribuir para a superação do modelo pradiano; novos estudos que abrangem novas temáticas, entre elas as características demográficas dos não-proprietários de escravos, a estrutura de posse de cativos e, por fim, a policultura de gêneros básicos.[65]

O comportamento cíclico da economia de exportação, ou seja, a recorrência de períodos de crise econômica, juntamente com a formas de uso da terra e as parcas necessidades materiais e espirituais do segmento populacional economicamente marginalizado com relação ao mercado externo, permitiu a ascensão dos excedentes populacionais que cresceram com o correr do tempo e constituíram um elemento qualitativo fundamental à nossa formação econômica e social. A população redundante consistia nos efetivos não necessários à reprodução das condições econômicas dominantes.[66]

A emergência da população redundante ocorreu especificamente em dois momentos: Furtado afirmou que o primeiro se refere à concorrência do açúcar produzido nas Antilhas, desde o segundo meado do século XVIII, que se refletiu no nordeste brasileiro desencadeando a formação de contingentes coloniais redundantes. A atividade criatória, desenvolvida no interior, funcionou como uma válvula de escape para as populações migrantes da região açucareira.[67]

Em seguida, emerge a problemática da exaustão do ouro aluvionário das Minas Gerais. No século XVIII, o Brasil teve um grande fluxo de portugueses e africanos. Em Minas, as alforrias ocorriam com maior frequência do que nas áreas voltadas para a

65 Ibidem, p. 8.

66 COSTA, Iraci Del Nero da. *op.cit.* , p. 9.

67 Ibidem, p. 9.

agricultura, pois havia um interesse da parte dos senhores em estimular os escravos a integrar o processo produtivo.[68]

Observamos, consequentemente, a emergência de uma população aqui designada redundante, juntamente com a lei de terras criada em 1850, condicionada à falência do sistema escravista e comprometida com a solução propugnada pelos imigrantistas. Essa lei não valorizou a mão-de-obra autóctone e sim o trabalhador estrangeiro, já impregnado pelo espírito de acumulação capitalista. Essa solução prejudicou o trabalhador livre nacional e também os escravos após a abolição. Para estes últimos, sobraram as fímbrias da vida econômica e social, ou melhor, a agricultura de autoconsumo efetuada em larga escala em terra de terceiros. As massas foram relegadas a uma vivência material e espiritual degradada, o que os impossibilitava de tomar consciência plena de seus direitos e de atuar politicamente a favor de seus interesses.[69]

A população redundante integrava também o grupo dos não-proprietários de escravos que, juntamente com outros inúmeros grupos populacionais, eram a parcela majoritária dos habitantes do Brasil ao tempo da Colônia e do Império. Em geral, dependiam basicamente da mão-de-obra familiar e estavam ligados às atividades econômicas não relacionadas de forma imediata à produção de bens de exportação. Costa, em um trabalho específico sobre a condição dos não-proprietários de escravos no Brasil, "*Arraia-miúda*", verifica em termos genéricos as características demográficas deste segmento populacional, em fins do século XVIII e início do XIX, para os núcleos localizados em São Paulo, Paraná, Santa Catarina, Minas Gerais, Bahia e Piauí. Este último representado para os anos de 1697 e 1762. Observadas as fortes limitações espaciais e temporais, os não-pro-

68 Ibidem, p. 9-10.

69 COSTA, Iraci Del Nero da., *op.cit.*, p. 10.

prietários de escravos e seus respectivos dependentes compunham a parcela majoritária da população livre. Com relação ao desenvolvimento econômico, mesmo quando este era orientado pela expansão do comércio exterior, ele trazia oportunidades que também usufruíam os não proprietários de escravos. Os últimos não eram excluídos das áreas economicamente mais dinâmicas nem perdiam sua presença numericamente dominante. A segunda conclusão é que, tanto do ponto de vista demográfico (sexo, idade e estado conjugal) quanto com relação ao caráter econômico (condição de legitimidade das crianças, pobreza e moradia), não havia hiato absoluto a distinguir proprietários e não-proprietários de cativos.[70]

Alterando-se o foco temático dos não-proprietários para os proprietários de cativos, vislumbra-se que havia um número expressivo de proprietários de cativos nos setores da igreja e rentistas. Em segundo plano, estava a magistratura, os empregados civis, o corpo militar e os profissionais liberais. Nos setores do comércio, transportes/agricultura e manufatura rural, a distribuição era mais equilibrada. Com relação aos não-proprietários, estes possuíam uma presença expressiva nos serviços em geral, entre os jornaleiros e os artesãos. As ocupações que requeriam um maior preparo educacional ou que exigiam a posse de recursos materiais eram exercidas, em sua maioria, pelos proprietários de escravos. Em geral, os não-proprietários exerciam atividades mais humildes. Observa-se que não era predominante uma especialização absoluta. Havia uma marcante divergência na participação dos segmentos socioeconômicos apontados com relação ao produto gerado e à parcela comercializada do mesmo. Os proprietários de escravos dominavam os bens exportáveis e os produtos comercializados de forma ampla no mercado interno, no entanto, os não-proprietários não estavam

---

70 COSTA, Iraci Del Nero da. *op.cit.*, p. 11-12.

excluídos da produção dessas mercadorias. Por outro lado, havia razoável elenco de bens produzidos por não-proprietários de escravos ou cujo preparo era partilhado de forma equilibrada por ambos os segmentos. Com relação a alguns gêneros alimentares básicos, a participação dos não-proprietários aproximava-se do peso relativo na população total.[71]

Os dados analisados apontam para o fato de a economia escravista brasileira comportar, mesmo nos momentos de expansão da agricultura de exportação, um grande espaço para o desenvolvimento de atividades econômicas não vinculadas de imediato à grande lavoura e desenvolvida por não-proprietários de escravos que não devem ser classificados como inúteis ou vistos como um segmento marginalizado social e economicamente. A carência dos meios de transporte, a própria política mercantilista implementada pela Coroa visando impedir a emergência de manufaturas, a consequente inexistência de um amplo mercado interno integrado, a falta de especialização regional (exceção à produção de charque no Rio Grande do Sul e do sal em áreas fluminenses etc.), permitiram o desenvolvimento, no âmbito local, de atividades artesanais ou vinculados ao setor de serviços, que ganharam espaço cada vez maior com o correr do tempo. Por outro lado, havia a relativa facilidade de acesso ao usufruto da terra e os traços culturais que afastam expressivas parcelas populacionais da perspectiva de acumular, juntamente aos obstáculos de ordem objetiva imposto pelo predomínio econômico da grande propriedade escravista e monocultora. Ao lado da produção monocultora, observa-se a policultura de gêneros básicos de alimentação (feijão, milho, mandioca, arroz e etc.), que se estabeleceu e cresceu em todo o território bra-

71 Ibidem, p. 12-13.

sileiro. A policultura mostrou a participação das camadas médias e baixas de nossa população na formação da nossa economia.[72]

Nesse contexto, Costa e Castro ressaltam a necessidade de se estudar a temática da monocultura e policultura de subsistência no interior dos modelos explicativos da economia colonial:

> Estudar essa economia de subsistência, através de sua evolução no tempo e no espaço – expansão e retração de áreas e cultivos, a sua demografia, a organização do trabalho, o regime de posse e uso da terra e as técnicas – seria revelar a face oculta do Brasil, sempre escondida por detrás da casa grande (por vezes da senzala), do ouro das Gerais, do café ou outro produto-rei dos coronéis do sertão, que é revelado, quando o é, para ressaltar a minoria do que é dominante, com enfoque sobre o seu atraso.[73]

A policultura de subsistência, que se desenvolveu de forma paralela à produção em larga escala de gêneros de exportação, foi a retaguarda imediata da economia de exportação. Em outros momentos, foi também um elemento autônomo já que confinada aos limites traçados pelas atividades de exportação econômica e politicamente dominante. A produção de gêneros básicos destinados ao consumo interno também ocorria em propriedades (em alguns casos regiões) que se especializaram no seu preparo.[74]

Pode-se pensar na existência de propriedades, relativamente grandes, que utilizavam o sistema de trabalho escravo e cujos proprietários certamente pautavam-se na perspectiva da acumulação do capital, assim como os cultivadores da cana *obrigada* e a

---

72 COSTA, Iraci Del Nero da. *op.cit.*, p. 13-14.

73 Ibidem, p. 119.

74 COSTA, Iraci Del Nero da. *op.cit.*, p. 16.

partido que se adaptaram às condições que propiciavam mercados mais rentáveis.[75]

Com relação à produção efetuada sistematicamente para o mercado local por pequenos e médios proprietários, alguns utilizando apenas a mão-de-obra familiar, verifica-se que a importância dessa comercialização não decorre unicamente do montante produzido, mas do fato de haver um vínculo com a economia de mercado e por ser uma porta aberta ao enriquecimento e ascensão social. Este vínculo permitiu que pequenos produtores se dedicassem à elaboração de bens de exportação.[76]

Ao lado da produção de caráter mais comercial, localizam-se os proprietários de pequeno porte que vendiam seus excedentes. Em algumas regiões tem-se de 30 a 40% da produção de gêneros alimentícios, anteriormente produzidos por estes, dirigida aos mercados locais. Merece atenção a produção efetuada nas terras de grande propriedade destinada à exportação, como também a produção cultivada pelos cativos, quando estes podiam dispor de pequenos lotes. O produto desta atividade desenvolvida pelos escravos era uma parte do trabalho necessário e também uma possibilidade de integração dos escravos ao circuito comercial.[77]

A estrutura de posse de cativos, assim como a propriedade/usufruto da terra e a economia de subsistência, existiu no século XVIII em vários níveis. De um modo geral, podemos afirmar que a sociedade era composta de pequenos, médios e grandes plantéis com distintas atividades econômicas. Em muitas áreas e economias brasileiras, principalmente onde não houve o predomínio da grande lavoura (açucareira ou cafeicultura), encontra-se como norma a predominância numérica dos pequenos proprietários, ou seja, in-

75 Ibidem, p. 16.

76 Ibidem, p. 16.

77 COSTA, Iraci Del Nero da. *op.cit.*, p. 17.

divíduos com quatro ou cinco escravos que detinham por volta de 30 a 40% da escravaria.[78]

No final do texto em questão, o autor efetua um balanço das evidências apresentadas e conclui que elas apontam para uma economia brasileira com traços expressivos de integração endógena, que comportava uma gama diversificada de atividades produtivas voltadas para o atendimento de suas próprias necessidades, permitindo a ocorrência de processos internos de acumulação. Sendo assim, verifica-se que a colônia era um espaço autônomo com relação à economia internacional e ao capital comercial, visão esta diferente da apresentada por Prado. As evidências apresentadas por Costa não negam a existência da sociedade escravista, ao contrário, a reafirmam.

Os despossuídos e os que não participavam do processo de acumulação eram utilizados pelos grandes proprietários que se serviam destes para garantir sua propriedade contra roubos ou a invasão de elementos indesejáveis. Situação similar ocorria com aqueles que participavam eventualmente e de forma secundária nos mercados, vendendo seus parcos excedentes agrícolas e escoando a modesta produção de gêneros exportáveis.[79]

A presença dos despossuídos e daqueles que comercializavam de vez em quando seus excedentes agrícolas e/ou artesanais baseados na mão-de-obra individual, familiar ou inexistente, permite pensarmos em uma sociedade escravista inclusiva.[80]

Com relação aos escravos que recebiam pequenas glebas de terras – de onde extraíam sua alimentação e eventuais ganhos – e os cativos que trabalhavam por conta própria, Costa ressalta a necessidade de repisar o caráter complementar relativo ao trabalho

78 Ibidem, p. 17.

79 COSTA, Iraci Del Nero da. *op.cit.*, p. 20.

80 Ibidem, p. 21.

necessário representado por tais formas de exploração da força de trabalho escrava.[81] Vejamos, sobre isso, o que pensava Antonil:

> Costumam alguns senhores dar aos escravos um dia em cada semana, para plantarem para si, mandando algumas vezes com eles o feitor, para que se não descuidem; e isto serve para que não padeçam fome nem cerquem cada dia a casa de seu senhor pedindo a ração de farinha.[82]

A existência de um espaço, relativamente autônomo, para a vivência do cativo não representou uma restrição à escravidão e muito menos permitiu o enfraquecimento da mesma, ao contrário, assim como a alforria, amenizou a revolta e a rebeldia dos escravos.[83]

Considerando que em diversas localidades brasileiras, produtoras de várias "economias", verificaram-se plantéis com um reduzido número de cativos e uma grande proporção de pequenos e médios escravistas, Costa afirma que tais evidências, no entanto, não descaracterizam nem alteram a natureza do escravismo e não apontam na direção da predominância de mercados internos sobre os externos. Ele não apresenta como possível a reprodução autônoma e independente da economia escravista. O número de pequenos escravistas contribuía positivamente para a legitimação e permanência da escravidão, pois vinculava, à mesmos largos contingentes da população livre que tinham interesses ligados ao escravismo. Tanto do ponto de vista econômico e político, quanto da história das mentalidades, o perfil apresentado para a estrutura de posse foi uma das

---

81 Ibidem, p. 23.

82 ANTONIL, André João. *Cultura e Opulência do Brasil por suas drogas e Minas*, Rio de Janeiro, Conselho Nacional de Geografias, 1963. p. 162.

83 COSTA, Iraci Del Nero da. *op. cit.*, p. 24.

causas explicativas do vigor e resistência do escravismo entre nós e, por outro, da abolição escrava tardia no Brasil.[84]

As condições apresentadas pelo autor funcionam sempre no sentido de afirmar e dar maior solidez ao escravismo, podendo ainda explicar a grande resistência e prolongada persistência da escravidão entre nós.

> A sociedade escravista moderna (...) é a própria encarnação da dependência com respeito ao mundo exterior, seja quanto à colocação de parcela substantiva do produto gerado, seja no respeitante à sua própria manutenção no tempo, pois necessitava, crucialmente, do fornecimento externo de mão-de-obra cativa. Assim, aceita a idéia de que os elementos avocados para desqualificar o modelo de Caio Prado Júnior atuaram, sempre, de sorte a reafirmar o escravismo, vemo-nos em face de uma aparente contradição: se, num primeiro lapso, nossos argumentos contradizem o modelo em tela, num segundo passo trabalham a favor da tese central do modelo. É forçoso, portanto, enfrentarmos esta contradição aparente...[85]

No esboço de uma categorização alternativa, o autor afirma que pensar a atividade produtiva em duas categorias (grande lavoura e lavoura de subsistência) é algo muito restrito, limitando a questão do mercado interno. O autor o reconhece como secundário quando em comparação com o mercado internacional, mas afirma que ele apresenta características oriundas do capital escravista mercantil. Questionando o modelo pradiano, Costa propõe a organização da divisão da atividade produtiva em três grandes grupos: mercado externo, mercado interno e autoconsumo. A pro-

---

84 COSTA, Iraci Del Nero da. *op.cit.*, p. 24.

85 Ibidem, p. 25.

dução destinada ao mercado externo deveria abranger os gêneros agrícola em geral e os provenientes da manufatura rural, do extrativismo e da mineração.[86]

Os produtores deveriam ser considerados segundo as escalas que assumiam suas atividades, ou seja, grandes, pequenos e médios escravistas, os despossuídos de escravos e os escravos. Com relação ao mercado interno, os produtores seriam os mesmos já citados, acrescentando aqueles que utilizavam a mão de obra familiar.

Com relação ao autoconsumo, a produção para o consumo imediato, existiam os homens livres sem posses ou detentores de pequenas glebas e poucos escravos. Os últimos estavam separados do processo de acumulação, já as atividades dos cativos faziam parte do trabalho necessário e encontravam-se na esfera da produção comercial. Costa, alertar-nos para a necessidade do questionamento dos modelos interpretativos da formação socioeconômica, assevera que ainda existem muitas questões em aberto que necessitam de resposta.[87]

Essa resposta já vem sendo fornecida pela história econômica atual. No momento, compreende-se a economia colonial não mais voltada exclusivamente para o mercado exterior. Novas pesquisas apresentam a existência de um mercado interno colonial. O estudo sobre a freguesia de Cotia, em fins do século XVIII e início do XIX, revela uma economia voltada para o mercado interno, uma sociedade não polarizada entre senhores e escravos, bem como aponta negros recém-egressos da escravidão vivendo em famílias, alguns gerenciando suas escravarias, outros imersos na vadiagem. As possibilidades de ascensão econômica aos libertos no contexto

---

86 COSTA, Iraci Del Nero da. *op.cit.*, p. 34.

87 Ibidem, p. 34-36.

colonial rural foram reduzidas, mas não foram de todo inexistentes como pensávamos até então.

No capítulo seguinte, que aborda a questão das famílias na historiografia, é possível estudar desde as formas de organização dos libertos no Brasil e no Caribe, passando pela questão família escrava nos E.U.A, até o estudo das formas de organização da família nas sociedades africanas.

II.
Famílias e historiografia

> Famílias desmembradas, ou unidas sob um mesmo teto, casamentos consensuais ou pelas normas tridentinas, relações marido/mulher e pais/filhos harmoniosas ou conflituosa, em todas as situações, a organização familiar, fazia-se presente, de forma maçante, no universo cotidiano da população mineira setecentista. (Eduardo França Paiva, 1998, p.179)

As tendências historiográficas, que norteiam a história da família, comportam uma série de controvérsias que dizem respeito à interpretação das fontes utilizadas e ao significado atribuído a elas. A adversidade posiciona-se como um fato não ambíguo nos estudos sobre família. O Ocidente comporta uma série de modelos familiares, impedindo a existência de uma única história da família ocidental. As famílias camponesas, sem dúvida, possuíam características diferentes das famílias dos comerciantes, bem como as famílias operárias distinguem-se das aristocráticas.[1] A maior parte das controvérsias observadas, referem-se à diversidade de abordagens, à seleção dos problemas, ao manuseio das fontes, à utilização das provas, e à significação da teoria sócioeconômica.

1 ANDERSON, Michael. *Elementos para uma História da Família Ocidental 1500-1914*. Lisboa: Editorial Querco, 1984, p. 9-10.

Constata-se quatro tipos de abordagens sobre a história da família. A primeira denomina-se Psico-história, encontra-se mergulhada em problemas insolúveis quanto ao julgamento das provas e aos procedimentos adotados. Tal situação suscitou o estudo de três vertentes que, desde os anos 60, predominam na historiografia da família ocidental: a abordagem demográfica, a dos sentimentos e a da economia doméstica.[2] A abordagem demográfica já foi analisada no capítulo primeiro desta pesquisa, por isso nos detemos aqui nas demais tendências.

Na abordagem dos sentimentos, os autores acreditam que as transformações ocorridas na família ocidental, nos últimos 500 anos, não podem ser estudadas a partir das fontes demográficas. Os grandes expoentes desta temática (Ariès, Shorter, Flandrin, Stone) acreditam que o conhecimento da história da família exige a análise das modificações dos significados. A família deve ser compreendida não como uma realidade, mas como uma idéia. Em oposição à abordagem demográfica, apresenta questões e conclusões a partir das possibilidades de respostas que são ofertadas por suas fontes. Os historiadores do sentimento primeiro formulam questões sobre o comportamento familiar para, depois, buscarem o material adequado para a aferição das respostas. Os materiais utilizados abrangem as minorias literárias – os diários, relatos de época, literatura religiosa e tradicional, brinquedos e pinturas. Desse modo, constata-se uma dificuldade em identificar o momento das mudanças de atitude, que se relacionam às diferenças regionais e sócioeconômicas.[3]

Um conjunto de testemunhos pode possuir interpretações diferentes, mas essas devem estar imbricadas no contexto social e cultural em que foram produzidas. É necessária uma análise cau-

2 ANDERSON, Michael. *op.cit.*, p. 11.

3 Ibidem, p. 37.

telosa para detectar a emergência de novos modelos de comportamentos. A análise dos sentimentos das pessoas comuns tem como fonte as afirmações dos eruditos locais, de burocratas, dos etnógrafos e dos folcloristas da época. Segundo Anderson, essas fontes trazem informações imprecisas, desconexas, muitas vezes manipuladas por escritores especuladores ou fantasiosos.[4] A abordagem dos sentimentos recebeu, como se pode ver, críticas severas.

Seus autores se afastam de uma concepção de família isenta de emoções e de formato patriarcal. O individualismo surge como fruto de uma família conjugal privada, voltada para a autonomia e os direitos individuais. Simultaneamente, diminui o papel do interesse familiar, atribuindo-se uma maior importância à emoção como base fundamental das relações familiares. Para Shorter e Flandrin, o sentimento e a consideração foram cada vez mais relevantes. Para Ariès, o bem-estar físico e emocional das crianças tornou-se uma preocupação essencial.[5]

As preocupações com a morte, com a seleção do cônjuge, com o casamento e com os filhos relevam uma transformação assaz significativa nas relações entre as pessoas. Os sentimentos sobrepõem-se aos interesses. A procura da felicidade apresenta-se como um objetivo e o casamento torna-se uma fonte de prazer emocional e sexual. A escola dos sentimentos assevera a importância dos significados e das atitudes no comportamento familiar, como fruto de uma transformação cultural mais generalizada.[6] A abordagem dos sentimentos vê os fatores culturais como uma explicação para a transformação familiar.

A diversidade de opiniões quanto às alterações no interior da família explicitadas nas obras de Shorter, Stone e Flandrin são,

---

4 ANDERSON, Michael. *op.cit*, p. 39.

5 Ibidem, p. 47.

6 Ibidem, p. 48; 61.

à primeira vista, plausíveis; mas ainda é preciso detectar o impacto das transformações nas idéias gerais, filosóficas, religiosas, econômicas.[7] Com pequenas exceções, os autores dessa abordagem apresentam a estrutura familiar desvinculada das relações de mercado e de trabalho.[8]

O comportamento familiar, no início do período moderno, é resultado das forças filosóficas, religiosas, comunitárias e legais. Para Stone, Flandrin e Ariès, as transformações são frutos de um enfraquecimento das restrições legais e do impacto das novas idéias relacionadas à religião, à filosofia e à educação e suas relações com os indivíduos. Na obra desses autores, as transformações econômicas não são citadas. Em oposição às afirmativas acima, destacam-se os estudos desenvolvidos por Shorter, onde se ressalta o impacto do capitalismo na relação entre as pessoas, no entanto, o autor não o considera o principal impacto na transformação das relações entre os indivíduos e os seus familiares.[9]

A abordagem da economia doméstica abriga escritores com origens e objetivos diferentes. Esses autores possuem uma preocupação com os processos sociais relacionados à estrutura familiar no passado, buscam explorar a influência desses processos por meio do seu impacto na família como uma unidade e nas relações entre os familiares.[10]

Em comparação com as outras duas abordagens apresentadas, este grupo é o que se encontra mais próximo das Ciências Sociais pela metodologia utilizada. As questões levantadas por esta abordagem são influenciadas por fontes, observações e teorias relacionadas às Ciências Sociais. Seus autores utilizam uma metodolo-

7 ANDERSON, Michael. *op.cit.*, p. 62.

8 Ibidem, p. 43.

9 Ibidem, p. 63.

10 Ibidem, p. 65.

gia comparativa, novas fontes para o estudo da história da família, documentos sobre a detenção, a utilização e transmissão da propriedade e outros materiais como os registros sobre o emprego, os orçamentos familiares e as descrições de práticas laborais. Em caso de utilização das fontes demográficas, essas são interpretadas "*a luz de testemunhos de geração de recursos e de atividades de consumo*".[11]

De uma maneira geral, a exigência teórica que enfrenta a abordagem da economia doméstica - concentração em comparações pormenorizadas que atingiram determinados grupos da população - conduz ao menosprezo de outros grupos nos quais as transformações estruturais foram assaz significativas, gerando uma história parcial.[12]

Neste sentido, Anderson estabelece uma comparação entre as três abordagens apresentadas, afirmando que todas possuem limitações. A abordagem demográfica torna-se inadequada por não abordar as relações entre o comportamento familiar, a economia e a sociedade. A abordagem dos sentimentos, ao ignorar o contexto socioeconômico, limita o alcance de suas idéias. Porém, ambas complementam a abordagem estrutural da economia doméstica.[13]

A família negra brasileira - escrava e liberta - não se enquadra nesse modelo de família devido às fortes raízes africanas e às condições da escravidão. No entanto, podemos estabelecer alguns contrapontos ao analisarmos a questão da família escrava nos E.U.A Como esta questão foi vista pelos historiadores norte-americanos?

---

11 ANDERSON, Michael,.*op.cit.* p. 66.

12 Ibidem, p. 66.

13 Ibidem, p. 86.

A família escrava nos EUA e no Brasil

Os estudos sobre família escrava no Brasil, assim como nos E.U.A, podem ser divididos em duas etapas. Na primeira, os estudos apresentam um cunho racista e propagam a inferioridade do negro com o objetivo de justificar a utilização destes como mão-de-obra escrava.[14]

> Em todos os sistemas sociais deve haver uma classe que execute os trabalhos servis, a labuta da vida (...). Felizmente para o sul encontraram bem à mão uma raça adaptada a esse propósito; uma raça inferior à sua, mas eminentemente qualificada em temperamento, vigor, docilidade, capacidade de suportar o clima, de responder a todas as finalidades(...). Não achamos que os brancos devem ser escravos, tanto por lei como por necessidade. Nossos escravos são pretos, de uma raça inferior. O status no qual os colocamos representa uma elevação; são elevados da condição em que Deus os criou para se tornarem nossos escravos.[15]

Segundo Stanley Elkins, nos Estados Unidos havia uma relação entre raça e escravidão, o que permitiu a criação de um estereótipo exclusivo do negro norte-americano, o "sambo", isto é, a eterna criança, incapaz de atingir a maturidade. Elkins e Tannenbaum acreditavam que havia uma grande preocupação, da Igreja e do Estado, com o escravo na América Latina, o que os levou a afirmar que esta representou um ambiente propício ao desenvolvimento da família escrava.[16]

Os estudos desenvolvidos por Elkins e Tannenbaum foram, posteriormente, criticados por Eugene Genovese e Carl Degler.

14 MOTTA, José Flávio. Família escrava: uma incursão pela historiografia. *Histórias, Questões e Debates.*, Curitiba. 9(16): p.104-159 jun.1988. p. 121.

15 Ibidem, p. 122.

16 Ibidem, p. 123.

Segundo o primeiro, o "sambo" não é uma característica exclusiva dos Estados Unidos, podendo manifestar-se em outras localidades; quanto ao estereótipo, afirma que este não pode ser estendido à população escrava como um todo.[17]

Com relação à influência da Igreja e do Estado na América Latina, Degler em "*Nem Preto nem branco*" ressalta as semelhanças entre a legislação brasileira e a norte-americana, na qual visualiza-se a ambigüidade que norteava a figura do escravo, oscilando entre homem e coisa.[18]

> A legislação escravista recusava-se a reconhecer casamentos e laços familiares entre escravos. Nesse aspecto, a escravidão dos Estados Unidos foi muito pior que na América Espanhola ou no Brasil, culturas católicas onde a Igreja demandava e procurava assegurar que se permitisse o casamento de cativos e se preservasse a santidade da família escrava. Como resultado, gerações de historiadores norte-americanos concluíram que, ao contrário dos escravos em Cuba e no Brasil, os cativos nos Estados Unidos não tiveram vida familiar.[19]

Após a cessação da importação de cativos, no início do século XIX, verificou-se o aumento da necessidade de mão-de-obra escrava para o trabalho nas plantações algodoeiras, simultaneamente à restrição da oferta devido ao fim do tráfico externo de negros.[20]

Constata-se a ênfase na reprodução natural dos cativos, o que para alguns autores (Tannenbaum e Frazier) representou

---

17 MOTTA, José Flávio. *op.cit.*, p. 123-124.

18 Ibidem, p. 123.

19 Ibidem, p. 123-124.

20 Ibidem, p. 124.

um estímulo e fortaleceu a concepção do escravo como coisa e propriedade.[21]

Blassingame em "*The Slave Community*" afirma que as separações das famílias escravas não ocorriam somente devido à iniciativa dos proprietários de escravos, mas também por escolha pessoal, pela morte de um dos cônjuges ou pela guerra. Enfim, os senhores não eram responsáveis pela separação da maioria dos casais escravos, todavia Herbert Gutman, ao analisar os dados referentes ao movimento de legalização das uniões entre ex-escravos que ocorreram após a emancipação, localizou indivíduos que tiveram ligações anteriores dissolvidas independente da sua vontade. Reconhece-se, assim, a importância dos senhores sobre a manutenção das relações familiares entre os cativos.[22]

A análise de Blassingame corrobora estas afirmativas, pois os escravos homens optavam por casarem-se com mulheres pertencentes a outros plantéis, o que nem sempre ocorria, pois, as uniões entre cativos de um mesmo senhor eram sempre preferidas pelos proprietários para evitar discussões sobre a posse das crianças nascidas da união.[23]

Frazier, em "*The negro family in the United States*", afirma que a organização da família escrava estava presente em apenas uma parcela da população, mais precisamente entre os escravos que possuíam conhecimento de um ofício especializado ou eram empregados nos setores domésticos. A assertiva central de sua obra é a inexistência de "africanismos" entre os negros norte-americanos. A diversidade étnica e a distribuição desigual do ponto de vista étnico permitiram a não sobrevivência dos traços culturais africanos. Sendo assim, a escravidão deteriorou a cultura originária da África.

21 Ibidem, p. 126.

22 MOTTA, José Flávio. *op.cit.*, p. 129.

23 Ibidem, p. 131.

Com relação à estabilidade familiar permitiu o desenvolvimento da idéia de imitação, pelos negros, da família branca. Gutman possui dados que apresentam oposição a tais constatações, pois demonstram a estabilidade das famílias entre cativos sem nenhuma ocupação especializada. Mas, para Gutman, a família não era um privilégio ou um objetivo alcançado pelos casais devido às suas características ocupacionais.[24]

A inexistência de africanismos, idéia central da obra de Frazier, também foi rebatida por Melville Jr. Herskovits em "*The myth of the negro past*".[25]

> (...) a escravidão de modo algum suprimia totalmente as aproximações em linhas gerais de certas formas da vida familiar africana. Mesmo nos Estados Unidos, onde os africanismos persistiram com mais dificuldade, a organização familiar existente no tempo da escravidão em termos do relacionamento entre pais e filhos e entre os próprios pais não era desprovida de sanções africanas.[26]

Frazier, assim como Herskovits, atribui um papel demasiadamente importante à figura da mão-de-obra escrava. O primeiro, por acreditar na ação corrosiva da escravidão nos relacionamentos entre os negros africanos; o segundo, por crer na transposição de uma organização familiar existente na África para os Estados Unidos.[27]

Gutman e Genovese corroboram afirmativas ao cultivarem o mito da família matrifocal entre os escravos; todavia, divergem numa problemática primordial, a interpretação acerca da formação da cultura norte-americana. Para Gutman, assim como existia o

---

24 Ibidem, p. 133.

25 MOTTA, José Flávio. *op.cit.*, p. 133.

26 Ibidem, p. 133.

27 Ibidem, p. 134.

mundo dos brancos; com sua cultura dominante que influenciava o desenvolvimento da cultura norte-americana, existiu também o mundo dos negros. As crenças, os comportamentos que se desenvolveram e foram transmitidos entre gerações, revelam-se através do relacionamento familiar, que não se restringe à família nuclear, abarcando uma extensa rede de parentesco e as relações resultantes do compadrio. Gutman critica o fato de Genovese entender família escrava como parte integrante do mundo dos senhores, dessa forma, nega-se à família escrava a possibilidade de um desenvolvimento relativamente autônomo. Nas próprias palavras de Gutman, verifica-se que isso não significava que os escravos não eram afetados pelas crenças e práticas de seus senhores, mas como uma alternativa para um compromisso paternalista, não representando nem a ordem, nem a desordem, nem a não-ordem.[28]

Metcalf, historiadora norte-americana que analisou as uniões entre os escravos em Santana de Parnaíba no século XVIII, afirma que essas duas interpretações sobre a família escrava norte-americana – uma perfilhada por Genovese e a outra por Gutman – não são modelos excludentes. A família escrava deve ser compreendida em relacionamento tanto com a família do senhor quanto consigo mesma, visto que os primeiros não podem negar a escravidão e os segundos não possuíam o controle total sobre a vida dos escravos.[29]

Finalizando, cabe-nos destacar a contribuição, efetuada por Higman, à temática da família escrava. Este autor aponta em *The Slave family and household in the British West Indies,1800-1834*, a importância das conjunturas econômicas e demográficas no moldar da estrutura familiar dos escravos, independente da cultura e do perí-

---

28 MOTTA, José Flávio. *op.cit.*, p. 135-136.

29 METCALF, Alida. Vida familiar dos escravos em São Paulo no século dezoito: o caso de Santana de Parnaíba. *Estudos Econômicos*. 17(2):229-243. MAIO/AGO. 1987, p. 138-139.

odo histórico. Higman sugere uma relação direta entre os níveis de desenvolvimento econômico e a estabilidade das famílias escravas.[30]

Verificamos que a historiografia brasileira passou por um movimento semelhante ao ocorrido nos Estados Unidos. A historiografia tradicional sobre a escravidão coisificou o escravo e lhe negou possibilidades de participação/contestação ao sistema escravista.[31]

Após o advento da demografia emergiram novos trabalhos que tiveram como referencial metodológico a demografia e suas fontes. Tal influência propiciou a utilização de fontes diversas, entre elas, os registros paroquiais, as listas nominativas e os inventários. Enfim, o olhar não é mais dirigido apenas aos relatos de viajantes e romancistas de época.

Iniciando os estudos sobre demografia histórica no Brasil, Marcílio analisa a cidade de São Paulo, mais exatamente a Paróquia da Sé, através dos maços da população, expondo acerca do modo de nascer, viver e morrer da comunidade da época, incluindo-se homens livres e escravos. Posteriormente, na década de 80, Costa e Nizza da Silva merecem destaque, o primeiro utilizou 200 registros de casamentos religiosos envolvendo escravos da região de Vila Rica entre 1726 e 1826 constatando os grupos étnicos que se uniam e verificando casamentos entre senhores negros e seus escravos, o que até o momento não se verificou para São Paulo.

A segunda, através de um livro que constitui um ponto de visita fundamental, a todos aqueles que melhor desejam conhecer a estrutura matrimonial no Brasil colônia, dedica um capítulo às uniões escravas, demonstrando os trâmites legais – as dispensas, impedimentos, justificações e os banhos necessários para a realização do casamento. Posteriormente, a autora estabelece variáveis

30 Ibidem, p. 231.

31 Ibidem, p. 139.

comparativas entre as uniões entre cativos e aquelas envolvendo homens brancos e livres.[32]

Nesse contexto, Schwartz possui uma posição diferenciada, quando abrange não somente os aspectos relacionados à constituição da família escrava através dos casamentos como também discorre sobre o compadrio na sociedade baiana setecentista. Por meio de dois censos, este estudioso verificou as mudanças ocorridas no decorrer do tempo em relação ao incentivo às uniões legais entre escravos, além de destacar os domicílios matrifocais, constatando a família extensa, ou seja, lares constituídos pelo casal, filhos, sobrinhos, avós, netos e afilhados. O compadrio foi apresentado pelo autor, como uma forma de vincular as pessoas entre si, ensejando a estruturação de alianças entre escravos de etnias e plantéis distintos ou mesmo similares. Burocraticamente, as exigências legais ao batismo de crianças escravas não se diferenciavam das demais, era necessário somente o nome do batizando, dos pais e dos padrinhos.[33]

Goldschimidt, contribuindo no debate historiográfico regional enfatizou as uniões mistas em São Paulo colonial. A autora coletou dispensas matrimoniais envolvendo casamentos mistos e detalhou os casos de impedimentos e justificações. No entanto, a análise prende-se com exaustação aos aspectos legais e a realização do casamento, menosprezando os componentes referentes à escravidão paulistana.

---

32 Ver MARCÍLIO, Maria Luíza. *A cidade de São Paulo: Povoamento e População (1750-1850)*. São Paulo, Pioneira/EDUSP, 1974; COSTA, Iraci Del Nero. Vila Rica: Nota sobre casamentos de escravos (1727-1826) In.: *Revista África*. Centro de Estudos Africanos da USP, n°o 4,1981; NIZZA DA SILVA, Maria Beatriz. *Sistema de Casamento no Brasil Colonial*. São Paulo: T. A .Queiróz : Ed. da Universidade de São Paulo, 1984.

33 SCHWARTZ, Stuart. *Segredos Internos: engenhos e Escravos no Brasil – Colônia: 1500-1835*. São Paulo: Cia das Letras, 1986.

A documentação não foi exaustivamente analisada quanto ao depoimento das testemunhas, dos cônjuges, a condição dos libertos na sociedade, a etnia dos escravos envolvidos, o perfil dos senhores de escravos. Ressaltamos, no entanto, que nossas observações não têm o objetivo de desmerecer o trabalho da autora, pois trata-se do único estudo a discutir os casamentos mistos em São Paulo, merecendo, portanto, destaque e relevância nas pesquisas sobre a escravidão paulistana colonial.[34]

Por meio da revista *Estudos Econômicos* coletou-se uma série de artigos referentes a casamento e família escrava, relacionados a diversas regiões brasileiras, entre elas: Bananal, Campinas e Santana de Parnaíba. Metcalf analisou o comportamento das famílias escravas dentro do contexto sócioeconômico de Santana de Parnaíba, através de registros de casamentos religiosos, inventários e maços da população.[35]

Verificou as relações entre escravos e seus parentes livres, assim como a instabilidade com que a família escrava se relacionava com o ciclo de vida dos senhores: após a morte dos senhores de engenho ocorria a divisão dos bens da família, incluindo as terras, as moedas e os escravos. Atendo-se aos seus interesses, os herdeiros muitas vezes, não tinham o objetivo de manterem juntas os integrantes das famílias de escravos já constituídas, dividindo-os segundo seus próprios interesses econômicos.[36]

Fragoso e Florentino encontraram casos que demonstraram que boa parte das famílias escravas eram preservadas no momento da partilha da herança, deduzindo que a constituição das famílias favorecia aos interesses econômicos dos proprietários. Florentino,

---

34 GOLDSCHIMDT, Eliana M.R. *Casamentos mistos de escravos em São Paulo colonial.*, Dissertação de Mestrado, São Paulo: FFLCH / USP, 1987.

35 *Estudos Econômicos* (S. Paulo) 17 (2):1987.

36 METCALF, Alida. *op. cit.*, p. 238-240.

ao pesquisar sobre tráfico de escravos entre a África e o Rio de Janeiro de 1790 a 1830 (através das listagens de entradas de navios negreiros, no porto do Rio de Janeiro, os inventários *post-mortem* fluminenses e as escrituras públicas de compra e venda) analisou a manutenção e a estabilidade das famílias escravas. Segundo o autor, a existência das famílias escravas estava relacionada ao tráfico de cativos. Em épocas de aumento das importações, como 1790-1830, houve uma baixa no número de famílias e na taxa de fecundidade. Tal concepção conduz a pensar na possibilidade da família escrava como uma opção de sobrevivência da economia escravista, em tempos de baixa importação.[37]

Slenes através de listas nominativas, relatórios de viajantes e registros paroquiais referentes à cidade de Campinas observou a constituição e a estabilidade das famílias escravas nos grandes plantéis. Estabeleceu comparações entre Campinas, Rio de Janeiro e São Paulo sendo que, para a última asseverou ter sido a presença da Igreja mais marcante, resultando num número maior de casamentos religiosos na província.[38]

Lara, através de inventários e autos crimes resgata as ligações familiares entre os escravos de Campos no século XVIII, afirmando que de uma forma geral, os escravos do sexo masculino predominavam numericamente sobre as escravas do sexo feminino, todavia, em alguns momentos e para algumas regiões o número de mulheres foi superior ao número de homens.[39] A autora aponta a ocorrência de casamentos entre cativos de plantéis

---

37 FLORENTINO, Manolo *Em costas negras: uma história do tráfico atlântico de escravos entre a África e o Rio de Janeiro*, p. 11; 55.

38 SLENES, Robert. "Escravidão e Família: padrões de Casamento e Estabilidade Familiar numa Comunidade Escrava (Campinas, século XIX), *Estudos Econômicos*. São Paulo, v.17, n°2, p. 217-227, maio/ago. 1987.

39 LARA, Sílvia. *Campos da Violência*. Rio de Janeiro: Paz e Terra, 1988. p. 222.

diferentes e uniões mistas reiterando as afirmações de Metcalf, para Santana de Parnaíba.

Mattoso, perscrutando as atas da câmara municipal, recenseamentos e documentos contábeis, entre outros, analisa minuciosamente a sociedade baiana, nos seus mais diversos aspectos, entre eles, a família escrava. Segundo a autora, que volta sua atenção para a origem étnica dos escravos casados, família escrava era sinônimo de família parcial. No entanto, propõe questões importantes para a compreensão da estrutura familiar escrava entre elas questiona se a mulher escrava escolhia seu próprio parceiro ou se encontrava-se exposta ao arbítrio do senhor e as relações fortuitas que engendravam mestiços.[40]

Logo após, Costa, Slenes e Schwartz, publicaram na Revista Estudos Econômicos o artigo "*A família escrava em Lorena" (1801)*, cujo objetivo foi analisar as listas nominativas referentes a quatro Companhias de Ordenanças em Lorena, intentando identificar algumas características escravas, entre elas, o estado conjugal, a idade e o sexo. Em mais de 50% dos casos, havia evidências de famílias regularmente constituídas. Analisaram a legitimidade das crianças cativas com catorze anos ou mais e a condição das mães (casadas, viúvas ou solteiras) segundo a origem e a cor por faixas etárias.[41]

A definição de família adotada pelo autor foi baseada na documentação: casal unido ou não perante a Igreja, presentes ou não ambos os cônjuges; com ou sem filhos; solteiros com filhos e viúvos com filhos. Em todos os casos os filhos deveriam ser solteiros, sem prole e viver junto com os pais. Havia as pseudofamílias, termo utilizado para designar os viúvos isolados e os pais que viviam com

---

40 MATTOSO, Kátia Maria. *Bahia – século XIX: Uma província no Império*, p. 166.

41 COSTA, Iraci Del Nero & SLENES, R.W. & SCHWARTZ, Stuart. A família escrava em Lorena (1808). Estudos Econômicos. V.17. n°2, p.245-295, maio/ago. 1987.

seus filhos sem prole. Chefe-de-família era o cabeça do casal, homem ou mulher, presente.[42]

Nos plantéis de maior tamanho a freqüência das uniões era mais alta do que nos plantéis de pequeno porte. Analisando os casais exogâmicos e incompletos por faixas de tamanho dos plantéis, verificamos que a maioria dos casais incompletos se localizavam na terceira faixa, o que significa que os senhores detentores de um maior poder econômico devido à diversificação de atividades, impunham uma maior mobilidade à população escrava.[43]

Os escravos possuíam uma dependência com relação ao ciclo de vida e às condições econômicas dos senhores: problemas financeiros podiam significar venda parcial ou total do plantel. As partilhas feitas em vida e a morte dos proprietários eram fatores perturbadores da estabilidade familiar escrava. A estabilidade da família escrava era maior nos grandes plantéis e foi decaindo com o aumento da idade dos proprietários. Em 1812, 63,3%das transações de venda dos escravos foram efetuadas por viúvas. Este foi um movimento perturbador que afetou com maior freqüência os pequenos e médios plantéis.[44]

Com relação à legitimidade das crianças, com catorze ou menos anos, obtém-se a seguinte definição: filhos legítimos eram todos os solteiros sem prole, explicitamente arrolados como filhos de pessoas casadas ou viúvas. Os autores admitem que podem estar subestimando o número de legítimos no seio das proles do grupo de casados e viúvos.[45]

42 Ibidem, p. 257.

43 Ibidem, p. 259-260.

44 COSTA, Iraci Del Nero & SLENES, R.W. & SCHWARTZ, Stuart. *op.cit.*, p. 263-264.

45 Ibidem, p. 266.

A maior parte dos filhos legítimos concentrava-se nos grandes plantéis e a maioria dos naturais nos pequenos e médios plantéis. Essa grande proporção de filhos legítimos concentrados nos grandes plantéis era consequência da concentração de casados e viúvos nos plantéis de grande porte.[46]

As famílias regularmente constituídas encontravam-se nos grandes plantéis. Elas apresentavam um ambiente propício ao intercurso sexual consagrado pela igreja e à constituição das famílias escravas estáveis. Os autores afirmam que os proprietários de grandes plantéis, isto é, acima de dez escravos, serviam-se basicamente do mercado interno para a reposição da escravaria. Supõe-se que a união entre os escravos do mesmo plantel e, consequentemente, a prole propiciou a reprodução/substituição da mão-de-obra escrava. Dessa forma, não se descarta a possibilidade de crescimento vegetativo nos plantéis.

Os autores admitem que as diferenças localizadas não podem ser compreendidas apenas e exclusivamente com base nas oscilações demográficas e econômicas, é necessário levar-se em conta os hábitos e costumes negros, decorrentes das experiências vividas.

Por isso, o maior número de casamento entre as mulheres africanas era uma forma de buscar uma vida melhor, objetivando, a preservação dos valores culturais africanos.[47]

Em 1990, Motta apresentou sua tese de doutorado, ao departamento de Economia da FEA/USP, na qual discorreu sobre a problemática da estrutura de posse e a família escrava em Bananal, de 1801 a 1829.[48]

46 Ibidem, p. 267-268

47 COSTA, Iraci Del Nero & SLENES, R.W. & SCHWARTZ, Stuart. op. cit., p. 286.

48 MOTTA, José Flávio. *Corpos escravos, vontades livres: estruturas da posse de cativos e família escrava em um núcleo cafeeiro (Bananal, 1801-1829)*, Tese de doutorado. São Paulo, FEA-USP, 1990.

O autor aborda as relações entre família escrava e cafeicultura. Posteriormente, desenvolvendo um procedimento similar ao realizado no capítulo quinto, o autor efetua uma análise minuciosa sobre os componentes da família escrava, os casais, as mães, as crianças e os viúvos, culminando na questão da estabilidade familiar.[49]

De uma forma geral, os anos em análise representam um movimento de concentração da riqueza vinculada à propriedade de cativos estimulada pela cafeicultura. O desenvolvimento cafeeiro estimulou o florescimento e a consolidação dos escravos, no entanto não alterou o perfil rural da região.[50]

Observa-se que Bananal passou por uma deformação e/ou ampliação dos plantéis. Verifica-se o aumento gradual da razão de masculinidade, tendo como responsáveis diretos os escravos africanos. Por outro lado, a rápida difusão da lavoura cafeeira em Bananal propiciou a diluição das famílias escravas devido à entrada de novos cativos, mas também como consequência do comércio interno que proporcionou o rompimento dos laços familiares.[51]

Os dados referentes a Bananal indicam que a família escrava era relativamente estável em 1810. No entanto, a proliferação da cafeicultura na região trouxe uma série de alterações. Houve um aumento da razão de masculinidade por causa dos homens em idade produtiva; tal evolução aumenta conforme o desenvolvimento da lavoura cafeeira. Nos anos de 1817 e 1829, houve a diluição da família escrava em meio ao movimento de formação e consolidação dos plantéis.[52]

---

49 Ibidem, p. 361.

50 Ibidem, p 369.

51 Ibidem, p. 392.

52 MOTTA, José Flávio. *Corpos escravos, vontades livres: estruturas da posse de cativos e família escrava em um núcleo cafeeiro (Bananal, 1801-1829)*, p.370.

Entre 1801 e 1817, o desenvolvimento inicial do café possibilitou uma divisão mais igualitária da riqueza relativa à propriedade escrava. Neste período aumentou o número dos pequenos plantéis. Entre 1817 e 1829, a cafeicultura começou a evoluir no sentido da *plantation*, resultando na recuperação da família escrava. Foi nos grandes plantéis que os cativos encontraram um ambiente favorável ao estabelecimento de suas famílias. Sendo assim, conclui-se que a família escrava desenvolveu-se de forma cíclica, estritamente relacionada ao nascimento e desenvolvimento de uma nova atividade agrícola: a cafeicultura.[53]

A família escrava persistiu, junto ao desenvolvimento cafeeiro em Bananal, devido ao estímulo e/ou permissão dos senhores. Ela representou, ao que tudo indica, uma estratégia de sobrevivência utilizada pelos cativos em concordância com os senhores.[54]

Fragoso e Florentino analisaram as relações escravistas em Paraíba do Sul, no Rio de Janeiro, verificando a relação entre tráfico e família: o fim do primeiro fortaleceu a segunda, todavia ambos não foram elementos excludentes. Posteriormente, os autores encontraram casos que demonstraram que boa parte das famílias escravas eram preservadas no momento da partilha da herança, deduzindo que a constituição das famílias favorecia aos interesses econômicos dos proprietários. Florentino, ao pesquisar sobre tráfico de escravos entre a África e o Rio de Janeiro, de 1790 a 1830 – através das listagens de entradas de navios negreiros, no porto do Rio de Janeiro, dos inventários *post-mortem* fluminenses e das escrituras públicas de compra e venda – analisou a manutenção e a estabilidade das famílias escravas. Segundo o autor, a existência das famílias escravas estava relacionada ao tráfico de cativos. Em épocas de aumento das

53 Ibidem, p. 369.

54 Ibidem, p. 469.

importações, como 1790-1830, houve uma baixa no número de famílias e na taxa de fecundidade. Tal concepção conduz a pensar na possibilidade da família escrava como uma opção de sobrevivência da economia escravista em tempos de baixa importação.[55]

Em *A Paz nas Senzalas*, os autores identificam a dificuldade de convivência entre os escravos e as preferências matrimoniais endogâmicas, um sentimento de seletividade na escolha do parceiro. Através da cooperação, fizeram e refizeram os laços de parentesco através do casamento e do compadrio.[56]

No interior da comunidade escrava verifica-se o poder dos mais velhos, que organizavam a vida da comunidade e possuíam preferencias no estabelecimento das relações matrimoniais. Os homens mais velhos casavam-se com as mulheres mais novas, enquanto os mais jovens ficavam com as mais velhas. O casamento religioso representou conveniência para ambas as partes. Os cativos logo verificaram que ele representava segurança, não foram dominantes o número de famílias quebradas por partilhas de herança, os senhores perceberam que o estabelecimento de laços familiares prendia os escravos, mais do que as correntes. Mas as relações no interior do sistema escravocrata não foram apenas acordos, o baixo número de casamentos entre africanos e crioulos reforça as rivalidades existentes entre ambos.[57]

A demografia da escravidão não é consequências exclusiva da lógica econômica da empresa escravista e não pode ser deslocada da pessoa do escravo. Dessa forma, as relações de parentesco pacificam

55 FLORENTINO, Manolo. *Em costas negras: uma história do tráfico atlântico de escravos entre a África e o Rio de janeiro*, p. 11 e 55.

56 FLORENTINO, Manolo & GÓES, José Roberto. *A Paz nas Senzalas*, p. 176.

57 FLORENTINO, Manolo & GÓES, José Roberto. *A Paz nas Senzalas*, p. 176.

e organizam os escravos, constituindo elemento de estabilização social, permitindo ao senhor a obtenção de uma renda política.[58]

Em 1998, o Centro de Estudos de Demografia Histórica da América Latina CEDHAL/USP editou o primeiro volume da *Revista População e Família*, que contemplou o estudo das famílias escravas, por meio da estrutura e estabilidade das famílias, como também as relações de compadrio e parentesco espiritual. Vislumbra-se a preocupação com as fontes e a ênfase na afirmativa de que foi nos plantéis de grande porte, relacionados a economia de exportação, o ambiente mais propício para a formação e manutenção das famílias escravas estáveis.[59]

Os dados apresentados acima, nos leva a questionar, como se estruturavam as famílias no pós escravidão. Elas não estavam mais sob o jugo do cativeiro. Como viviam? O que faziam? O tópico seguinte tem como objetivo responder a estas questões.

Os libertos

Martinez-Alier discorre sobre a situação dos libertos na historiografia social da escravidão, tendo como ponto de partida o estudo desenvolvido por Hadler sobre Barbados. No decorrer do texto, a autora traça algumas comparações com a análise realizada sobre os casamentos inter-raciais ocorridos em Cuba no século XIX. Os libertos são figuras ambíguas, mas que estão presentes em toda a sociedade escravista americana em proporções diferentes. Para Cuba a autora conclui que, as mudanças ocorridas com a escravidão, fizeram com que a discriminação, tanto legal quanto social,

58 Ibidem, p. 176.

59 *Revista População e Família*. Vol.01, nº 01, (jan./jun.1988)- São Paulo: CEDHAL/USP/Humanitas, 1998.

aumentasse em vez de diminuir. Utilizando do estudo de Jerome S. Handler, sobre Barbados, a autora traz valiosas informações.[60]

Data de 1627 o primeiro povoamento europeu de Barbados. Em 1650 a economia da ilha era de *plantation*, com base no açúcar, movida pelo trabalho escravo. Em 1670 a ilha atingiu o cume de sua prosperidade que aliada ao seu pequeno tamanho, fez com que ela fosse a possessão mais valiosa da coroa britânica nas Índias Ocidentais Inglesas. Mas, em fins do século XVIII, destacam-se outros produtores de açúcar, entre os quais, destacamos Cuba.[61]

Segundo Handler a maior parte dos libertos eram crianças, o número de mulheres alforriadas era bem maior do que o de homens e, de uma forma geral, os libertos tinham ascendentes racialmente misturados. Tratam-se, estas de três peculiaridades, de fatores significantes para se compreender a inter-relação sexual entre a população branca e a não-branca. Os casamentos inter-raciais não eram proibidos por lei, mas eram extremamente raros. Uma alta porcentagem de escravos alforriados eram mulheres, aptas a comprar a liberdade devido a venda do corpo. As crianças representavam a descendência de relacionamentos fortuitos entre mulheres escravas e homens brancos que, às vezes, tinham como hábito alforriar os pequeninos. Tais fatos, quanto relacionados ao Brasil, demonstram que tanto em Barbados, quanto em Cuba e no Brasil, a prostituição, foi para as mulheres escravas, um caminho para liberdade.[62]

Paiva, em um estudo sobre as estratégias de resistência feminina através dos testamentos mineiros do século XVIII, analisa a si-

60 MARTINEZ-ALIER, Verena. Opressão ou liberalidade: a ambivalência estrutural do liberto numa sociedade escravista – Barbados. *Estudos Cebrap*, 13, 1975, p 125.

61 Ibidem, p. 125.

62 MARTINEZ-ALIER, Verena. *op.cit.*, p. 167.

tuação das mulheres escravas e libertas e endossa a tese de Handler para o contexto do Brasil escravista.[63]

Houve, em Barbados, a manumissão por atos da legislação, por serviços prestados a pátria, por testamento do proprietário, como favor às amantes escravas, por auto compra, mas, o que predominou, foi a via da prostituição, haja vista que Barbados era uma sociedade escravista onde os proprietários esforçavam-se para adquirir mais escravos e reter aqueles que já possuíam.[64]

Entre 1721 e 1817 os homens livres não tinham o direito de dar testemunho devido à origem racial. Além disso, eram proibidos de comprar ou obter terras/escravos. Enfim, havia uma profunda hostilidade para com o elemento liberto. Isso resultou num processo de luta dos libertos para o gozo dos direitos de cidadãos livres e para seu reconhecimento perante a sociedade.[65]

A sociedade de Barbados cedeu frente as pressões e movimentos organizados realizados pelos libertos, que reivindicavam, entre outras coisas, uma maior participação no sistema político-judiciário da ilha, um acontecimento externo de grande importância foi a revolta de Demerara.[66]

Em 1831 promulgou-se a "Brown Privilege Bill", uma lei garantindo total igualdade legal para os libertos. Essa lei, no entanto, tentou ainda cercear a igualdade, pois ela mantinha antigas qualificações de propriedade para concessão de cidadania, estabelecendo qualificações específicas para novos detentores de domínio absoluto; desta forma, os libertos permaneceram em desvantagem em relação aos brancos. Os libertos não eram indicados para posições

63 PAIVA, Eduardo França. *Escravos e libertos nas Minas Gerais do século XVIII*. São Paulo: ANNABLUME, 1995.

64 MARTINEZ-ALIER, Verena. *op.cit*. p. 127

65 Ibidem, p. 127

66 Ibidem, p. 127

elegíveis de cargos administrativos e militares. Barbados foi a última colônia britânica, nas Índias Ocidentais, a conceder aos libertos uma real igualdade legal, como também foi a última a passar a lei para a abolição da escravatura.[67]

Handler apresenta a plantocracia de Barbados como um bloco monolítico. Martinez-Alier, ao estudar a sociedade cubana no mesmo período, afirma que os interesses máximos partilhados pela elite dominante cubana, isto é, a perpetuação da proeminência social e econômica, era um fato, mas a estratégia dividiu seriamente os brancos. De um lado, encontravam-se aqueles que queriam perpetuar o regime, reprimindo toda e qualquer exigência feita pelos libertos, de outro, existiam aqueles que se mostravam abertos à negociação de medidas de liberalidade para com a população liberta visando, assim, conter o perigo.[68]

Em Barbados, nos finais do século XVIII, a maioria dos brancos eram crioulos. A ilha possuía maior proporção de brancos do que as outras Índias Ocidentais Inglesas. A plantocracia de Barbados, mais do que as outras colônias, se omitiu contra as pressões internas e externas para a melhoria do status do liberto e para a abolição da escravidão.[69]

Em Cuba, do século XIX, os negociantes alcançaram o poder político e econômico graças aos plantadores crioulos. Estes comerciantes negociavam, em sua maioria escravos, e possuíam estreitas relações com a Espanha e Cuba. A posição da Espanha com relação à escravidão, não corroborava os interesses da Inglaterra. A primeira objetivava manter a escravidão para preservar a colônia, a segunda pressionava, visando o fim da escravidão. Estabelecendo algumas diferenças entre Cuba e Barbados, observamos que em

67 MARTINEZ-ALIER, Verena. *op.cit.*, p. 128.

68 Ibidem, p. 128.

69 Ibidem, p. 129.

Barbados, os homens livres e os escravos buscavam, o poder metropolitano, para a concretização do seu ideal de igualdade e liberdade. Na primeira havia já uma facção, mais progressista, para dar apoio à comunidade não-branca, a integração racial foi do interesse da plantocracia, como meio de se alcançar a própria emancipação da Espanha. Em Barbados a abolição veio de fora, contra os desejos da plantocracia. Os crioulos brancos de Barbados eram tão racistas e hostis, quando os de outras colônias das Índias Ocidentais.[70]

A raça seria o fundamento lógico para a resposta a essa questão, todavia ela não era a razão de toda ordem social, que possuía uma dinâmica própria. Os libertos constituíam uma anomalia conceitual numa sociedade onde o status social e legal era simbolizado por meio de uma ideologia racial. Acreditava-se que todo aquele que descendia de linhagem racial africana estava fadado à subordinação. A discriminação legal dos libertos teve fim em 1831, mas a escravidão em 1834.[71]

A sociedade de Barbados era racialmente dividida e os libertos estavam estratificados por critérios tais como nascimento, propriedade, riqueza e educação. A participação deles na milícia, o batismo, o cristianismo e a educação davam status – eram símbolos aproximando os libertos do ideal branco.[72]

As relações intergrupais também foram envolvidas nesta ambivalência, criando tensões que caracterizaram a posição do grupo dentro da sociedade. Muitos libertos, tal qual ocorreu no Brasil, possuíram escravos. Segundo Martinez-Alier esta atitude demonstra conivência com o sistema dominante, mostrando a busca pelo

---

70 MARTINEZ-ALIER, Verena. *op.cit.*, p. 129.

71 Ibidem, p. 129.

72 MARTINEZ-ALIER, Verena. *op.cit.* p. 130.

status. Ela afirma que "a comunidade dos libertos parece ter constituído uma réplica perfeita da sociedade global".[73]

> A ausência de um status intermediário claramente definido, racial e legalmente, para os libertos, seguramente enfraqueceu mais as possibilidades para a emergência de um espírito comunal em suas fileiras.[74]

Os líderes da comunidade dos libertos eram emergentes das camadas sociais de maior mobilidade. Seus argumentos não eram representantes dos sentimentos, de todos os outros membros, principalmente os mais pobres.[75]

No contexto brasileiro, Nizza da Silva, em *História da Família no Brasil Colonial*, traça considerações semelhante as de Martinez-Alier, ao alertar o leitor para o fato de que os historiadores demógrafos se debruçaram, nos últimos anos, sobre a família escrava relegando a um segundo plano a família das gentes forras, pois é ainda corrente a idéia de que as mulheres solteiras chefes de família representavam um número maior do que as famílias nucleares dos forros.[76]

Mattoso e Cunha, trazem importantes contribuições sobre a situação dos libertos na sociedade brasileira, em especial para o século XIX. Em *Ser escravo no Brasil*, Mattoso procura saber o que era ser alforriado, como viviam, como a sociedade o tratava – como um homem livre ou um indivíduo à parte?

A absorção do liberto na sociedade brasileira não ocorria de maneira uniforme em todo o país. A sociedade nordestina e a

73 Ibidem, p. 131.

74 Ibidem p. 132.

75 Ibidem, p. 132.

76 NIZZA DA SILVA, Maria Beatriz. *op.cit.*, p. 117.

paulista o recebiam de forma diferente.[77] Na Constituição Brasileira de 1824 se definiu, pela primeira vez, a situação jurídica do liberto. Segundo o artigo 6.°, parágrafo 1, o liberto nascido em terras brasileiras – negro ou mulato após a alforria – adquiria, imediatamente, a cidadania brasileira. Já os escravos nascidos na África, necessitavam passar por um processo de naturalização como qualquer estrangeiro. É visível que os escravos nascidos no Brasil foram favorecidos.[78]

A legislação sobre os libertos justifica-se por motivos de segurança e abastecimento da mão-de-obra – haviam medidas que visavam a fixação dos libertos nas zonas agrícolas. A maior parte das alforrias era condicional e exigia o cumprimento de vários anos de serviço antes do gozo da liberdade total.[79]

Em 1871, a lei n° 2.040 de 28/08/1871, art. 6.°, parágrafo 3, estabelecia que era permitido obrigar ao trabalho os escravos considerados vadios. Em 1885 os alforriados pelo fundo de emancipação deviam permanecer por cinco anos no município em que foram alforriados, caso não cumprissem essa determinação seriam considerados vagabundos, poderiam ser presos e empregados em trabalhos públicos ou em colônias agrícolas sob disciplina militar.[80]

Em 1835, a lei n° 9, de 13/5/1835, art. 176, proibia aos africanos libertos adquirem bens de raiz e anulavam os contratos já estabelecidos. Fato que levou muitos africanos libertos a colocarem seus bens em nome de outros; a mesma lei proibia que casas fossem alugadas a africanos libertos e a escravos – ressalva feita a casos em que houvesse uma autorização expressa do juiz. Pelos artigos 8° e 15°, eram obrigados a pagar anualmente a taxa de dez mil réis, senão

77 MATTOSO, Kátia de Q. *Ser Escravo no Brasil*. São Paulo: Brasiliense, 1984. p. 200.

78 Ibidem, p. 200-201.

79 CUNHA, M.M.C. *op.cit.*,. p. 65.

80 Ibidem, p. 69.

poderiam ser presos por até dois meses. A lei n° 179, de 10/6/1842, estabelecia que os africanos deveriam tirar anualmente o título de residência, que só era emitido quando o devido imposto era pago.[81]

Pela lei de 11/10/1837, os forros estavam sob a autoridade do juiz de órfãos, nas comarcas gerais, e ao juiz de direito, nas comarcas especiais. O juiz de órfãos tinha como obrigação cuidar da vida, da saúde e da moralidade dos libertos (Lei n° 5.135 de 13/11/1872), tratava-se de uma tutela. O liberto vadio podia ser obrigado a trabalhar, caso não aceitasse seria preso por quinze dias com trabalho; em caso de reincidência, era enviado para uma colônia agrícola. (Lei n° 3.270 de 28/09/1885, art. 3.°, parágrafo 17 e lei n° 2.040 de 28/09/1871, art.6.°) [82] O estatuto referente ao liberto era difuso. Negro e escravo eram palavras sinônimas. Ser negro era ser escravo, principalmente se fosse africano.[83]

O direito dos forros no plano jurídico era bastante limitado. Possuíam direito a família, a herança, a servir o exército, a marinha, a guarda nacional, mas somente como soldados. Com exceção de algumas antigas capitanias do nordeste, onde escravos e/ou libertos compuseram milícias de homens pretos e mulatos – nesses casos, todas as patentes estavam acessíveis.[84]

A localização e a atividade econômica influenciaram decisivamente na maneira como os libertos foram absorvidos na sociedade. Em áreas rurais do nordeste, trabalhavam lado a lado com os pequenos agricultores, homens livres que cultivavam a terra de grandes proprietários rurais.[85] No sul, a situação dos libertos era ainda pior, eles tinham que competir com a mão-de-obra livre – o

81 CUNHA, M.M.C. *op.cit.*,. p. 77.

82 Ibidem. p. 70.

83 Ibidem, p. 86.

84 Ibidem, p. 252.

85 CUNHA, M.M.C. *op.cit*, p. 203.

imigrante europeu. Em Salvador, as possibilidades de ascensão dos libertos eram maiores devido à diminuta concorrência com a população branca.[86]

Ser liberto não era ser inteiramente livre. O sonho da liberdade era consolidado apenas na segunda ou terceira geração. Após a alforria, era permitida a posse do dinheiro, mas continuavam a dever obediência, humildade e fidelidade aos poderosos.[87]

Existiam os casos de alforria sob condição. Nestes casos, os libertos não podiam ser castigados corporalmente, vendidos, alienados ou hipotecados, bem como era proibido o retorno a condição de escravo. No caso de contração de delitos, o liberto deveria responder direta e pessoalmente a acusação. Os filhos nascidos nesse período eram considerados livres, todavia muitos senhores conseguiram burlar esses direitos.[88]

Em geral, as alforrias sob condição estipulavam um tempo de trabalho, ao senhor ou a algum outro familiar, quando não exigiam o pagamento em parcelas. No caso de crianças, a liberdade era concedida para os meninos aos 21 anos e para as meninas aos 25. A justificativa para tal atitude era a prudência do senhor que, geralmente desejava dar um ofício à criança.[89]

A inserção do liberto na sociedade variava de acordo com a mesma, quanto maior a influência branca, maior a dificuldade de adaptação do elemento forro. Em Salvador, passada a geração da alforria, a cor não foi um obstáculo intransponível para a mobilidade social e econômica.[90]

---

86 Ibidem, p. 205.

87 Ibidem, p. 206.

88 Ibidem., p. 208.

89 Ibidem., p. 211.

90 CUNHA, M.M.C. *op.cit*, p. 202-203.

Assim como os escravos, os forros possuíam consciência da importância do seu trabalho. O homem negro, mesmo o alforriado, não possuía o direito de exercer certas funções sociais, como os postos de comando do clero. A distinção marcava-se também pelo uso das roupas. Desde 1708, os negros – escravos ou libertos – não tinham o direito de usar a seda e tampouco sapatos.[91]

O africano possuía um sentimento de fraternidade com seus escravos, facilitavam o empréstimo, beneficiavam seus filhos e afilhados. Na maioria das vezes, deixavam para seus filhos – escravos, instrumentos de trabalho ou faziam doações para subsidiar o aprendizado das crianças.[92]

Em *Bahia – século XIX,* Mattoso constata que, na faixa etária em que ocorria as uniões entre os sexos, dos doze aos 35, o número de mulheres forras representava o dobro do número de homens, fator que indica as dificuldades, vividas por essas mulheres, para a obtenção de um companheiro/marido liberto.[93]

A autora afirma ter utilizado, para compreender a família dos libertos, um conceito ocidental – família nuclear. Mas este não correspondia a experiência dos africanos, originários de estruturas familiares, polígamas, diferentes.[94]

Na sociedade baiana do século XIX, o celibato era uma característica comum também entre os africanos libertos, principalmente a população masculina. Na segunda metade do século XVIII predominavam, entre os africanos, as uniões livres e endogamias. Dificilmente eles estabeleciam uniões com negras brasileiras ou mulatas.[95]

---

91 Ibidem, p. 221.

92 Ibidem, p. 235-236.

93 Ibidem, p. 165.

94 Ibidem, p. 162.

95 CUNHA, M.M.C., *op.cit.*, p. 164.

O modelo familiar entre os alforriados, assim como entre os livres, era duplo; haviam famílias legais e famílias consensuais. A partir da segunda metade do século XIX, as famílias nucleares do tipo consensual predominaram entre os alforriados de Salvador.[96]

Sobre a Capitania de Minas Gerais, estudos como os de Ramos apontam que em Vila Rica, no ano de 1804, o número de fogos chefiados por mulheres era de 43,9%; no entanto, essa porcentagem não se referia exclusivamente às forras. Neste caso, a identificação racial na lista utilizada ocorreu apenas no período Imperial. Nizza da Silva sugere que esse recenseamento deveria ser analisado numa perspectiva diferente, comparando-se o número dos fogos chefiados por mulheres, negras solteiras, viúvas ou casadas com marido ausente, e os domicílios constituídos por famílias nucleares de cor.[97]

Em geral, a mulheres negras chefes de fogos eram enfermeiras de hospital, vendedoras, fiandeiras de algodão, quitandeiras, padeiras, faiscadoras, costureiras e lavadeiras. Dificilmente moravam sozinhas, algumas tinham escravos, poucas esmolavam para sobreviver.[98] Nos fogos chefiados por mulheres negras, a presença de expostos e enjeitados, em sua maioria brancos e com idade superior a fase de criação, era significativa. Constata-se que essas forras não eram amas, mas pessoas que mantinham expostos em sua casa, numa idade em que eles já eram capazes de prestar serviços, mesmo sendo eles brancos. O número de expostos pardos era diminuto.[99]

Uma comparação entre os mapas dos moradores da freguesia de S. Pedro, na Bahia, no ano de 1775, e os dados sobre Minas apon-

---

96 MATTOSO, Kátia. *Bahia – século XIX: uma província no Império.* Rio de Janeiro: Nova Fronteira, 1992. p. 162.

97 NIZZA DA SILVA, Maria Beatriz. *op. cit.*, p. 171.

98 Ibidem. p. 172.

99 NIZZA DA SILVA, Maria Beatriz. *op.cit*, p. 172-173.

tam semelhanças e diferenças. Haviam profissões comuns às duas regiões e outras específicas da economia local: faiscadores e mineradores, em Minas Gerais, e Calafate/Pescador, na Bahia.[100] Na Bahia tanto os homens como as mulheres negras solteiros eram mais numerosos e, em seus domicílios, não se localizavam expostos.

Vidal Luna e Costa analisaram a Capitania de Minas Gerais sob o ponto de vista demográfico. Neste contexto, os forros representavam 22,2% dos senhores de escravos e, nesse conjunto, as mulheres eram as que possuíam mais escravos: 55,6%.[101]

Nizza da Silva assinala a existência de testamentos de forros, muito pouco estudados pelos historiadores. Os forros, assim como os brancos, consideravam importante fazer um testamento, pois através dele expressavam suas idéias e vontades com relação aos ritos funerários.[102] Entre eles, o processo de herança era mais complicado devido às situações de ilegitimidade. O divórcio não ocorria somente entre a população branca; eram raros mas existiam casos de separação entre a população forra.[103]

Segundo Cunha, os libertos resistiram de várias maneiras e a rejeição ao trabalho como meio de acumulação foi uma delas, resultando na vadiagem. A vadiação dos libertos poderia ser reflexo do período de entressafra, bem como uma recusa ao sistema. Os negros minimizaram as necessidades básicas e valorizaram o lazer, o não trabalho, não se descartando a possibilidade de complementação de ambos os aspectos.[104]

Cunha afirma que não havia o exercício de funções diferentes para libertos e escravos. O que distinguia ambos era o fato de um

100 Ibidem, p.174

101 Ibidem, p. 177

102 Ibidem, p.180

103 Ibidem, p. 181

104 CUNHA, M.M.C. *op. cit.*, p. 59

ser, e o outro não, um capital investido. [105]No entanto, Viotti afirma, que nos serviços mais perigosos, os fazendeiros temiam arriscar seus escravos. Tal afirmativa corrobora as ditas por Harris. Segundo este autor, os libertos ocupavam os espaços que os escravos não podiam ocupar, não por serem indignos, mas devido ao seu alto valor.[106]

A partir de 1830 aventa-se, aos libertos, a possibilidade de exclusão do país ou o trabalho agrícola em grandes propriedades. Muitos cederam e ficaram numa situação de dependência, outros resistiram e se mantiveram nas cidades, mesmo com as perseguições políticas. Os que possuíam capital e apoio das autoridades brasileiras voltaram para a África.[107]

Famílias de libertos, brasileiros e cubanos, imigraram para Lagos, na África, um ponto de escoamento estratégico do comércio da Costa que se tornou, no século XIX, um empório de escravos de grande importância.[108]

A religião católica foi o principal fator de agrupamento dos negros em Lagos. No entanto, houve três motivos que geraram contendas no relacionamento entre os missionários e os brasileiros. O primeiro, referia-se ao sacramento do batismo. Segundo o padre, os escravos brasileiros só aceitavam o batismo por medo de seus senhores.[109] A poligamia e a falta de interesse pelo casamento religioso também suscitaram uma série de controvérsias. O terceiro motivo consiste na diferente concepção de religião existente entre esses dois grupos. A idéia de um Deus único e ciumento não era

105 Ibidem, p. 99.

106 Ibidem, p. 100.

107 Ibidem, p. 100.

108 Ibidem, p. 108.

109 Ibidem, p. 159.

compartilhada pelos brasileiros que viviam em Lagos, principalmente os fons e os iorubas.[110]

Segundo Paiva, a carta de alforria foi o documento por excelência na vida de um liberto. O documento tinha como função a delimitação das fronteiras sociais e demarcava o novo espaço circunscrito ao seu possuidor. A alforria, por si só, não garantia melhores condições de vida aos libertos. Havia a necessidade da ascensão econômica.[111]

Alforria não foi sinônimo de ascensão econômica. Para sobreviver no contexto da sociedade escravista os libertos trabalharam no comércio local, utilizaram-se dos conhecimentos da culinária e da sexualidade, tornaram-se guardiões das tradições africanas e afro-brasileira e criaram laços de amizade.[112]

Para os escravos, a alforria significou uma forma legal e definitiva de abandonar o cativeiro. Nem sempre, como recurso de resistência, adotaram o quilombo, as fugas e as rebeliões, utilizaram também estratégias de resistência assentadas na vida cotidiana, que não buscavam romper com o sistema. Não deve ser classificada como um recurso alienado, pois visava um objetivo imediato que era o abandono da condição de escravo, apesar de não objetivar a abolição do escravismo e nem a transformação do Estado.[113]

Os escravos passaram por amáveis, fiéis, bons companheiros, justificando as cartas de alforria que insistem em afirmar que a libertação era resultado dos bons serviços prestados. No entanto, a sociedade escravista comportava uma gama de medidas restritivas à liberdade tão almejada. Mesmo após várias gerações, e a misci-

---

110 CUNHA, M.M.C. *op.cit.*, p. 159-160.

111 PAIVA, Eduardo França. *Escravos e libertos nas Minas Gerais do século XVIII.*, p.113.

112 Ibidem, p. 140.

113 Ibidem, p. 107.

genação, os libertos e posteriormente livres carregam na pele o estigma da cor.[114]

Aos forros negava-se o porte de armas, a filiação em determinadas irmandades legais, ordens terceiras, o acesso a cargos de poder – civis ou eclesiásticos –, bem como a expressão de sua cultura através das danças e das práticas religiosas.[115]

Em Minas Gerais destacam-se as possibilidades de enriquecimento que eram ofertadas aos escravos. Nesse sentido, aos libertos importou mais resistir ao sistema escravista, adaptando-se aos seus padrões de dominação, do que confrontá-lo por meio de levantes e/ou fugas. As Minas comportavam uma resistência mascarada.[116]

O caminho até a libertação, muitas vezes, foi árduo e as dificuldades de sobrevivência inúmeras. Neste contexto, as mulheres, mais do que os homens, criaram uma diversidade de estratégias em busca de uma vida melhor.[117]

As conquistas femininas não se travaram numa esfera coletiva e sim particular. Foram atitudes individuais que se tornaram comuns, reproduzidas em várias gerações. O intercurso sexual entre senhores e escravas – que em alguns casos foram efêmeros, em outros periódicos ou duradouros – possibilitou, às escravas e libertas, a ascensão econômica. O intercurso sexual conferia, a essas mulheres, poder quando se envolviam em relações duradouras com homens de boa posição. O sexo possibilitou ganhos materiais, alargamento das amizades e dos conhecimentos, proteção e influência, enfim, aumentou as possibilidades de mobilização social.[118]

---

114 PAIVA, Eduardo França. *op.cit.*, p. 108.

115 Ibidem, p. 108.

116 Ibidem, p. 113.

117 Ibidem, p. 114.

118 Ibidem, p. 154.

O reconhecimento de um filho ilegítimo, principalmente se mulato, gerava problemas aos homens livres da sociedade colonial. Tal atitude contrariava os mandamentos católicos, permitia recriminações racistas e problemas relacionados a herança e ocupação de altos cargos administrativos. A ascensão das mulheres forras é mais nítida e, portanto, maior do que os homens e lhes possibilitou uma maior porcentagem na feitura dos testamentos.[119]

Mais do que a população masculina, as mulheres quase sempre declararam seus filhos ilegítimos, alguns nascidos ainda no período do cativeiro.[120] Em Minas Gerais, quase um terço dos testadores arrolados assumiram os filhos ilegítimos, o que permite redimensionar as relações escravistas. As alforrias e os privilégios não foram somente uma concessão, mas uma conquista das mulheres submetidas à exploração sexual.[121]

Segundo Paiva, a mãe escrava e a liberta ocupavam um lugar central no interior da família. Através da mãe, ocorria a reprodução/mutação cultural, a consolidação e a transmissão das formas de adaptação ao sistema escravista. Era a mãe a figura que estava à frente dos processos de alforria e coartações do grupo familiar.[122]

A adoção de uma postura de vida católica, facilitou a inserção das mulheres forras na sociedade colonial. A religião, que numa primeira instância objetiva o domínio das ações e das intenções dos homens coloniais, foi um instrumento de defesa e de resistência cotidiano para os oprimidos. As mulheres libertas, quando devotas, cultivavam simultaneamente a fé e os prazeres mundanos.[123]

---

119 PAIVA, Eduardo França. *op.cit.*, p. 119 e 124.

120 Idem, p. 125.

121 Idem, p. 125.

122 Idem, p. 131.

123 Idem, p. 152-153.

As mulheres forras tornaram-se senhoras buscando a ascensão econômica. A adoção de valores das classes dominantes e a conservação das tradições africanas reinventaram o universo cultural brasileiro. Enquanto mães, adaptaram-se às normas de comportamento social e desempenharam um papel primordial na transmissão/reprodução da realidade escravista colonial.[124]

As mulheres libertas foram o baluarte da resistência, não só coletiva como também cotidiana, reproduziram em seus filhos os padrões culturais dominantes. Eram chefes de fogos, mesmo não sendo viúvas e, em alguns casos, compraram a liberdade de seus maridos.[125]

Com relação aos padrões de casamento existentes na sociedade mineira, havia o casamento nos moldes tridentinos, que atingiam as camadas mais elevadas da sociedade, mas que também uniu casais com diferentes classificações sociais na escala sócioeconômica colonial. Entre os libertos mineiros que adotaram o casamento tridentino observa-se um costume que, na época, era muito difundido entre os casais, o regime de carta metade.[126]

Esse contrato de casamento, permitiu uma maior independência entre marido e mulher, principalmente entre os libertos. Talvez a instabilidade das uniões induzisse os casais a assegurar ganhos materiais, em caso de separações.[127]

Existiram uniões, estabelecidas entre libertos e escravos, ou entre os primeiros e indígenas, a quais devemos considerar, como casamentos mistos. As questões que norteiam as uniões mistas, entre um elemento forro e outro escravo, foram estudadas, na Capitania de São Paulo, por Goldschmidt; em Minas Gerais, por Russel-Wood e, no Piauí, por Brandão. Segundo Nizza da Silva, al-

---

124 PAIVA, Eduardo França. *op.cit.*, p. 154.

125 Ibidem, p. 109.

126 Ibidem, p. 171.

127 Ibidem, p. 172.

guns historiadores consideram esses casamentos poucos freqüentes, mas o que realmente importa são as questões que estes levantavam, muitas vezes, complexas.[128]

No início do século XVIII, os casamentos inter-raciais foram uma forma de assegurar mão-de-obra por parte das índias administradas. Os filhos resultantes das uniões mistas eram denominados "servos". Este fato demonstra, claramente, que as mulheres índias não eram consideradas livres. Havia uma declaração formal de liberdade dos índios, mas esta não existia na prática.[129]

O casamento misto foi uma prática comum no Brasil Colonial. Segundo Nizza da Silva, em algumas regiões, essas uniões foram preponderantes entre escravos. Tal afirmativa não corrobora os dados coletados para a freguesia de Cotia em 1798. A compra da alforria do companheiro cativo, às vezes, sofria resistência da parte dos senhores. Nesses casos, havia apenas duas soluções possíveis: recorrer ao governador - autoridade máxima na capitania - que pressionava o senhor, visando a efetuação da venda; ou valer-se do monarca que, como uma "graça", concedia a liberdade.[130]

A documentação analisada, sobre a freguesia de Cotia em 1798, aponta libertos vivendo em escravarias com companheiros escravos. São mulheres listadas, juntamente com seus companheiros e os demais escravos, mantendo-se a menção à condição de libertas.

Os filhos do casal são listados juntamente com os escravos, mas, assim como as mães, na condição de libertos. Isto indica que, em alguns casos, as mulheres libertas após o casamento compartilhavam, com o cônjuge, a vida no cativeiro.

Como era a vida da mulher junto ao marido em África? O propósito do tópico seguinte é procurar compreender o espaço da

128 NIZZA DA SILVA, Maria Beatriz. *História da Família no Brasil*, p. 182.

129 Ibidem, p. 184 .

130 Ibidem, p. 185-186.

família no contexto africano, pois cabe-nos questionar se a postura e o comportamento dos negros frente à organização familiar no Brasil, mais especificamente em Cotia entre 1790 e 1810, apresentava reminiscências da família africana. Enfim, como os africanos compreendiam a família, o parentesco e o casamento em África?

Parentesco e família em sociedades africanas

O parentesco possuía uma grande importância entre os povos que se organizavam em sociedades de pequena escala demográfica. As diferenças relativas as aptidões, bem como as demais, não se sobrepunham ao parentesco; as pessoas estavam unidas por uma teia de laços. As obrigações decorrentes das relações de parentesco resultam nas atividades e nas relações imbricadas no campo econômico, político e religioso. As organizações de parentesco e casamento são pedras primordiais no assentamento das relações entre os povos africanos.[131]

> Para a compreensão de qualquer aspecto da vida social de uma população africana, v.g., econômico, político, ou religioso é essencial conhecer a sua organização de parentesco e de casamento.[132]

Dois indivíduos são considerados parentes quando um descende do outro, por um laço de filiação direta, ou quando ambos descendem de um antepassado comum. Existe o parentesco real e o parentesco fictício; no primeiro caso o laço social que os une assenta-se num caráter biológico, de consangüinidade; no segundo, as pessoas se consideram parentes, mas não existe entre eles nenhum

131 RADCLIFFE-BROWN, A.R. *Sistemas Políticos Africanos de Parentesco e Casamento.* Lisboa: Fundação Calouste Gulbenkian, 1950, p. 7

132 Ibidem, p. 11

laço de consangüinidade, determina-se pelo fato dos indivíduos descenderem de uma mesma filiação.[133]

O parentesco fictício pode ser exemplificado pelos descendentes de escravos ou prisioneiros de guerra, que são considerados como filhos ou filhas do grupo de parentesco que comprou ou capturou seus pais; o mesmo exemplo serve para explicar porque famílias de origem estrangeira, ao fim de um certo número de geração, pode ser assimilada pelo grupo que os acolheu, sendo considerados e tratados como verdadeiros descendentes. Em outras palavras, a filiação pode ser mítica e ocorrer apenas na consciência do grupo, mas é o suficiente para perpetrar um comportamento que demonstra formas de solidariedade, entre ajuda e cooperação ritual.[134]

Portanto, pode-se concluir que o parentesco é uma relação social, não se relaciona diretamente com a consangüinidade, com o laço biológico. Trata-se também de um princípio de organização social, sendo assim é necessário, portanto, que muitos consanguíneos não sejam reconhecidos como parentes e que certas categorias sejam excluídas do parentesco.[135]

A filiação é o princípio de constituição e organização interna de cada grupo de parentesco, enquanto as alianças são um princípio de organização das relações externas entre grupos diferentes, que necessitam estabelecer relações de troca matrimonial, devido a necessidade da exogamia.[136]

> Numa palavra, o parentesco não é apenas um princípio de classificação e de organização, é também um código, uma

133 AUGÉ, MARC. *Os domínios do parentesco: filiação, aliança matrimonial, residência*. Lisboa: Edições 70, 1975.p. 13.

134 Ibidem, p. 13.

135 Ibidem, p. 15.

136 AUGÉ, Marc. *op.cit.*, p. 19.

> linguagem mais ou menos ideológica e mais ou menos manipulada, é, pois, uma chave para a interpretação de todas as sociedades (mesmo as sociedades com Estado), em que o parentesco não se reduz a família conjugal, mas preside, totalmente ou em parte, à formação de grupos sociais e à organização das relações entre os mesmos.[137]

A filiação é o princípio que preside a transmissão do parentesco, é uma convenção social, enquanto consangüinidade é uma noção biológica. Sendo assim, filiação e consangüinidade são coisas diferentes em todas as sociedades.[138]

A filiação pode ser unilinear ou unilateral, isto é, o parentesco só é transmitido ao filho de casal legítimo, sendo assim, a filiação transmite-se apenas pelo pai – patrilinear – ou somente pela mãe, matrilinear. No primeiro caso fica estabelecido que os filhos pertencem ao grupo de parentesco do pai, os filhos não fazem parte do grupo de parentesco da mãe. No segundo, os filhos pertencem ao grupo de parentesco da mãe, não fazendo parte do grupo de parentesco do pai.[139]

Existe ainda a filiação cognática ou bilateral, que é oposta a filiação unilinear ou diferenciada, haja vista que nesta o parentesco é transmitido tanto pelo pai quanto pela mãe, o parentesco é reconhecido de ambos os lados.[140] Há a filiação unilinear, ou bi linear, isso ocorre quando duas filiações unilaterais se juntam, cada uma regendo, com exclusão da outra, a transmissão de determinados direitos.[141]

---

137 Ibidem, p. 20.

138 Ibidem, p. 22.

139 Ibidem, p. 23.

140 Ibidem, p. 23.

141 Ibidem, p. 23.

Quando a filiação deixa de ser considerada simplesmente como um princípio de organização social, e passa a ser entendida como a concreta aplicação deste princípio, começa a se falar de grupos de filiação. Enfim, os grupos de filiação diferenciam-se das unidades de filiação por serem grupos organizados, que tomam decisões, podendo até mesmo intervir na vida cotidiana, no âmbito político, religioso ou matrimonial.[142]

Os grupos de filiação unilinear onde todos os membros se consideram descendentes, qualquer que seja a linha, de um antepassado comum, porém conhecido e nomeado, assentam no princípio da linhagem, o contrário ocorre no clã onde o antepassado, que une os indivíduos, é mítico e legendário.[143]

O clã, mais precisamente, congrega todos aqueles que possuem uma origem presumível e indemonstrável, que descendam em linha direta, paterna ou materna, de um antepassado lendário ou mítico. A pertença a um clã adquire-se, em geral, pelo nascimento. Nas sociedades patrilineares os filhos aliam-se ao clã do pai, nas sociedades matrilineares ao clã da mãe. Nos sistemas de filiação bi linear a pertença é dupla, mas a qualidade de membro de um clã não se adquire apenas pela filiação, a adoção também é uma forma de recrutamento normal.

O clã possui um nome, geralmente do seu fundador, mas às vezes indica um episódio da história do grupo e pode constituir uma unidade territorial, nem sempre exogâmica – onde há a proibição de casamento dentro do grupo sem que por isso seja endogâmico. Freqüentemente, o clã apresenta uma dispersão geográfica e está associado a uma espécie vegetal, animal, fenômeno natural ou, ainda, a um objeto manufaturado o "totem" do grupo. Algumas

142 AUGÉ, Marc. *op.cit.* p. 25.

143 Ibidem, p. 28.

restrições, principalmente as alimentares, relacionam-se a essa associação simbólica. No entanto, ressaltamos que a exogamia, a unidade de residência, o "totemismo" não se caracterizam como atributos essenciais ou, pelo menos, indissociáveis do clã.[144]

O clã pode ser subdivido em sub-clãs, que possuem a maior parte das suas características, e o mesmo tipo de composição. A regra da exogamia não opera no clã e sim no subclã.[145]

> a pertença a um clã é uma característica particular de certos grupos ao longo de sua história(...)o clã é um produto dos acontecimentos, não um traço da estrutura.[146]

Linhagem significa mais um princípio de organização do que um grupo concreto precisamente definido, significa uma unidade social, econômica, religiosa, bem definida genealogicamente, sendo estas as linhagens concretas que se opõem às linhagens mais vastas, que podem ser classificadas em quatro tipos: a máxima, a maior, a concreta, a de agrupamento ou de grupo solidário permanente.[147]

A linhagem é uma unidade exogâmica, a salvo algumas exceções, onde todas as mulheres são consideradas irmãs, com elas não se casam e nem mantém relações sexuais. Entre as linhagens mínimas, que fazem parte de uma mesma linhagem menor, bem como entre as linhagens menores de uma mesma linhagem maior, os casamentos entre os membros são proibidos. Cabe exceção quando de linhagens distantemente aparentadas, segmentadas há muito tempo, nesse caso é possível o casamento.[148]

---

144 AUGÉ, Marc. *op.cit.*, p. 33-35.

145 Ibidem, p. 36.

146 Ibidem, p. 36.

147 Ibidem, p. 29-32.

148 Ibidem, p. 32.

O casamento não se trata de uma relação apenas entre dois indivíduos, mas um processo que envolve dois ou mais grupos exogâmicos na rede de relações das trocas matrimoniais. O termo trocas matrimoniais indica a necessidade de se analisar não somente os princípios que regem os casamentos, mas também os mecanismos do processo de circulação das mulheres entre os grupos e os efeitos causados por tais relações sociais. Existem dois tipos de trocas matrimoniais: a restrita e a generalizada. Na primeira há uma relação equivalente, pois, o grupo que pede, ao outro, uma esposa para um de seus homens, oferece uma de suas mulheres. Na segunda, a relação de troca não é simétrica e vai se equilibrando gradualmente, confere um alargamento das alianças matrimoniais, pois neste tipo de troca são presentes três grupos. *A* doa uma esposa a *B*, que recebe outra esposa de *C*.[149]

O casamento é um complexo de normas que visa regular as relações sexuais, entre homens e mulheres, através de um sistema de obrigações e direitos mútuos, os filhos nascidos desta união são reconhecidos como filhos legítimos de ambas as partes.[150]

Em todos os locais ele é motivo de festas, de cerimônias, ritos e atos públicos que conta com a participação dos membros da comunidade. Esta ritualística tem como objetivo reconhecer a mudança de status social dos noivos, através do casamento criam-se laços jurídicos, sociais e econômicos. Esta situação evidencia-se, mais claramente, no plano econômico, onde o casamento induz a troca de bens e de favores entre as duas famílias envolvidas.[151]

A diversidade de formas de organização dos sistemas de parentesco nas sociedades africanas aponta para o fato de que, além

149 AUGÉ, Marc. *op.cit.*, p. 39.

150 Ibidem, p. 42.

151 Ibidem, p. 42.

das variações ocorridas nos aspectos superficiais, existe um conjunto de invariáveis.[152]

> Um sistema de parentesco e casamento pode ser considerado como um arranjo que permite às pessoas viverem juntas e cooperarem umas com as outras segundo certa ordem social.[153]

O conjunto de termos são partes integrantes de um sistema de parentesco, estes servem tanto para designar como para dirigir. No estudo sobre o sistema de parentesco, a primeira medida necessária é descobrir quais os termos utilizados e como eles são usados.[154]

Na África, as famílias são divididas através das gerações e, devido a isso, foi possível a formulação de alguns princípios gerais que fixam regras de comportamento/postura quando do estabelecimento de trato com indivíduos pertencentes a gerações diferentes.[155]

A relação entre as gerações também estava marcada pelo sistema de atitudes, isto é, conjunto dos comportamentos prescritos que regem as relações entre as pessoas, os parentes consanguíneos, por afinidade, impondo o respeito ou a intimidade. Os parentes têm obrigações e direitos em comum. De uma forma geral, pode-se afirmar que as relações de intimidade se referem aos parentes por afinidade pertencentes a mesma geração, o respeito se manifesta entre os parentes por afinidade de gerações diferentes.[156]

As relações entre as gerações eram mediadas pelo conflito, pela obediência/desobediência às normas a serem seguidas. Por

152 RADCLIFFE-BROWN, A R. *op.cit.*, p.12.

153 Ibidem, p. 13.

154 Idem, p. 18.

155 Ibidem, p. 42.

156 Ibidem, p. 57.

isso cabe-nos aqui questionar qual o papel do conflito entre as gerações na manutenção da estrutura familiar africana.

Gerações em conflito

As relações entre duas gerações extrapolam os limites do parentesco. Na maior parte das sociedades africanas exige-se o respeito às pessoas da geração ou da idade dos pais. Esta relação possui uma função social, engendra a conformidade com os costumes já estabelecidos e o respeito. A manutenção da ordem social depende de sua transmissão às gerações seguintes. As tradições, as artes, a moda e a religião, deviam migrar de uma geração para a outra.[157] Em África, as crianças, quando na presença de seus pais, não devem se mostrar ligeiras nem discorrer sobre sexo. Por outro lado, os avós são mais indulgentes com as crianças do que os pais e podem interferir nas relações entre pais e filhos.[158]

Balandier em *Antropo-Lógicas* destaca a questão do confronto das gerações, as relações de conflito. Segundo o autor, isto ocorre quando as sociedades se conscientizam das dificuldades de se reproduzir e quando as gerações futuras questionam ou negam-se a assumir papéis já previamente determinados. Trata-se de uma questão central porque relaciona-se ao problema da reprodução social.[159]

A separação das gerações e os antagonismos existentes, que permeiam suas relações, são considerados dados primeiros da ordem social – fazem a ligação entre fato de natureza e fato de cultura. As características que permeiam essa relação é o critério de idade. A idade é um determinante na vida social e, na maioria das

157 AUGÉ, Marc. *op. cit.*, p. 42.

158 Ibidem, p. 44

159 BALANDIER, Georges. *Antropo-Logicas.* São Paulo: Ed. Cultrix/ Edusp: 1976, p. 67.

vezes, tem um caráter de dependência. Em primeiro lugar, a dependência biológica da criança com relação aos pais, e depois a necessidade de aprendizado. A geração dos pais é a detentora da autoridade, que está ligada ao fator tempo. Chega uma hora em que os filhos podem ser pais de outros filhos, a própria vida permite que os indivíduos passem da dependência a predominância e depois chegue ao fim do ciclo da vida. Uma segunda característica opõe-se a primeira, pois enfatiza o antagonismo entre as relações, o dinamismo existente. Como características comuns, podemos dizer que o sistema é formado por classes de idades diferenciadas, distintas, mas relacionadas umas às outras. O estabelecimento de uma nova classe de idade não ocorre separadamente aos rituais utilizados para marcar a puberdade ou a entrada na vida adulta. O sistema tende a estratificar a população conforme o critério de idade, tomando como critério a senioridade. As relações que definem o sistema são de caráter obrigatório e durável.[160]

Estudos antropológicos recentes contribuíram muito para um conhecimento mais apurado dos mecanismos de senioridade e dos sistemas de classe. Esses podem ser classificados em dois tipos principais: sistemas lineares e sistemas cíclicos. Em comum, eles possuem o fato de obrigarem os adolescentes a escalarem outros degraus. No primeiro caso estão os jovens que se consideram capazes de passar da iniciação à maturidade.[161]

As relações entre as gerações, entre as camadas de idades organizadas ou não, dependem mais das condições colocadas pela sociedade global do que do papel das lutas sexuais.[162]

Entre os lugbaras tem-se que os idosos são os indivíduos mais importantes, as cabeças das linhagens, possuem autoridade e

160 BALANDIER, Georges. *op.cit.*, p. 76.

161 Ibidem, p. 77.

162 BALANDIER, Georges. *op.cit.*, p. 94.

privilégios, são guardiães de costumes e têm o poder de interceder junto aos ancestrais. Os velhos são capazes de manter um relacionamento privilegiado com os ancestrais porque estão mais próximos deles pelo critério da idade têm o poder de governar a sociedade e serão substituídos, após a morte, pelo filho primogênito.[163]

A ordem e a dinâmica das relações obedecem a alguns princípios, entre eles é de destaque a predominância total da geração dos pais sobre a dos filhos. Os filhos nada são enquanto seu pai, ou o irmão mais novo de seu pai, for vivo; há um domínio da classe dos pais sobre os filhos, dos genitores sobre os que foram gerados.[164]

Existe nesta relação um elemento ponderador, a relação constrangedora existente entre pai e filho não ocorre entre gerações sucessivas. O pai do pai, o avô, *mo*, estabelece com os jovens relações de espontaneidade, informalizo e carinho. O distanciamento, existente na relação pais/filhos não se faz presente na relação avós/netos.[165]

As relações entre as gerações são mediadas pelo conflito, pela expectativa. Os jovens se preparam para assumir uma atividade, oscilando entre o conformismo e a inovação. Os jovens se encontram diante de dois projetos: o tradicional, que vem dos adultos, e um novo, que pode ser construído por eles, que se veem tentados a acumular as experiências passadas. Os idosos esperam dos jovens as respostas para suas dúvidas, acreditam na possibilidade de uma melhor resolução dos problemas; enfim, o conflito tem uma função social recuperadora. Os *mossi* ilustram bem esta questão: o pai, o chefe, tem medo que seu filho primogênito esteja impaciente para assumir o seu lugar, mas também teme que o seu filho esteja inde-

163 Ibidem, p. 96.

164 Ibidem, p. 100.

165 Ibidem, p. 111.

ciso e que sua linhagem perca a chefia. Sendo assim estimulará ao máximo seu filho, mesmo temendo a concorrência.[166]

Entre outros fatores, a compreensão das relações entre as gerações é importante para compreendermos o reordenamento que ocorre através do casamento. O próximo tópico se propõe a analisar o casamento e sua função nas sociedades africanas.

O casamento

O casamento nas sociedades africanas é, na sua essência, uma organização da estrutura social. Através dele modificam-se relações e criam-se novas entre pais e filhos, entre marido e a mulher, entre o marido e os parentes da mulher e, por outro lado, entre a mulher e os parentes do marido. Os casamentos causavam reordenamentos constantes, resultados dos nascimentos, das mortes e dos ritos de iniciação à puberdade.[167] Segundo Radcliffe-Brown, o casamento africano não se assenta no amor romântico, apesar de o caráter, a beleza e a saúde constituírem fatores importantes na decisão. A afeição aparece depois de alguns anos de um casamento bem-sucedido e é resultado de um processo, da convivência e da criação dos filhos.[168]

Os efeitos do casamento, isto é, o reordenamento social no qual estão explícitos, mudanças de estatuto, criação de laços entre os grupos de parentes, é a principal diferença entre o casamento e outras formas de relações sexuais, temporárias ou permanentes. Esse poder, que possuí o casamento, também determina restrições em todas as sociedades na escolha do cônjuge. Na maior parte das vezes, a escolha do cônjuge não pertence unicamente ao futuro

166 BALANDIER, Georges. *op.cit.*, p. 92-113.

167 Ibidem, p. 62.

168 RADCLIFFE-BROWN, A R. *op.cit.*, p. 66.

marido e à futura esposa, mas aos membros mais importantes dos respectivos grupos, sendo assim o casamento é um assunto grupal. O casamento não é um ato livre, varia de sociedade para sociedade. Algumas sociedades são denominadas exogâmicas, isto é, entre os seus membros o casamento está proibido; nas endogâmicas existe autorização ou prescrição para os casamentos.[169]

Existem vários tipos de casamento, distinguindo-se a monogamia, a poligamia, a poligenia e a poliandria. O primeiro caso refere-se à união de um homem e de uma mulher. No segundo caso há uma união onde o número de cônjuges, tanto homens como mulheres, ultrapassam um casal, onde o primeiro casal é designado primário e os demais, secundários. No terceiro, temos várias mulheres unidas a um único homem, todas são consideradas esposas legítimas e seus filhos reconhecidos como descendentes legítimos. Cada mulher tem sua casa, onde vive com seus filhos; chama-se poligenia sororal quando da união de várias irmãs a um mesmo homem. O quarto, trata-se de uma forma de casamento onde vários homens são casados com uma única mulher, é uma das formas mais raras de casamento e se encontra pouco na África.

Quando os maridos são irmãos, trata-se de uma poliandria fraternal ou adélfica. Com relação à estratificação social, existem outras duas formas de casamento, a hipergamia – casamento com um cônjuge de estatuto social superior e a hipogamia – casamento com um cônjuge de estatuto inferior.[170]

A residência, o local de morada dos noivos após o casamento, em geral é determinada por uma regra que pode variar no tempo, tanto para o casal como para a sociedade. Não existe um consenso sobre a tipologia a ser adotada. Segundo Augé, pode-se se falar de

---

169 AUGÉ, Marc. *op.cit.*, p. 43.

170 Ibidem, p. 45.

residência *patrilocal, virilocal, matrilocal, uxorilocal, avunculocal, bilocal, duolocal, uxorovirilocal.* Na primeira, o casal se estabelece junto dos pais do marido; na segunda, o casal reside onde o marido residia antes da realização do casamento ou onde ele decidir ir, também pode ser considerado como sinônimo de residência patrilocal, na terceira, o casal vive onde a noiva vivia antes da realização do casamento ou aonde ela decidir viver, também pode ser visto, como sinônimo de residência matrilocal; na quinta, o casal passa a viver junto de um irmão da mãe de um dos esposos; na sexta, o casal estabelece residência num local novo, tanto para eles quanto para seus familiares; na sétima forma, o casal é livre para definir se viverá com os pais do marido ou da esposa, em geral as condições econômicas são predominantes, na oitava, o casal não reside junto, cada um continua a viver em sua própria casa, com sua família; na nona, a residência é alternadamente virilocal e uxorilocal, ou patrilocal e matrilocal. Fala-se em regime harmônico quando a filiação e a residência são simultaneamente patrilineares e patrilocal, ou matrilinear e matrifocal. Em caso contrário, o regime é desarmônico.[171]

O termo família é utilizado para designar um grupo social composto de, no mínimo, um casal unido pelos laços do casamento e um ou vários filhos nascidos desta união. A família, em oposição a conceituação de grupo doméstico, não está relacionada a coabitação, os membros de uma família podem residir separadamente. A existência de uma família não depende das regras de residência, mas da forma de casamento monogâmico ou plural.[172]

A família elementar, também designada família nuclear, é formada basicamente por um homem, uma mulher e seus filhos. A família elementar não é uma instituição universal, em algumas socie-

171 AUGÉ, Marc. *op. cit.*, p. 48-49.

172 Ibidem, p. 49.

dades tradicionais africanas, como os Bambaras, os Dida, os Ibos, os Yorubá, etc., não existe nenhum termo específico para designar esta relação. Além do mais, está também não é a unidade fundamental de toda organização familiar ou doméstica. A pedra angular constitui-se do núcleo constituído pelas mães e seus filhos.[173]

A família composta ou poligâmica é resultado do casamento plural – da poligenia e da poliandria. São unidades matricêntricas – constituídas por suas mães e seus filhos – ligadas que estão por um laço conjugal a um mesmo homem. As relações entre o homem e suas co-esposas e as relações entre elas, são regidas por direitos e obrigações. Podendo ocorrer entre elas ciúmes, rivalidades e hostilidades. A família extensa é resultado do alargamento dos laços entre pais e filhos. Em qualquer forma, deve-se ficar clara que família não é sinônimo de grupo doméstico, que pode ser definido como uma unidade de residência, de produção e consumo, não se definindo pelos critérios do parentesco ou das alianças.[174]

> O grupo doméstico pode ser composto de pessoas entre as quais não existe nenhum laço de parentesco ou, pelo contrário, pode reunir várias unidades familiares. É raro que o grupo doméstico forme uma unidade homogênea e ainda mais raro que haja uma coincidência entre unidade familiar, unidade de residência e funções domésticas (geralmente associadas ou combinadas de diferente modo, conforme as sociedades).[175]

No sistema de denominações e atitudes, que regem as relações de parentesco, temos que termo de tratamento é o nome que se dá para um parente de sangue ou de afinidade com quem se fala

173 AUGÉ, Marc. *op.cit.*, p. 50.

174 Ibidem, p. 51-52.

175 Ibidem, p. 52.

e termo de referência é utilizado para denominar um parente de sangue ou de afinidade de quem se fala. Os sistemas de denominação dividem-se em duas categorias: sistemas descritivos e sistemas classificatórios. No primeiro, há um reduzido número de termos para os parentes do primeiro ou do segundo grau, os parentes mais afastados são denominados por palavras compostas destes termos – irmão da mãe, filho da irmã do pai, filha da filha do irmão da mãe. Os sistemas descritivos puros são raros. Na África, encontram-se entre os Dinka e os Shilluk do Sudão oriental.[176]

Os sistemas classificatórios se caracterizam por uma identificação terminológica, entre parentes de gerações diferentes – parentes diretos e colaterais e também pertencentes a sexos diferentes. O sistema que distingue os parentes paternos dos maternos é o mais comum na África e se relaciona ao princípio da exogamia.[177]

Os sistemas africanos de casamento apresentam diferenças relativas às normas para o casamento entre os parentes. Diz a regra geral que um homem e uma mulher, parentes, não devem se casar. Por outro lado, em muitas sociedades africanas, acredita-se que um homem deva se casar com sua prima cruzada, na maior parte das vezes a filha do irmão da mãe e não o filho do irmão do pai. Sendo assim, nesses casamentos as famílias são aparentadas antes da celebração do matrimônio.[178] Uma parte do sistema de parentesco pressupõe uma série de regras para o casamento consanguíneo.

Há regras que proíbem o casamento entre parentes.[179] As normas possuem variações de uma sociedade para a outra e, dentro de uma mesma sociedade, podem variar ao longo do tempo. A exogamia, uma dessas regras, proíbe a um homem casar-se com

176 AUGÉ, Marc. *op.cit.*, p. 54-55.

177 Ibidem, p. 55.

178 Ibidem, p. 76-77.

179 Ibidem, p. 76.

uma mulher de seu próprio grupo. Por outro lado, existem grupos onde o casamento com parentes é permitido e desejável, denominando-se tal situação casamento preferencial.[180]

Será que estas regras migraram para as terras brasileiras e interferiram na constituição dos cônjuges? Haveria, entre os descendentes de africanos, regras proibitivas, originárias da África, que restringiam o casamento no Brasil?

Em uma pesquisa anterior, sobre as uniões matrimoniais entre escravos em São Paulo Colonial, localizamos um processo de matrimônio entre escravos no qual se discutia a necessidade da dispensa de um impedimento, referente ao grau de consangüinidade entre os pretendentes, para a efetuação do casamento. Tratava-se dos escravos Gonçalo e Francisca, filhos, respectivamente, das escravas Antônia e Francisca – duas irmãs pertencentes a Manoel da Silva Reis. Eles estavam impedidos de casar por serem primos, no entanto o pároco argumentou que os noivos, por fragilidade humana, tiveram cópula carnal levando à mácula da honra da noiva. O fato de serem escravos, dependentes e pertencentes ao mesmo senhor, facilitaria o intercâmbio sexual entre ambos e, sendo assim, solicitavam encarecidamente a dispensa do impedimento para a efetuação do casamento. Provavelmente, esses cativos descendiam de sociedades africanas onde o casamento entre parentes, senão preferencial ao menos não era proibido.[181] Não deixando de ressaltar, é claro, a influência católica e os valores ocidentais frente à virgindade da mulher e à política de incentivo ao casamento vigente na época.

Nas sociedades africanas existem normas para relações sexuais fora do matrimônio. Tem-se que o incesto é o pecado ou o crime de união sexual entre pessoas relacionadas, por parentesco

---

180 AUGÉ, MARC. *op.cit.*, p. 87.

181 GONÇALVES, Rosana Andréa, MAIA, Ivani, Marco Antônio Cabral dos Santos, Fabiana Schleumer. *op.cit.* p. 100.

ou por casamento, dentro dos graus definidos pela lei ou pela religião. Casamento e relações sexuais fora do matrimônio não são a mesma coisa.[182]

A maioria das sociedades condena a contração de relações sexuais entre indivíduos proibidos de se casar. Por outro lado, há sociedades onde o casamento é proibido, mas não o estabelecimento de relações sexuais.[183]

> O incesto é uma noção moral produzida por uma ideologia ligada a elaboração do poder nas sociedades domésticas, como um dos meios de domínio dos mecanismos da reprodução e não uma proscrição inata, que seria nesse caso a única espécie: o que é apresentado como pecado contra a natureza não é na verdade senão pecado contra a autoridade.[184]

Existe um costume denominado *levirato* - localizado entre os povos Nuer e Zulu - em que, quando um homem morre e sua mulher ainda se encontra num período fértil, o irmão tem por obrigação coabitar com a viúva para que esta possa gerar filhos, que são considerados filhos do defunto. O irmão do homem não se torna o marido da viúva, trata-se apenas de um substituto. Em alguns casos, ele serve para designar a "herança da viúva", quer dizer, o caso onde o irmão fica com a função do verdadeiro marido e os filhos, nascidos desta união, são considerados filhos do novo marido.[185]

Há ainda o *sororato* – praticado por etnias da África do Sul, bem como por povos Zulu – costume em que devido à morte da mulher, o marido desposa uma irmã. Para a irmã da falecida, o casamento pode ser um direito ou uma obrigação. Designa-se so-

182 RADCLIFFE-BROWN, A.R. *op. cit,*. p. 97-98.

183 Ibidem, p. 84.

184 MEILLASSOUX, Claude. *op. cit.*, p. 28.

185 AUGÉ, Marc. *op. cit.*, p. 46.

rorato extenso quando o marido pode desposar qualquer uma das irmãs solteiras e sororato da mais nova, quando ele só pode desposar a irmã mais nova. Em algumas sociedades, quando a mulher mostra-se estéril, a sua família pode entregar uma irmã para a geração dos que serão considerados filhos da mulher estéril.[186]

Assim como no exemplo anterior voltamos a questionar. Será que o costume do *sororato* ou do *levirato* existiu no Brasil de forma idêntica ou similar à África? O costume, ao chegar ao Brasil, pode ter sofrido profundas alterações, mas mesmo assim ter influenciado a vida sexual dos negros. O exemplo abaixo, ocorrido em São Paulo setecentista, talvez auxilie em nossas interrogações.

Em São Paulo Colonial, alguns escravos ficaram provisoriamente impedidos de se casar devido a atitudes sexuais com parentes do futuro cônjuge. Entre Agostinho e Mariana, dois escravos da Guiné, ela manteve relações com Vitorino, o meio irmão de seu marido. Graças ao modelo familiar adotado pela igreja Católica, ambos foram dispensados do impedimento de cópula ilícita. Para a igreja, reconhecer a legitimidade de um meio irmão, seria aceitar como família uma estrutura pecaminosa. Um meio irmão deriva de pai/mãe diferentes. Situação similar ocorreu com Julião e Jacinta, ambos crioulos. A noiva teve cópula ilícita com Antônio e Félix, respectivamente pai e irmão de Julião; sendo assim, estavam impedidos de se unir matrimonialmente com um impedimento dirimente. A dispensa matrimonial só foi obtida diante da alegação de que ambos os escravos viviam concubinados há mais de dez anos, contrariando as leis divinas.[187]

Para a Igreja tratava-se, evidentemente, de um escândalo. Mas, como será que os envolvidos compreendiam e vivenciavam

186 AUGÉ, Marc. *op.cit.*, p. 46.

187 GONÇALVES, Rosana Andréa, Ivani Maia, Marco Antônio Cabral dos Santos, Fabiana Schleumer *op.cit.*, p. 99-100.

esta situação? Estaria marcada pelo ódio, rancor e rivalidade ou seria um acontecimento normal?

Retornando ao contexto africano, temos que economia e parentesco nas sociedades denominadas primitivas não são duas estruturas exteriores, como infraestrutura e superestrutura. Nesse tipo de sociedade, as relações de parentesco têm uma função de produção política e ideológica. O parentesco é simultaneamente infraestrutura e superestrutura.[188]

A plurifuncionalidade do parentesco explica a complexidade das relações e o papel dominante das mesmas. A relação economia e parentesco não é uma relação externa, mas interna. Explicar a evolução das sociedades primitivas é compreender o aparecimento de novas funções, incompatíveis com a manutenção de antigas estruturas sociais.[189]

Nas três aldeias do cantão de Kuy, *os Samo*, cujo sistema de parentesco é *omaha*, a população do noroeste do Alto-Volta, onde foi realizado um estudo sobre as regras de casamento. Trata-se de um modelo de sociedade de linhagem, onde não há clã. Cada linhagem constitui um grupo situado geograficamente em bairros, no interior de uma aldeia. Os bairros-linhagens praticavam a vingança e até mesmo a guerra. Em 1963, desempenhavam um papel relacionado as atividades sociais e religiosas. Trata-se de um regime patrilinear, com residência patrivirilocal. Existem três modalidades de casamento: casamento primário, aquele que representa um acordo entre duas linhagens, realizado quando a noiva ainda é uma menina. Nesse caso, as linhagens não devem permitir a desistência da noiva, após assumido o compromisso. Uma mulher era prometida apenas uma vez, enquanto o homem não passava por

188 AUGÉ, Marc. *op. cit.* p.125.

189 Ibidem, p. 126.

esta restrição. Na ótica Samo, o casamento primário é o único legítimo. Foi proibido pela administração do Estado Independente, como também pela administração colonial, por não levar em conta a liberdade de escolha da mulher.[190]

O casamento secundário é um acordo ocorrido entre os dois indivíduos; ocorre quando da desistência de um casamento primário ou após a viuvez. Atualmente, é o único reconhecido pela administração.[191]

A terceira modalidade não consiste em um casamento em si, mas numa norma de regulamentação de relações sexuais pré-conjugais. Toda moça púbere, antes do casamento, pode ter relações sexuais- por no máximo três anos- com um homem de sua escolha, que no futuro não seja seu marido e nem pertença a linhagem deste. Durante todo o período, a jovem continua a coabitar na casa de seus pais. Caso deste relacionamento provenha uma criança, esta é considerada filha do marido legítimo. Os indivíduos descendem sempre do pai, nem sempre este é pai biológico, podendo ser o "pai" socialmente aceito.[192]

Entre os Basangas, ao redor do ato do casamento efetivava-se uma ritualística objetivando a legalização do ocorrido, a validação do ato e, consequentemente, dar visibilidade àquilo que não é um ato pessoal e privado, mas grupal e público: as refeições em comum, o vinho de palma e o penhor de objetos simbólicos, faziam parte do ritual. Esta ritualista era um processo onde as coisas se desencadeavam em partes sucessivas. A aproximação/amizade entre os grupos ocorria no interior dessa dinâmica. De início, trocavam-se visitas, ofereciam-se cortesias e presentes. Atribuía-se direitos, de tal forma que o momento exato do casamento, às vezes, passava

190 AUGÉ, Marc. *op.cit.*, p. 134.

191 Ibidem, p. 134.

192 Ibidem, p. 135.

despercebido. A política de boa vizinhança não se extinguia com a coabitação dos noivos e diz a regra que se estendia até o nascimento do primeiro filho ou até a morte. Enfim, mais do que um ato isolado, o casamento representava o estabelecimento de alianças que, caso fossem rompidas, preservava a ambas as partes a devolução dos presentes e dos dotes já entregues.[193]

Na idade adulta, o jovem, ao se interessar por uma moça, investigava se a mesma encontrava-se já comprometida ou impedida com alguém. Caso não estivesse, a mãe do jovem, após investigar a idoneidade moral da família, dirigia-se à casa da moça com um pequeno presente e fazia o pedido. A aceitação do presente correspondia à aceitação do pedido. Existiam os noivados de pouca idade e os de gravidez. No primeiro, os pais firmavam a promessa de casamento quando os contraentes eram ainda crianças e, no segundo, a promessa ocorria durante a gestação das crianças. Caso as crianças nascessem do mesmo sexo desfazia-se o compromisso, mas elas estavam unidas por uma aliança especial: eram *balundas*, isto é, amigas para toda a vida e deviam assistência e respeito mútuo entre si.[194]

A efetivação do noivado correspondia à transferência de bens, na forma de dote, da família do futuro marido para a da futura esposa e era, tradicionalmente, representado por contas de pérolas. A efetivação do noivado tinha, como objetivo, torná-lo público e impedir a aproximação de outros pretendentes.[195]

Alguns dias após o noivado ocorria a celebração. Esta consistia num convite, feito pelo pai da noiva, para que o noivo, acompanhado de parentes e amigos, comparecesse a uma refeição em casa dos futuros sogros. Esta deveria ser a primeira refeição oferecida aos noivos e aos seus. A partir deste dia, ficava estabelecido que o

193 MUNANGA, Kabenguele. *op. cit.*, p. 133.

194 Ibidem, p. 141-142.

195 Ibidem, p. 143-144.

noivo estava autorizado a participar das refeições na casa dos futuros sogros. A partir deste momento, a visita do rapaz obrigava os futuros sogros a preparar uma refeição. Esta cerimônia, também designada como *kilanga mudilo*, representava claramente o estabelecimento das primeiras trocas entre os grupos. Trocavam-se alimentos e palavras. Enfim, comemorava-se oficialmente a efetivação do noivado.[196]

Durante o noivado ambos os grupos envolvidos possuíam obrigações. O noivo devia prestar, gratuitamente, pequenos favores para a família da noiva. Em caso de impossibilidade, para a realização deste ato, o grupo ao qual pertencia o rapaz deveria assumir esta função. Os favores eram ligados às atividades desenvolvidas pelo noivo e pela sua família, isto é, caso eles se dedicassem a pesca ou a caça deveriam enviar peixe ou carne como presente. Tais presentes não eram entregues pessoalmente, mas enviados por seus parentes. O noivado era um período de conhecimento e de observação de atitudes. Caso nesse período houvesse insatisfação, para alguma das partes envolvidas, o noivado era rompido.

Como motivo para esse ato destaca-se o não cumprimento das obrigações acima especificadas e má conduta (roubo e adultério). Aos noivos era proibido a contração de relações sexuais antes do casamento. Em caso de morte, de um dos noivos, não haveria herança para o sobrevivente, correndo as despesas do enterro por conta da família do falecido.[197]

> Casar é liberar uma dinâmica interna a comunidade e as pessoas. Como todo impulso vital intensivo provoca mudanças, o processo de liberação posto em ação ocasiona um remanejamento da estrutura social precedente de lu-

---

196 MUNANGA, Kabenguele. *op.cit.*, p. 144.

197 Ibidem, p. 144-145.

> gar. Casar é passar da família de orientação para a família de procriação. Esta passagem opera sempre um reagrupamento social e cria novos papéis, traz mudanças de status e de categoria social.[198]

A ruptura do casamento poderia ocorrer pelos seguintes motivos: esterilidade, impotência, adultério, mau trato da parte dos cônjuges e incompreensão. O primeiro motivo era absoluto e justificava-se devido à importância dos filhos nos enlaces africanos; já o adultério configurava-se como passível de superação.[199]

Na separação ocorria um ritual onde aquele que desejava se separar repudiava o companheiro em frente aos anciãos do grupo. Tratava-se de um ato muito sério que liberava o companheiro para um novo compromisso. O ritual era necessário mesmo em casos em que os cônjuges estavam separados há muitos anos e um deles já houvesse morrido.[200]

Os viúvos passavam por rituais e algumas restrições – tabus que iam das proibições das relações sexuais, do corte de cabelo, bebidas alcoólicas, convívio na multidão, banho em água quente, visitas às cozinhas alheias, até à necessidade de se colocar um objeto no chão para o viúvo apanhar.[201]

Para se compreender o sistema de parentesco, é necessário analisar a estrutura social e sua função. Todos os sistemas de parentesco são produtos de uma evolução social; para que eles existam, ou continuem a existir, é necessário que funcionem com um certo grau de eficiência. A integração entre as pessoas deve ocorrer sem

---

198 Ibidem, p. 154.

199 MUNANGA, Kabenguele. *op.cit.*, p. 160-161.

200 Ibidem, p. 160.

201 Ibidem, p. 161.

conflitos demasiadamente sérios, pois tensões e conflitos existem em todos os sistemas.[202]

Dessa forma, conclui-se que a razão de ser de uma instituição ou costume relaciona-se a uma função social. A normas e costumes referentes aos casamentos, proibidos ou preferenciais, objetivam preservar, manter ou continuar uma estrutura de parentesco já vigente. Quando um casamento entre parentes ameaça desordenar o sistema estabelecido ele é desaprovado e proibido. Por outro lado, os casamentos preferenciais são os que promovem a renovação, o reforço do sistema existente.[203]

Será que o casamento, entre os descendentes de africanos em terras brasileiras, também possuía este sentido? Em Cotia, região pobre que no final do século XVIII e início do XIX se mantinha com uma economia de subsistência voltada para o mercado interno e onde se estruturavam escravarias com um pequeno número de cativos, a maioria das uniões, quando legais, ocorriam entre escravos da mesma etnia, preferencialmente entre africanos e crioulos (30%), bem como entre crioulos e crioulos (30%), apontando assim um desejo de manutenção da origem étnica devido às fortes raízes africanas e à importância do casamento e do parentesco nessas sociedades. Em número menor, temos as uniões entre africanos de etnias diversas (25%), seguidos dos africanos de mesma etnia (10%) e, finalmente, as uniões mistas.

Nizza da Silva afirma que, em algumas regiões, as uniões mistas eram predominantes nos relacionamentos escravos; mas o mesmo não pode ser afirmado para Cotia, haja vista que as uniões mistas representam um percentual de (5%).[204]

---

202 Ibidem, p. 111.

203 MUNANGA, Kabenguele. *op.cit.*, p.110.

204 NIZZA DA SILVA, Maria Beatriz. *op.cit.*. p. 185.

Com relação às segundas núpcias, não ocorriam na mesma proporção que a contração da primeira união. A maioria das uniões aconteciam entre escravos do mesmo senhor, não sendo inexistentes casos contrários. A ocorrência de casamentos legais entre libertos também se faz presente na documentação (25%).

Sendo assim, constatamos que o modelo de economia colonial, que aponta grandes plantéis, predominância masculina e ausência de crianças, não corresponde à realidade de Cotia em 1798, onde o número de homens e mulheres escravos era equilibrado, as crianças estavam presentes na maioria das escravarias e, em geral, na companhia de seus pais.

Mas, mais do que isso, estes dados apontam que os escravos buscavam pessoas que possuíam valores, costumes e crenças similares à sua. A diversidade da cultura africana é fato já conhecido. Quando libertos continuaram buscando, entre os seus, o auxílio e a companhia necessária para trilhar o caminho da liberdade. A estrutura matrimonial desenvolvida no Brasil, conforme aponta os dados acima, visava remontar a família africana em terras brasileiras. O casamento dos descendentes de africanos – escravos ou libertos – teve uma função definida, assim como na África, porém não buscava preservar, manter ou continuar estruturas de parentesco, mas visavam *"recriar"*, através das brechas concedidas pelo sistema escravista brasileiro (o casamento católico e o compadrio), a família africana.

No processo de recriação do casamento, sem dúvida, muitos elementos da cultura africana se perderam, entre eles o dote. No entanto, ainda nos cabe interrogar, o que era, qual a sua função e importância na política matrimonial africana.

O dote e a política matrimonial africana

O dote era uma transação social/grupal e se relacionava profundamente com a natureza dos grupos envolvidos no matrimônio. Nas sociedades africanas localizamos grupos étnicos adeptos da patrilinearidade e a matrilinearidade, o que influi decisivamente na filiação das crianças.[205]

Nos grupos matrilineares, a criança pertencia à filiação materna. Os laços da mãe com seus irmãos eram mais fortes do que os que ligavam a criança ao pai. Sendo assim, o grupo do marido não pagava o dote. O oposto ocorria nos grupos patrilineares, onde o dote possuía valores elevados e o divórcio era menos frequente. O valor econômico do dote relacionava-se à estabilidade do casamento.[206]

> O grupo inteiro é atingido pelo dote, seja contribuindo para a sua constituição, seja recebendo uma parte quando de sua distribuição. O casamento é um assunto grupal, um assunto profundamente social, intimamente ligado à estrutura da própria sociedade.[207]

A importância, do dote nos enlaces matrimonias africanos, não pode ser reduzida a uma frase, porém a troca – de presentes, de cortesias e de atribuições – era uma invariante nas uniões. Os presentes selavam uma amizade, uma aliança que tinha como objetivo promover a intimidade entre os grupos e, simultaneamente, afastar o medo do desconhecido. Transferia-se a tutela da jovem noiva do pai para o marido; no entanto, o grupo que recebia a mulher era considerado inferior ao grupo que doava a mulher. Ao adentrar o novo mundo a mulher recebia novas energias, participava de uma outra faixa de forças cósmicas, não apenas com os parentes vivos como também com os ancestrais. A união de dois clãs não se restringia apenas às alianças entre os vivos, mas também entre os mortos.[208]

---

205 MUNANGA, Kabenguele. *op. cit.* p. 135.

206 MUNANGA, Kabenguele. *op.cit.*, p. 135-136.

207 Ibidem, p. 136.

208 Ibidem, p. 140-141

O dote estava intimamente ligado à estrutura social do grupo: um casamento estável permitia uma transferência de bens dotais maiores, devido à confiança, ao prestígio e à importância econômica.[209]

Em oposição, um casamento considerado fraco, que tendia à instabilidade, provocava uma transferência de dotes cada vez menor, chegando quase ao desaparecimento. Os bens do dote vão ficando cada vez menos importantes.[210]

> O sentido do dote não pode ser expresso numa única frase, que várias significações podem ser superpostas umas às outras e que a função e o sentido dependem, ao menos particularmente, da estrutura da sociedade. As discussões sobre o dote em geral, sem nenhuma especificação, seriam, portanto, inúteis.[211]

O dote era a representação de uma mulher púbere não disponível no momento da transação. O dote era o símbolo de uma pessoa humana. É esta função que o torna diferente de uma transação comercial e lhe confere seu aspecto sagrado. Possui um valor simbólico, que nem sempre é transparente e, uma função sociológica, que deve ser considerada de acordo com a estrutura social de cada comunidade em particular.[212]

O sistema matrimonial por dote traz consigo os germes da decadência, como toda instituição humana. As contradições no mecanismo de circulação do dote o desviam da sua verdadeira função, é lhe atribui um sentido relacionado a troca.[213]

---

209 Ibidem, p. 165.

210 MUNANGA, Kabenguele. *op.cit.*, p. 166.

211 Ibidem, p. 166.

212 Ibidem, p. 169.

213 Ibidem, p. 169.

Diversas circunstâncias favorecem a circulação de novos dotes. O número de dotes colocados em circulação é maior quando a quantidade de moças púberes disponíveis é menor. Quando a sociedade entrega uma mulher, em contrapartida de outra, saldando assim a dívida, o dote lhe é entregue. Mas esse não é neutralizado ou destruído, devido a sua materialidade; ele é recolocado em circulação.

> Se o dote, pelo seu retorno à suas mãos do produtor, lhe permite adquirir uma esposa sem ter cedido uma filha, deixa de ser um bem imediato. Adquire um valor par si mesmo pelo seu confronto direto com o único termo subsistente da troca idêntica uma esposa. Eles se torna a expressão de um valor fixo, equivalente ao de uma mulher púbere e convencional, pois reconduz à convenção dotal. O dote, dentro dos limites da circulação matrimonial, adquire um valor de troca.[214]

Existem outros elementos que permitem variações. Às vezes, não é a esposa o objeto último da transação matrimonial, mas a sua prole, a sua descendência. Desta forma, o matrimônio e o volume dotal se estendem da puberdade a menopausa, correspondendo ao período fértil da mulher. Sendo assim, deve ser proporcional ao tempo de casamento e ao número de filhos. Em caso de ruptura do casamento, deve haver reembolso da fração do dote, principalmente se os filhos retornarem com a mãe. O dote pode ser inferior no caso de um segundo ou terceiro casamento. O dote relaciona-se a progenitura, bem como a opulência da comunidade.[215]

As contradições existentes no interior do sistema dotal, poderiam ser superadas, se os dotes fossem produzidos por um poder central que controlasse a circulação, ou então se fossem

214 MUNANGA, Kabenguele. *op.cit.*, p. 169.

215 Ibidem, p. 170.

destruídos ao fim do crédito, isto é, quando retornassem às mãos de quem o pôs em circulação .Em sociedades domésticas, onde não há poder centralizado, pode ser excluída a primeira solução, restando apenas a segunda.[216]

Há um grande perigo, quando os objetos tradicionais utilizados no dote são substituídos por valores materiais ou objetos utilitários: dinheiro líquido, moedas, meios de força, poder e prestigio. Ocorre a transformação do valor simbólico do dote num cálculo pecuniário, e com certeza, não foi esse o sentido original do dote.[217]

Entre os Basangas, após a celebração oficial do casamento havia a doação do grande dote. Os ricos enviavam flechas, machados, enxadas, objetos de ferro e cobre que simbolizavam o poder de guerra do grupo doador, bem como a força de trabalho. As pérolas representavam uma recompensa à família pelos cuidados dispensados à noiva desde o momento do seu nascimento: pagava-se ao pai, as plantas medicinais colhidas na mata em momentos de doença da filha, e à mãe, os esforços do parto e da maternidade.[218]

No grande dote, o noivo tinha à obrigação de prestar serviços a família da noiva, ou seja, cultivar o campo e cuidar dos animais. Entre os Basanga, o casamento era um ritual onde se sucedia atitudes, palavras e gestos que legalizavam a nova posição dos envolvidos.[219]

Mas, e em Cotia, como se estruturavam as famílias dos escravos e dos negros livres e libertos? Estes possuíam, dentro de si, as lembranças da cultura africana, dos seus valores e posicionamentos? Será que as fortes raízes culturais interferiram na organização familiar dos mesmos?

---

216 Ibidem, p. 170.

217 Ibidem, p. 170.

218 MUNANGA, Kabenguele. *op.cit.*, p. 146.

219 Ibidem, p. 147.

III.
Nos arredores da capitania

São Paulo foi fundada, aos 25 de janeiro de 1554, por uma missão jesuítica, na confluência do Anhangabaú e do Tamanduateí. No final do século XVI, São Paulo possuía aproximadamente 120 casas, situadas no alto de um morro onde os paulistas viviam sem luxo. A própria câmara manteve suas reuniões em casas de particulares até 1575, quando foi designada uma sede.[1]

Até o século XVIII, os paulistas gozavam de considerável autonomia em alguns setores como defesa, relações indígenas, administração eclesiástica, controle dos preços e das mercadorias, obras públicas e serviços municipais.[2]

Os animais perambulavam livremente pelas ruas, derrubando as paredes e estragando as casas. Na verdade, as verdadeiras habitações ainda eram nas fazendas e as casas da cidade eram utilizadas para passeio e alojamento de visitas. A produção assentava-se no açúcar e no algodão. Nas fazendas encontravam-se teares e engenhos de aguardente para a subsistência e pequeno comércio das mesmas. O trigo era moído nas fazendas, muitas frutas eram cultivadas, inclusive o marmelo que fornecia à comunidade a marmelada para a exportação.[3]

---

1 MORSE, R. *Formação Histórica de São Paulo.*, p. 32.

2 MORSE, R. *op.cit.*, p. 27.

3 Ibidem, p. 32.

No início do século XVII, a Capitania de São Vicente possuía um pequeno arsenal de produtos para a exportação: carne salgada, couro, conservas de frutas e farinhas que abasteciam as cidades costeiras do norte do Brasil e Buenos Aires.[4]

No planalto paulista, a base econômica era a agricultura. Era comum o pagamento em espécie utilizando tecidos de algodão, cera, couros, bois, galinhas, açúcar ou qualquer alimento.[5]

São Paulo possuía múltiplas funções históricas, entre elas cabe destacar o *evangélico - religioso,* desempenhado principalmente pela ação dos jesuítas. No final do século XVI eles implantaram diversas aldeias - São Miguel, Pinheiros, Barueri, Guarulhos, Carapicuíba, Itaquaquecetuba, Itapecerica e Embu - que ainda hoje possuem reminiscências. No campo *político administrativo*, São Paulo foi elevada a funções administrativas importantes. Em 1560, elevou-se a vila. Em 1681, a sede da Capitania. Em 1711, a cidade. Em 1745, a sede do bispado. No final do século, sob o comando dos capitães generais, a cidade começou a destacar-se no campo político. No século XVIII já se configurava, na cidade, um aspecto militar, expedicionário e ofensivo.[6]

São Paulo era uma cidade voltada para o interior. Comandava um sistema próprio de fazendas e aldeias, destacando assim com uma função *colonizadora* - agrícola e urbana. Através das bandeiras emergiram a organização, a chefia e a força de trabalho que conferiram a São Paulo um caráter *expedicionário*. A localização estratégica de São Paulo fez com que fosse um ponto de recepção e distribuição para o planalto. São Paulo situava-se na entrada do caminho do mar o que lhe conferiu uma vantagem *comercial.*[7]

4 Ibidem, p. 33.

5 Ibidem, p. 33.

6 MORSE, Richard. *op.cit.*, p. 36.

7 Ibidem,, p. 37-38.

Entre 1765 e 1775, a capitania de São Paulo esteve sobre a administração de Dom Luís Antônio de Sousa Botelho Mourão – o Morgado de Mateus. Este efetuou ações e reformas que atingiram o povoamento, bem como toda a vida na colônia, interferindo nas questões relacionadas à educação e à militarização. As medidas por ele tomadas representavam os interesses da política portuguesa que estava relacionada ao mercantilismo e ao sistema de monopólio. Neste contexto, a economia colonial sofria a interferência da metrópole.[8]

As atividades econômicas de São Paulo no século XVIII não eram sedentárias, o que permitiu à população uma grande mobilidade geográfica. Em Minas Gerais os engenhos de açúcar e a mineração propiciaram o povoamento e a sedentarização da população. Em São Paulo setecentista os habitantes estavam dispersos, praticando o comércio e a lavoura. A política de urbanização enfatizou o estabelecimento de novas vilas, todavia não houve colaboração por parte da população; neste sentido ela relutou às ordens superiores. A pobreza das gentes, aliada às dificuldades dos caminhos e a falta de capacidade dos diretores encarregados da administração, dificultaram o povoamento das novas paragens.[9]

O problema da povoação na capitania sempre recebeu atenção por parte da administração colonial. Baixas no contingente populacional da capitania assustavam os governantes. O Morgado de Mateus, ao assumir o governo da capitania de São Paulo, informou à metrópole a situação dos núcleos populacionais paulistanos, atribuindo o isolamento em que viviam os habitantes à escassez de casamentos constituídos com as bênçãos da igreja.[10]

8 GONÇALVES, Rosana Andréa, Ivani Maia, Marco Antônio Cabral dos Santos, Fabiana Schleumer. *op.cit.*, p. 81.

9 GONÇALVES, Rosana Andréa, Ivani Maia, Marco Antônio Cabral dos Santos, Fabiana Schleumer. *op.cit.*, p. 82.

10 Ibidem, p. 82.

Não apenas o povo embrenhava-se nas matas. Registrava-se, também, a presença de descendentes da nobreza portuguesa vivendo em concubinato com índias, escravas ou livres. Tal prática, muitas vezes era adotada devido à dificuldade em obter da metrópole os documentos necessários para a realização do casamento. Os jesuítas opunham-se veementemente ao casamento de brancos com índias, incentivando a união de homens brancos até com mulheres de má-vida, meretrizes e órfãs, mas de origem portuguesa. As mestiças da terra destinavam-se aos degredados. No início da colonização a população masculina era predominante, devido às necessidades de defesa do território e ocupação dos cargos públicos.[11]

Em 1800, o governador Melo Castro e Mendonça justificou a necessidade de sangue novo na capitania de São Paulo. Segundo esse governador, a preguiça, a ociosidade, a libido aflorada e as moléstias que assolavam o país, eram produtos da fraqueza e frouxidão da população paulista. O remédio consistia na vinda de casais de Ilhéus. Estes, além de fazer prosperar a agricultura – questão importante para o aumento da sedentarização da população- possibilitaram o aumento da taxa de natalidade correspondente a indivíduos mais vigorosos e robustos.[12]

Um dos objetivos fundamentais da administração colonial, durante o século XVIII, foi fixar a população dispersa em povoação e vilas, permitindo o desenvolvimento dos núcleos populacionais. Tais medidas deveriam facilitar o desenvolvimento dos métodos agrícolas e incentivar o casamento.[13]

No início houve um choque entre as pregações eclesiásticas e os objetivos administrativos. Primeiramente, a igreja concebia o

11 Ibidem, p. 82.

12 GONÇALVES, Rosana Andréa, Ivani Maia, Marco Antônio Cabral dos Santos, Fabiana Schleumer. *op.cit.*, p. 82.

13 Ibidem, p.83.

casamento como um mal menor, pregando a superioridade do celibato. Por sua vez, a metrópole incentivava o aumento da população e combatia todos os fatores que pudessem diminuir o número de uniões, como o celibato religioso pregado pela igreja. A metrópole dificultou a instalação de conventos na colônia, permitindo apenas os recolhimentos. Estes tinham como função educar, resguardar donzelas e mulheres casadas na ausência do marido.[14]

Segundo o Morgado de Mateus, constituíam obstáculos à celebração dos casamentos a pobreza, a vadiagem dos homens e as exigências da burocracia eclesiástica. Por isso, o concubinato esteve presente na sociedade paulistana e, assim como a vadiagem, foi um dos atrativos para o recrutamento. Em primeiro lugar recrutavam-se os vagabundos e, em segundo, os concubinados ou os que eram casados mas viviam separados ou em discórdia com suas mulheres.[15]

O recrutamento e o serviço militar constituíram também empecilhos para a consolidação do matrimônio. Os governadores estabeleciam obstáculos para a realização de casamentos sempre que a política militar assim o exigisse. Nos períodos de guerra, as autoridades civis solicitavam aos eclesiásticos o estabelecimento de problemas/impedimentos temporários para a realização dos casamentos. Em época de recrutamento familiar a população masculina fugia para o mato ou recorria ao casamento, visando dificultar o alistamento. O comércio sexual, ou seja, o trato com meretrizes, mulheres públicas ou prostitutas, não constituía crime de concubinato, bem como os contatos fugazes, frutos de momentos de paixão e gozo.[16]

A distância do local de nascimento ou residência dos contraentes constituíam entraves para a realização do casamento. O ser-

14 Ibidem, p. 84.

15 GONÇALVES, Rosana Andréa, Ivani Maia, Marco Antônio Cabral dos Santos, Fabiana Schleumer. *op.cit.*, p. 85.

16 Ibidem, p. 85.

viço militar, uma das metas da administração colonial, foi um fator de impedimento ao aumento populacional. A política populacional de D. Luís Antônio apresentava, assim, uma certa ambigüidade.[17]

A metrópole desejava um aumento populacional assentado no matrimônio religioso, pois o casamento foi um mecanismo de ordenamento social e a família possibilitou as mutações de comportamento. Por um lado, foi uma forma de aumentar a população com base nas leis da igreja católica, disciplinar os colonos e prendê-los aos laços familiares. Por outro, o matrimônio relacionava-se aos objetivos da administração colonial portuguesa.[18]

Consequentemente, as uniões legais entre os escravos também foram influenciadas por essas medidas. Em primeiro lugar, elas visavam adestrar os senhores que, em muitos casos, viviam concubinados assim como os escravos. Posteriormente, o discurso atingiu a massa escrava. Os cativos eram compreendidos como inferiores, como seres incapazes de tomar decisões. Ao proprietário cabia a responsabilidade, não só pela vida material, como também pela vida espiritual. Em um grau menor que as raízes africanas, a política populacional inferiu na legalização de uniões entre os cativos.

Com relação aos libertos, a constituição da família não passou pelo crivo do senhor. O liberto já vivia fora do cativeiro e buscava, na maioria das vezes, integrar-se à sociedade livre. A forma de inserção dos libertos na sociedade colonial e, nesse contexto, a constituição de relações familiares, constituem também o objeto do nosso estudo.

No entanto, antes de mensurarmos a participação dos libertos, cabe-nos tecer mais algumas informações sobre a presença dos negros em São Paulo. Quando e como chegaram? De onde vieram?

17 Ibidem, p. 85.

18 GONÇALVES, Rosana Andréa, Ivani Maia, Marco Antônio Cabral dos Santos, Fabiana Schleumer. *op.cit.*, p. 86.

Escravos negros em São Paulo

O escravo negro foi introduzido em São Paulo desde os primeiros tempos da colonização. No entanto, a escravidão negra em São Paulo foi significativa a partir do século XIX.[19]

Nos séculos XVI, XVII e na maior parte do século XVIII, sua presença foi inexpressiva, devido à prática da agricultura policultora, voltada para a subsistência, base da mão-de-obra indígena.[20]

A partir do século XIX, com o desenvolvimento da lavoura açucareira, é que São Paulo integrou-se à economia de exportação e passou a encaixar no trinômio tradicional que estabelecia a monocultura, latifúndio e escravidão negra.[21]

O escravo negro foi tardiamente introduzido na província quando em comparação com as demais áreas escravistas. As características peculiares das outras regiões de grande lavoura tornaram-se significativas somente no século XIX, justamente no período que se poderia chamar de abrandamento devido à extinção do tráfico e das leis emancipadoras que se lhe seguem.[22]

O crescimento numérico e a presença social dos negros aumentaram no fim do século XVIII, firmando-se no correr do século XIX. Há um debate sobre a presença dos negros nas bandeiras quinhentistas e se contribuíram de forma avultada nos séculos XVI e XVII. Para uns, os negros foram notáveis na população paulista depois do setecentismo, para outros, os negros entre 1500 e 1700 já constituíam um fator de valia em Piratinga.[23]

---

19 QUEIRÓS, S.R.R. *Escravidão negra em São Paulo.*, p. 200.

20 Ibidem, p. 200.

21 Ibidem, p. 200.

22 Ibidem, p. 04.

23 Ibidem, p. 09.

Cassiano Ricardo e Ciro de Pádua defendem a presença negra no bandeirismo desde os primeiros tempos da colonização. Queirós não compartilha de tais proposições, afirmando que é difícil crer que o escravo tenha sido um elemento significativo nos três primeiros séculos de colonização, especialmente nos séculos XVI e XVII.[24]

A data exata da entrada dos primeiros escravos em São Vicente, e mesmo no Brasil, ainda não está estabelecida de forma pacífica. Com certeza, a instalação dos engenhos de açúcar na Capitania de São Vicente, forçou a procura de negros africanos, melhor preparados para tal tipo de atividade.[25]

Entre 1830 e 1850 predominou, no comércio de ruas em São Paulo, escravas recém-chegadas da África e em pleno processo de aculturação. Os viajantes destacam a vocação que possuíam as negras minas ou do Daomé, Nigéria, Senegal e Congo. Não se tratava da maioria, mas na corte eram as preferidas para o serviço de ganho, haja vista não se adaptarem bem aos serviços domésticos.[26]

É difícil identificar a origem dos escravos devido à documentação dispersa e muito fragmentada, predominaram numericamente escravas de Angola e Moçambique, do grupo bantu, que já praticava em suas terras o comércio ambulante e de feiras, comercializando comestíveis e gêneros de primeira necessidade. Todavia não se exclui a presença das negras do Daomé e Congo, das escravas muçulmanas, principalmente as iorubanas.[27]

No Rio de Janeiro, em 1832, 73,3 % da população não-branca era africana. Em 1849, perfaziam 64,4% do total de habitantes do Rio. Os africanos que viviam no Rio vieram de diversas partes da África e se dividiam em vários grupos étnicos distintos: Minas,

---

24 QUEIRÓS, S.R.R. *op.cit.*, p.09.

25 Ibidem., p.09.

26 DIAS, Maria Odila L.S. *Quotidiano e poder.* p. 158.

27 Ibidem, p. 158.

Cabindas, Congos, Angolas, Moanges, Benguellas, Moçambiques, Mucenas (Sena), Quelimanes e Inhambanes. O viajante alemão Weech incluiu outros grupos, como os Anjicos, Monjolos, Gabões, Capundas, Rebolos, Mombassas e Cajenges.[28]

Entre estes, os mais importantes eram os Minas, os Cabindas, os Congos e Angolas (Luanda), os Cassanges (Angola), os Benguellas e Moçambiques. Os menos numerosos, que sempre eram incorporados dentro das principais nações, eram os do Gabão, Anjico, Monjolo, Moange, Rebolo (Libolo), Cajenge (jinga), Cabundá (Mbundu), Quelimane, Inhambane, Mucena e Mombaça. Estes termos denotam portos de exportação ou vastas regiões do oeste da África Central e do leste da África.[29]

A maioria dos escravos do Rio de Janeiro, foi importada do oeste da África Central. No século XIX, o oeste da África era dividido em três grandes áreas: Congo norte (Cabinda), Angola e Benguella.[30]

Cabinda era um porto de escravos, no norte do rio Zaire, e muitos escravos eram conhecidos como Cabindas porque foram exportados do porto de Cabinda. Independentemente do local da África de onde vieram, os que embarcaram no porto de Cabinda eram chamados de Cabindas no Rio.[31]

Principalmente os chegados entre 1830 e 1840, devido à mudança na rota do tráfico de escravos ilegal. Os Cabindas, ainda podiam ser divididos entre os da água doce e os Mossoudas.[32]

Os escravos Anjicos e Monjolos eram facilmente identificados no Rio devido à escarificação facial que possuíam. Diziam que eles eram astutos, corajosos, prudentes, obstinados e bons escravos se

---

28 KARASCH, Mary. *Slave Life in Rio de Janeiro 1808-1850*. p. 10.

29 Ibidem, p. 10.

30 Ibidem, p. 15.

31 Ibidem, p. 17.

32 Ibidem, p. 17.

bem tratados, caso contrário tendiam ao suicídio. Os Gabões, localizados no norte do rio Zaire, não tinham uma reputação apreciável, eram reconhecidos como escravos impacientes e possuidores de tendências suicidas. Os Congos estavam entre as nações mais numerosas do Rio, eram vistos de forma positiva. Para os proprietários eles eram os melhores escravos, possuíam habilidade para a agricultura e para o trabalho doméstico. As mulheres congas também eram tidas como trabalhadeiras. Eram vistos como escravos prudentes, que preservavam suas tradições e celebravam o reinado de Congo.[33]

Os Angolas, que eram geralmente exportados de Luanda, vieram da região central controlada por Portugal. Os proprietários possuíam uma imagem positiva dos angolanos, que eram considerados excelentes escravos. O grupo étnico Benguella situava-se dentro de Angola, assim como outros grupos étnicos tais como os Ambacas, Cabundás, Cassanges e Rebolos. No entanto, os escravos Benguelanos eram distintos dos escravos angolanos no século XIX. Assim como os Cassanges, possuíam uma base linguística distinta dos outros povos angolanos. Eram conhecidos no Rio pela fala imprópria do português. Em oposição, estavam os Ambacas, famosos pela habilidade e capacidade de domínio do Português. Do sul do rio Cuanza, também vieram muitos escravos para o Rio de Janeiro, eram os Quissama e os Rebolos.[34]

Os Benguella, que superavam em número os demais grupos étnicos de Angola, ficaram assim conhecidos por terem sido exportados do porto de Benguela. Havia um outro grupo, muito conhecido, que era incluído no grupo étnico dos Benguella, os Guenguelas. De todo o oeste da África, era de Angola a maior porcentagem de escravos importados para o Rio.[35]

---

33 KARASCH, Mary. *op.cit.*, p. 17-18.

34 Ibidem, p. 19.

35 KARASCH, Mary. *op.cit.*, p. 20-21.

A segunda maior área de origem dos africanos, para o Rio, era o leste da África, principalmente o leste da África Central, o que é hoje o sul da Tanzânia, norte de Moçambique e noroeste da Zâmbia.[36]

No Rio de Janeiro os moçambiques eram altamente considerados, como escravos, eram inteligentes e mais pacíficos que os Minas, leais, dignos de confiança, possuíam um preço alto. Porém eram feios, devido às cicatrizes étnicas, e muitos proprietários urbanos não os comprovam porque desejavam, para o trabalho doméstico, escravos mais bonitos. Os africanos do leste não eram bem conhecidos no Rio, os proprietários tendiam a chamar todos os africanos do Leste de moçambiques. Os cariocas, em geral, utilizavam três termos para designar os africanos do Leste: Moçambiques, Quelimanes e Inhambanes, que refletem as três maiores regiões do leste da África no século XIX. Estes africanos foram os que viajaram a distância mais longa até alcançar a cidade do Rio.[37]

Vieram africanos da ilha de Moçambique do Norte. Esta ilha era uma das mais importantes no século XIX, base da operação do tráfico de escravos no leste da África. Representantes comercias das terras brasileiras, bem como oficiais portugueses que estavam envolvidos no tráfico, tinham lá suas residências. Faziam negócios com africanos, árabes. Alguns escravos eram exportados do porto de Mombaça, no Quênia. Mombaça era próximo a Moçambique. Muitos escravos, descritos como Moçambiques no Rio, vinham não apenas da região norte de Moçambique, mas também eram originários do Quênia. A maioria dos escravos exportados de Moçambique, durante o século de XIX, eram de Makua.[38]

Apenas uma pequena porção de escravos, do Rio de Janeiro, foram importados do oeste da África, menos de 2%. A maioria das

36 Ibidem, p. 21.

37 Ibidem, p. 22.

38 KARASCH, Mary. *op.cit.*, p. 22-23.

listas étnicas cariocas usavam somente dois termos para os africanos do oeste: os Minas e os Calabar.[39]

No século XIX, o termo Mina tinha diferentes significações. Os velhos portugueses denominavam qualquer um que viesse do oeste da África ou da Costa da Guiné de Mina, mas também empregavam o nome num sentido mais restrito, para referir-se aos escravos originários da Costa da Mina. Por volta de 1840 eram vistos, no Rio, como escravos orgulhosos, indomáveis e corajosos, letrados, inteligentes, experientes e ativos, trabalhavam muito para comprar sua liberdade. As mulheres eram muito elogiadas pela sua beleza. Apesar das qualidades positivas, os proprietários tinham medo de uma revolta, de assassinato e suicídio, devido a Revolta dos Malês, ocorrida em 1835, na Bahia.[40]

Entre os Minas havia um grupo significativo de escravos muçulmanos. Segundo Karasch, os Minas tinham sentimento de solidariedade, nos momentos de infortúnio eles se olhavam como membros de uma mesma família.[41]

É improvável que a denominação Mina referisse-se somente a um grupo. Os Minas muçulmanos, provavelmente, incluíam outros da mesma religião, os iorubas muçulmanos e os fulani. Talvez a religião comum – o islam –, tenha formado as bases para a unificação desses escravos do Rio e criado a "família" comum.[42]

Certamente, não haviam apenas muçulmanos entre os Minas. Segundo Debret, havia quatro tipos de Minas: os Minas, os Minas néjo, Minas mahy e os Minas callava. Da Costa do Ouro

39 Ibidem., p. 25.

40 Ibidem, p. 26.

41 Ibidem, p.26.

42 Ibidem, p. 26.

vieram os Minas; da costa do Daomé, os mahy, a oeste da Nigéria, os néjo, igual a nagô, e a leste da Nigéria, os callava.[43]

Os iorubas, do Oeste da Nigéria e Benin, eram conhecidos como nagôs. Eles eram numerosos na cidade, especialmente depois de 1835, em parte por causa da venda dos iorubas de Salvador, Bahia. Eles eram provavelmente, o maior grupo étnico do oeste do Rio. Alguns grupos como os gegês eram, geralmente agrupados, com os Minas, os Ashanti de Gana, os Tapa ou Nupe de Camarões. Verificamos, assim, que no Rio de Janeiro, do início do século XIX, as origens dos escravos eram muito diversas.[44]

Muitos destes escravos vieram para São Paulo e encontraram características específicas e distintas do Rio de Janeiro. O tópico seguinte se propõe a apresentar estas peculiaridades, objetivando uma melhor compreensão da cidade na época em estudo.

A cidade

A evolução econômica-social de São Paulo, fez com que a cidade se diferenciasse das demais regiões brasileiras em fase de colonização. O planalto de Piratininga encontrava-se geograficamente isolado pela Serra do mar, dificultando assim o livre trânsito com o litoral. A faixa litorânea era pequena por causa da serra, não preenchendo as condições requeridas pela grande lavoura; a zona planaltina deparava com o sério obstáculo do caminho do mar. Por causa disso, a capitania voltou-se para a policultura de subsistência, o que assegurou a sobrevivência, mesmo que precária, da população.[45] Essa economia não comportava uma escravidão africana de

43 KARASCH, Mary. *op.cit.*, p. 26.

44 Ibidem., p. 26-27.

45 QUEIRÓS, S.R. *op. cit.*, p. 10.

forma avultada, a agricultura, a criação de gado e o apresamento de índios foi um dos eixos da economia planaltina.[46]

As necessidades de mão-de-obra em São Paulo foram supridas pelo braço índio. Conforme os estudos do padre Vieira, de Alcântara Machado, Buarque de Hollanda, os índios se destacavam na composição racial dos dois primeiros séculos. Além do mais, a pobreza dos primeiros colonos não lhes possibilitava condições de compra dos escravos africanos. Conclui-se assim que São Paulo, em grande parte de sua história, não ofereceu condições favoráveis à introdução de um elevado número de negros. Houve assim uma inexpressiva proporção de negros nos dois séculos iniciais, mas esses não foram inexistentes. Taunay, autor que nega a importância do escravo africano na época, não exclui sua participação na bandeira organizada para captura de índios. Segundo Alcântara Machado, foi no ano de 1607, que surgiu arrolado, pela primeira vez nos inventários um negro da Guiné.[47]

As terras férteis eram propícias ao plantio, delineando um sistema viário serra acima, e o Caminho do mar, grande obstáculo a uma agricultura de exportação, passou a ser melhor cuidado. Para o plantio da incipiente lavoura, os braços aqui existentes, entre brancos, índios e negros, eram suficientes. Só com o decorrer do tempo, mais para as últimas décadas do século XVIII e início do XIX, é que as exigências externas agiram como estímulo ao desenvolvimento de uma lavoura de exportação, aumentando assim a procura e importação de negros.[48]

O incremento da lavoura canavieira levou o negro a adquirir uma posição no sistema econômico de São Paulo. Foi a lavoura de

---

46 QUEIRÓS, S.R.R. *op.cit.*, p. 10.

47 Ibidem, p. 12.

48 Ibidem, p. 19.

cana a responsável pela introdução do escravo negro, em São Paulo, em grande escala.[49]

A política de incentivo à agricultura, empreendida pelo Morgado de Mateus, retirou São Paulo do marasmo ocorrido após a decadência da mineração. A partir de seu governo formaram-se núcleos açucareiros: Campinas, Itú, Capivari, Mogi Mirim, Bragança, Porto Feliz e Itu, o maior centro possuidor de produção significativa do século XIX.[50]

Em 1822 Campinas ultrapassou a produção de Itu, juntamente com este e Porto Feliz, liderou a exportação da Capitania.[51] Além das zonas mencionadas na região, houve núcleos canavieiros no Vale do Paraíba, mas de pequena expressão e em período relativamente curto.[52] No período colonial, Guaratinguetá foi o mais importante centro canavieiro da região, porém não alcançou a preponderância das zonas do Vale do Tietê, nem a importância que o café viria posteriormente emprestar-lhe.[53] O açúcar permitiu a integração da Capitania numa economia de exportação e foi o esteio econômico até o advento do café, chegando mesmo a rivalizar com este em importância durante algum tempo.[54] A importação de negros foi iniciada, em larga escala, pelo Porto de Santos. Em 1813 os negros perfaziam 20% da população. Em 1829, havia 77.667 escravos na província. Em 1836, segundo Daniel Pedro Muller, dos 325.902 habitantes (incluindo Paraná), 86.593 eram escravos, uma porcentagem de 26,6%.[55] O plantio do café foi introduzido no vale

49 QUEIRÓS, S.R.R. *op.cit.*, p. 20.

50 Ibidem., p. 20.

51 Ibidem, p. 20.

52 Ibidem, p. 20.

53 Ibidem, p. 21.

54 Ibidem, p. 21.

55 Ibidem, p. 21.

do Paraíba, primeiro no fluminense depois no paulista e mineiro, após o esgotamento das lavras auríferas. A partir de 1830 tornou-se, o café, uma atividade agrícola dominante no Vale do Paraíba.[56]

A partir de 1851, a exportação do café suplantou de vez a do açúcar. No entanto, a cessão do tráfico negreiro, com certeza, privou a lavoura do café de possibilidades de expansão. Por volta de 1860 São Paulo deixou de exportar açúcar. A produção da cana mantinha-se ativa apenas em regiões mais propícias como Tietê, Itu e Piracicaba.[57]

> Embora café e açúcar coexistam na província, em regiões diferentes, na mesma zona são cronologicamente posteriores o que leva a crer tenha o açúcar representado papel primordial no estabelecimento da infraestrutura que possibilitaria a fulminante instalação da lavoura cafeeira. Os capitais representados pelas fábricas de açúcar, os latifúndios já instalados, a escravaria existente, então, possivelmente teria sido o núcleo estrutural sobre o qual ter-se-ia desenvolvido a produção cafeeira.[58]

Entre 1836 e 1854 as localidades de destaque eram Bananal, Taubaté, Pindamonhangaba. Em 1810 Areias era o primeiro e maior produtor na fase inicial. Em 1854 Bananal possuía engenhos com até mil escravos, este era o caso do Comendador Luciano José de Almeida. Entre 1850 e 1860, houve o predomínio das cidades do Vale do Paraíba.[59]

O café foi a força econômica da província. Em 1854, existiam 294.612 livres e 117.238 escravos. Em 1872 existiam 1.740.149 es-

56 QUEIRÓS, S.R.R. *op.cit.*, p. 22.

57 Ibidem, p. 23-24.

58 Ibidem, p. 24.

59 Ibidem, p. 14.

cravos. São Paulo tinha 173.267 cativos. Até o terceiro quartel do século XIX, a população escrava continuaria a aumentar em São Paulo devido à importação. Ocorreu a cessão do tráfico externo, mas continuou o interno, despojando as velhas zonas escravistas, do Nordeste e do Norte, da sua mão-de-obra.[60]

Dentro da província os cativos de regiões em decadência deslocavam-se ou eram deslocados (vendidos) para regiões mais novas e mais prósperas. O negro/escravo acompanhava a marcha dos cafezais.[61]

> A grande lavoura seria a responsável pela invasão das massas negras em São Paulo, datando do início do século XIX a sua introdução em número mais expressivo, não poderia o negro ter influência étnica e cultural tão grande na população como teve no Norte, onde sua ação ocorreu com duração mínima de 300 anos.[62]

É neste contexto que se situa a freguesia de Cotia, que de 1790 a 1810 é o foco do nosso estudo; local onde se desenvolveram estruturas familiares de escravos e libertos. Cabe-nos, portanto, aferir a história da freguesia e sua importância no contexto colonial paulistano.

Cotia: um espaço sócioeconômico em análise

Cotia iniciou sua história com a construção, entre 1640 e 1670, da capela dedicada à Nossa Senhora do Monte Serrate. Seus fundadores foram Fernão Dias Paes e Gaspar de Godói Moreira, na época ricos proprietários de terras. Em 1713 foi erigida a se-

60 Ibidem, p. 15.

61 QUEIRÓS, S.R.R. *op.cit.*, p. 26.

62 Ibidem, p. 29.

gunda capela, que deve sua fundação ao Coronel Estevão Lopes de Camargo e ao padre Mateus de Lara Leão.[63]

É originária de um povoado formado pelos bandeirantes que faziam pouso ao retorno de suas expedições. Juntamente com os bandeirantes estavam os índios que tinham por destino a vila de São Paulo. O local era denominado Acutia. Foi uma das primeiras cidades da região a possuir a denominação de vila, haja vista que fazia divisa com a vila de Santana de Parnaíba e São Roque.[64]

Em 1713, a Capitania de São Paulo, tinha como governador, Antônio de Albuquerque Coelho de Carvalho que, no dia 31/08/1713, foi substituído pelo Sr. Braz Baltazar da Silveira, governador no momento em que se iniciou a nova capela de Cotia. Eclesiasticamente, São Paulo pertencia ao Bispado do Rio de Janeiro e tal situação foi mantida até 1775, quando ocorreu a restauração da Capitania por parte de D. Luís Antônio de Sousa Botelho Mourão, o Morgado de Mateus. Em 1766 o governador asseverou que São Paulo contava com 3.828 habitantes e Cotia, 1.735 – ou seja, quase a metade de São Paulo.[65]

Em 1723 o povoado de Acutia foi elevado à categoria de Freguesia de São Paulo e, para lá, se dirigiam muitos índios fugidos das Aldeias de Pinheiros, Barueri e Carapicuíba.[66] No ano de 1842, o povoado passou a ser um local de acampamento das forças liberais, que foram chefiadas pelo Padre Feijó e pelo brigadeiro Tobias na capital paulista. Por meio da lei número 07, de 02 de abril de

63 MARCÍLIO, Maria Luíza .*A cidade de São Paulo: povoamento e população 1750-1850*, p. 48.

64 SILVA, Elias. *História Revista e Documentação (1560-1994)*. Barueri. São Paulo: ABC (Agência Barueri de Comunicação), 1995, p. 114.

65 Manuscrito localizado no Arquivo da Cúria Metropolitana de São Paulo (sem catalogação), p.76-80.

66 SILVA, Elias. *op. cit.*, p. 114.

1856, a freguesia de Cotia foi elevada à categoria de vila e tornou-se um município no dia 07 de janeiro de 1857, tendo como distrito a ex-freguesia de Nossa Senhora do Monte Serrate.

No decorrer do século XIX o município ganhou importância no setor agrícola, destacando-se como uma zona agrícola e hortifrúti granjeira, com sua produção voltada para o mercado consumidor da capital e vilarejos vizinhos.[67]

Em 1798, a freguesia de Cotia possuía uma economia basicamente rural, voltada para o mercado interno e para o consumo de subsistência. A produção concentrava-se na produção de milho, feijão, mandioca, algodão, fumo, açúcar, bem como na fabricação de aguardente e na criação de potros, bestas e rezes, animais de condução. A paróquia compunha-se de 479 fogos, distribuídos em quatro Companhias de Ordenanças.

Segundo Cândido, o feijão, o milho, a mandioca e as plantas indígenas constituíam o triângulo básico da alimentação do homem do mundo rural. Com o passar do tempo, as plantas indígenas foram substituídas pelo arroz.[68]

Em torno destes alimentos básicos haviam outros, como a abóbora, a batata-doce, o cará e o mangarito. Já o leite, o trigo, a carne de vaca, eram excepcionais na cultura do caipira. O sal era o alimento que promovia a integração dos grupos.[69]

Segundo Dias, fazia ainda parte do consumo a canjica grossa, feita de milho seco e quebrada no pilão, e a canjica fina, muito utilizada em broas e paçocas. A farinha de mandioca era feita em casa, por meio de uma adaptação de uma técnica indígena às moendas

67 Ibidem, p. 114.

68 CÂNDIDO, Antônio. Os *Parceiros do Rio Bonito*, p. 52.

69 Ibidem, p. 54.

antiquadas trazidas de Portugal no século XVII, e destinadas originalmente à farinha de trigo.[70]

A alimentação assegurava a saúde, a disposição para o trabalho e a reprodução. No caso dos escravos era baseada no milho, na mandioca e em carnes pouco apreciadas pelos senhores, como os intestinos dos animais que também eram utilizados para fazer sabão. A alimentação era complementada com folhas, legumes, frutos das matas, peixe, ave, caça e produtos produzido pelos escravos com a concordância dos proprietários; cereais, porcos, galinhas e ovos.[71]

Em Cotia, analisamos um total de sessenta domicílios, que podem ser enquadrados na seguinte tipologia: tipo um – domicílios que possuem famílias escravas; tipo dois – domicílios que possuem escravos que não constituíam família; tipo três – domicílios de pardos proprietários de roças; tipo quatro – domicílios de pardos não roceiros.

Para as mulheres, a sobrevivência na cidade de São Paulo era difícil. Para a sobrevivência era necessário um mínimo de 40$.As fiandeiras, roceiras e costureiras ganhavam entre 19$ e 25$, e sendo assim, não teriam como manter-se sem assistência de parentes e vizinhos.[72]

As fiandeiras eram as menos remuneradas, ganhavam cerca de 4 a 5 vinténs, ou seja, cerca de 110 réis por mês, o mínimo necessário para a sobrevivência. Para as mulheres que possuíam filhas adultas e várias crianças morando consigo, o trabalho era bastante fatigante e penoso, dependendo da colaboração de muitos, principalmente das crianças, que cumpriam as tarefas distribuídas pelas avós.[73]

---

70 DIAS, Maria Odila L.S. *op. cit.*, p. 218.

71 PAIVA, Eduardo França. *Por meu trabalho, serviço e indústria.*, p.182.

72 DIAS, Maria Odila. L.S. *op. cit.*, p. 214.

73 DIAS, Maria Odila L. S. *op. cit.*, p. 223.

Em Cotia, D. Maria Germana, 42 anos e detentora de uma escrava mulata, 46 anos e seus cinco filhos, declarou que nada havia colhido, nem plantado, vivendo tão somente de três vacas de ventre e uma cria para o leite, ocupando-se em mandar suas escravas fiarem e seus dois escravos trabalharem de jornal.[74]

Na terceira década do século XIX, o artesanato doméstico com panos de algodão encontrava-se em crise; sobrevivia pela pobreza da população, mas cada vez mais tornava-se antieconômico. As tecelãs já se encontravam em processo de extinção.[75]

As costureiras eram as mais numerosas; em geral eram jovens de vinte e pouco anos. As fiandeiras, assim como as costureiras, compunham-se em geral de duas gerações de mães e filhas – ambas solteiras, que trabalhavam juntas, como numa oficina doméstica. Ao contrário das costureiras, que eram em sua maioria brancas, as fiandeiras eram em geral, pardas.[76]

Em Cotia, D. Escolástica Néboa, 28 anos e detentora de oito escravos, declarou que colheu quarenta alqueires de milho e quatro de feijão, consumindo tudo em sua casa. Declarou ainda que teve algum lucro de suas costuras e de mandar suas escravas fiar algodão. Percebe-se aqui que, tanto Escolástica quanto Maria Germana, citada acima, não fiavam, mas mandavam suas escravas fiar, reafirmando assim em Cotia a associação entre mulheres pardas, ex-escravas, e o trabalho de fiar. O mesmo não pode ser dito da costura, atividade desenvolvida em geral pelas mulheres brancas, pois subentende-se que era Escolástica quem costurava e não suas escravas.[77]

Entre as costureiras havia a predominância de moças dependentes ou solitárias, moradoras dos bairros centrais, que trabalha-

74 AESP. Maços da População – Cotia – 1798 p. 255.

75 DIAS, Maria Odila L.S. *op. cit.*, p. 226.

76 Ibidem, p. 228.

77 AESP. *op. cit.*, 255.

vam por dia em casas de terceiros. Por estar relacionada a mulheres sozinhas, esse ofício era identificado com a prática da prostituição. Fiar e costurar eram atividades muito humildes e relacionadas a escravidão doméstica.[78]

O mercado de trabalho das costureiras também abrangia as pessoas remediadas, que se utilizavam de roupas bordadas, trabalhadas, lençóis, toalhas de mesa e de rosto, franjadas e crivadas.[79]

Mulheres roceiras e sitiantes pobres, sem escravos, eram poucas em comparação com as costureiras e fiandeiras, em sua maioria brancas decaídas. Vestiam-se com mantos improvisados de algodão grosso, xales de chita, bem baratos.[80]

A hierarquia da pobreza ditava-se pela cor e também pela atividade exercida. Sendo assim, as lavadeiras e vendedoras eram as mais desprezadas, pois, essas ocupações eram tidas como próprias de escravas. As lavadeiras possuíam rendimentos próximos aos obtidos pelas costureiras, fiandeiras e vendedoras mais pobres, em geral, eram pardas e mais velhas.[81]

Os produtos dos roceiros pobres não se cruzavam com os produtos das chácaras bem-sucedidas. Os últimos alimentavam quitandas e doces de sinhás donas; os outros, o pequeno comércio ambulante das ruas.[82]

Cotia era uma região de pequenas escravarias, a maior concentração de cativos era na faixa de um a dez. Havia apenas um plantel que abrigava mais de cinquenta escravos, ela pertencia ao padre Rafael Antônio de Barros e contava com 84 cativos. Com

78 DIAS, Maria Odila L.S. *op. cit.*, p. 228.

79 DIAS, Maria Odila L.S. *op.cit.*, p. 229-230.

80 Ibidem, p. 231.

81 Ibidem, p. 232.

82 Ibidem, p. 237

relação à estrutura de posse dos cativos, a maioria dos escravos pertenciam aos roceiros, seguidos dos militares.

Existiam aproximadamente 27 pretos livres em Cotia e a maioria, dez, eram casados. Os pretos casados concentravam-se na faixa dos vinte aos setenta anos. O número de mulheres solteiras equilibrava-se com o número de homens o que, com certeza, facilitou a contração de casamentos. Já o número de viúvas era o dobro do número de viúvos.

Analisando os pretos no contexto da escravidão, observamos aproximadamente 364 pretos cativos e, desses, 49 eram casados. A maioria, tanto homens como mulheres, eram solteiros. O número de homens era superior ao número de mulheres. Com relação ao estado de viuvez, o número de viúvas era cinco vezes maior do que o número de viúvos. Evidentemente, a contração de segundas núpcias não ocorria necessariamente entre dois contraentes viúvos, podendo ocorrer entre viúvos e solteiros. A viuvez entre as mulheres ocorria aproximadamente na faixa dos trinta anos. Os casamentos começavam a ocorrer na faixa dos dez aos vinte anos, ainda em número pequeno, pois a maioria dos solteiros estavam concentrados nesta faixa etária. É a partir dos vinte e dos trinta anos que observamos um decréscimo no número de homens solteiros e um aumento na quantidade de casados. Já o decréscimo da taxa de solteiragem entre a população feminina ocorria na faixa dos trinta aos quarenta anos. Esta é a mesma faixa de concentração do número de casados. Em oposição ao observado, o número de uniões entre pretos escravos era menor do que entre os pretos livres.

Havia, aproximadamente, 384 mulatos livres, desses 101 estavam organizados em famílias. O número de mulheres solteiras era superior ao de homens, assim como o número de viúvas era o dobro do número de viúvos. Observamos que a contração do matrimônio aumentava de acordo com a elevação da idade. Os casados concentravam-se na faixa dos vinte aos setenta anos. Com relação ao estado de viuvez, observa-se o fenômeno contrário, o aumento da idade favorecia a viuvez que ocorria, com os mulatos, entre os quarenta e os cem anos. Nas faixas etárias menores, do zero aos vinte anos, tanto para homens quanto para mulheres, os casamentos entre os mulatos livres começavam a ocorrer.

Contam-se, aproximadamente, 275 mulatos dos quais apenas 23 eram casados. A maior parte encontrava-se solteiros, havendo um razoável equilíbrio entre o número de homens (121) e o número de mulheres (125), fator que facilitou uniões futuras. Entre os viúvos, o número de mulheres era o dobro do número de homens. A população escrava casava-se mais tarde que a de mulatos livres. O início das uniões concentrava-se na faixa dos vinte aos trinta anos. O início das contrações destas uniões também significava o início da viuvez para as mulheres. Em oposição, os homens ficavam viúvos a partir dos cinquenta anos. Acreditamos que essa diferença se explique devido às atividades físicas desenvolvidas pelos homens que causavam um maior desgaste e, consequentemente, a morte. Por isso, as mulheres viviam mais do que os homens.

Entre os pretos livres, os homens viviam menos que as mulheres, aproximadamente dos sessenta aos setenta anos, enquanto as mulheres viviam dos setenta aos oitenta anos. Os escravos, devido à dura rotina de trabalho, viviam dos quarenta aos cinquenta anos, e as mulheres, nas mesmas condições, viviam um pouco mais, dos sessenta aos setenta anos. A situação dos mulatos livres assemelha-se à dos pretos livres, posto que os homens viviam até a faixa dos sessenta aos setenta anos, porém, as mulheres viviam um pouco menos, até a faixa dos cinquentas aos sessenta anos. Retomando o contexto da escravidão, os mulatos – que poderiam ser a primeira ou a segunda geração de negros no Brasil – possuíam uma esperança de vida maior que a dos pretos, vivendo assim como os mulatos livres dos sessenta aos setenta anos. As mulheres mulatas cativas viviam tanto quanto as pretas livres, até a faixa dos setenta aos oitenta anos. Este quadro indica que haviam escravos com quase cem anos. Um exemplo, entre os ex-escravos, é Mateos Lopes, pardo, 95 anos, e Inácia de Borba, 94, que sobreviviam graças à colheita do milho e do arroz, não havendo excedentes para comercialização. Este dado contraria um dos mitos da historiografia relativo à esperança de vida dos escravos. Em geral, os escravos que trabalhavam na roça e no pequeno engenho, dedicando-se à criação de animais, viviam mais de sessenta ou setenta anos.[83]

Com relação às atividades exercidas pelos habitantes, verifica-se que a maioria eram escravos: 335 homens e 229 mulheres. Em segundo, totalizando 419 indivíduos, estavam os agricultores simples. Os militares contavam 82, um número não muito significativo, pois existiam 64 indivíduos listados como vadios.

Os homens que exerciam atividades ligadas ao mar, os arrieiros, totalizavam 33 pessoas; seguidas de 24 indivíduos considerados artistas ou curiosos de algum ofício; os negociantes pobres que vendiam na terra eram quatro, assim como os membros do clero secular – que na nossa documentação aparecem como o Reverendo Padre Rafael Antônio Barros e o Padre Paschoal Correia Leite; existiam dois membros da magistratura e dos empregos civis. As mulheres religiosas ou recolhidas, os membros do clero regular e as pessoas que viviam de suas rendas, bem como os sem ocupação e os jornaleiros, não constavam na lista.

Escravos em família

A formação da família escrava no Brasil não estava atrelada somente à vontade e disposição dos escravos. Muitos outros fatores

83 PAIVA, Eduardo França. *Por meu trabalho, serviço e indústria.*, p. 180.

estiveram presentes e podem ser considerados condicionantes no processo de formação e estruturação das famílias.

O matrimônio, como um sacramento da igreja, era incentivado entre todos; no entanto, quando se relacionava aos escravos, os senhores, em geral negavam ou desencorajavam as uniões. No lado oposto, encontrava-se o discurso de alguns jesuítas – Antonil, Benci e Padre Ribeiro da Rocha que defendiam o casamento entre escravos, condenavam os abusos da instituição. Ao mesmo tempo incentivavam a manutenção da ordem escravista.[84]

Os proprietários alegavam que, com o tempo, os escravos cansavam-se do cônjuge e que muitos recorriam ao envenenamento, haja vista que o divórcio era impossível. Afirmavam que os mesmos não conseguiam se adaptar ao regime da monogamia, mantinham relações ilícitas após o casamento. Em geral, os proprietários tendiam a aceitar as uniões informais.[85]

Em "À economia cristã dos senhores no governo dos escravos", uma reunião de sermões proferidos na Bahia pelo jesuíta italiano Benci, se resumem os preceitos da economia cristã, ou seja, regra, norma e modelo por onde os senhores deveriam governar seus escravos. Na obra de Benci, a escravidão é legitimada com base no pecado original e o verdadeiro governo dos escravos devia compor-se de pão, punição e trabalho. Benci buscou criar uma nova consciência senhorial, por isso, buscou reforçar a noção de família entre os escravos. Para ele, o matrimônio seria uma "impudicícia dos negros", seria como um remédio para os efeitos e estímulos da concupiscência dos escravos.[86]

---

84 GONÇALVES, Rosana Andréa, Ivani Maia, Marco Antônio Cabral dos Santos, Fabiana Schleumer. *op. cit.*, p. 89.

85 Ibidem, p. 89.

86 GONÇALVES, Rosana Andréa, Ivani Maia, Marco Antônio Cabral dos Santos, Fabiana Schleumer. *op.cit.*, p. 89.

Em primeiro lugar, objetivava-se eliminar a prostituição entre as escravas, o concubinato e as relações sexuais fora do matrimônio. O senhor era considerado o pai cristão e a ele cabia a tarefa de erradicação dos vícios e costumes nocivos.[87]

Em "*As Constituições Primeiras do Arcebispado da Bahia*", obra que sistematizava a vida na colônia, buscava normatizar a vida dos colonos com relação a moral, apresentava dois cânones 303 e 304, referentes às uniões entre escravos.

> 303- Conforme o direito divino e humano os escravos, e escravas podem casar com outras pessoas captivas, ou livres, e seus senhores lhe não podem impedir o matrimônio, nem o uso delle em tempo, e lugar conveniente , nem por esse respeito os podem tratar peior, nem vender para outros lugares remotos, para onde o outro por este ser captivo ou por ter outro justo impedimento o não passar seguir , e fazendo o contrário peccão mortalmente e tomão sobre suas consciências as culpas de seus escravos, que por este temor se deixão muitas vezes estar, e permanecer em estado de condeennação Pelo que lhe mandamos, e encorajamos muito que não ponhão impedimentos a seus escravos para se casarem, nem as ameaças, e mão tratamento lhe encontrem o uso do matrimônio em tempo, e lugar conveniente, nem depois de casados os vendão para partes remotas de fora para onde suas mulheres por serem escravas, ou terem outro impedimento legítimo, os não possam seguir. E declaramos, que posto que se casem, ficão escravos como de antes erão, e obrigados a todo serviço de seu senhor.
>
> 304- Mas para que este sacramento se não administre aos escravos senão estando capazes, e sabendo usar delle, mandamos aos vigários coadjuntores, capeellães, e quaisquer outros sacerdotes do nosso Arcebispado, que antes que

87 Ibidem, p. 89

> recebão os ditos escravos, e escravas, examinem se sabem a doutrina christãs, ao menos o Padre nosso, Ave Maria, Creio em Deõs Padre, mandamentos da Lei de Deos, e da Santa Madre Igreja, e se entendem a obrigação do santo matrimõnio que querem tomar, e se é sua intenção permanecer nelle para serviço de Deos e, bem de "suas almas" e adiado que a não sabem, ou não entendem estas cousas, os não o recebam até as saberem, posto que seus senhores o contradigão, tendo primeiro as diligências necessárias e as denunciações decorrentes, ou licença nossa para os receber sem ellas, a qual lhe daremos, constatando que se lhes impedio o matrimônio fazendo-se as denunciações antes de se receberem. E conformando-nos com a Bulla do Papa Gregório XII, dada em 25 de Janeiro de 1.585, mandamos que todos os Parochois, quando receberem alguns escravos dos novamente convertidos, em que haja suspeito de que estão casados na sua terra(posto que não sacramentalmente) com eles dispensem no dito antigo matrimônio.[88]

As "Constituições "possuíam um caráter ambíguo, fortaleciam o sistema escravista na medida em que afirmavam que casamento não significava alforria, por outro lado, determinavam que os escravos poderiam se casar, sem estorvos ou ameaças. Após a realização do matrimônio, os mesmos também não poderiam ser separados visando interesses econômicos.[89]

Como vimos, a Igreja influiu de forma significativa nas uniões entre os escravos, buscando alterar a consciência senhorial. Sendo assim, para fins didáticos, executamos a apresentação das questões que norteiam a família escrava, efetuando uma divisão entre os pro-

88 VIDE, Sebastião Monteiro da. *Constituições Primeiras do Arcebispado da Bahia.* 1.853, p.125 e 126.

89 S GONÇALVES, Rosana Andréa, Ivani Maia, Marco Antônio Cabral dos Santos, Fabiana Schleumer. *op. cit.*, p. 90-91.

prietários baseada na ocupação e no sexo: religiosos, militares, mulheres e roceiros. Tratam-se de grandes temas que englobam muitas questões específicas, expostas no decorrer da dissertação.

Os religiosos

Na escravaria pertencente ao Padre Rafael Antônio de Barros, o maior escravista de Cotia em 1798, havia 84 cativos; as famílias que compunham, seu plantel eram matrifocais (quatro), nucleares (seis) e quebradas (duas).[90]

As famílias quebradas são representadas por. Agostinha, viúva, 55 e mãe de três filhos com idades variado entre dezesseis e trinta anos; e Eugênia, viúva, 64 e mãe de seis filhos com idades variando de dezesseis a 26 anos. Mais uma vez, a idade do filho mais velho permite a suposição da estabilidade da família escrava.

Das quatro famílias nucleares existentes, dois casos são bastantes significativos. Tratam-se de uniões entre homens escravos e mulheres livres/libertas. Neste domicílio, os escravos não possuíam a cor da pele identificada frente ao nome, desta forma temos apenas que Joaquim, 32, casou-se em 1798 com Rosana, mulher livre de apenas vinte anos. Assim também estão arrolados Salvador, 57, e Maria, mulher livre de dezoito anos. Ambos os casais, tanto o marido quanto a mulher, estavam listados junto com os demais escravos.

Esses casos diferem da afirmação, feita por Samara, de que entre os libertos o mais comum era o cônjuge livre ou liberto comprar a liberdade dos escravos e não segui-los no cativeiro.[91]

Os dois casos restantes são exemplificados por Jerônimo, 69, e Maria, 46; e Inácio, 36, e Germana, 56. Entre as seis famílias ma-

---

90 AESP. *op. cit.*, p.244.

91 SAMARA, Eni. "A família negra no Brasil": escravos e libertos. *Anais do V Encontro da ABEP.*, p.54.

trifocais destaca-se a constituída por Clara, 20, mãe de Agostinho, 03, e Brízida, menos de 01. Através do cruzamento da lista nominativa com os registros paroquiais, localizamos o batistério da pequena Brízida.[92]

Conta-nos o assentamento de batismo, que a pequena foi batizada aos 04/08/1798, filha natural de Clara. Teve como padrinhos pessoas livres, Francisco Gonçalo Cruz, solteiro, exposto e Maria Germana de Medella, solteira, livre, filha do falecido Capitão Francisco Soares de Barros e de sua mulher dona Luzia Leme. Os sobrenomes dos pais da madrinha indicam-nos um possível parentesco entre este e o reverendo Padre Antônio de Barros.

O cruzamento entre as listas nominativas e os registros paroquiais de batismo também trazem maiores informações sobre Maria, solteira, 23, mãe de quatro crianças. Dentre estas, localizamos o registro do pequeno Benedito,[93] com menos de 01 ano. Benedito nasceu em 20/07/1798, filho natural de Maria Madalena. Não teve madrinha, apenas padrinho, o Alferes Caetano Homem de Góes, filho de José Homem de Góes. Por que Benedito não teve madrinha? Será que o padrinho era um homem demasiadamente importante e, por isso, descartou-se a presença de uma madrinha? Questões envolvendo o apadrinhamento e a problemática da madrinha ausente são discutidas em profundidade no capítulo seguinte.

Maria possuía também Caetano que, na lista nominativa de 1798, aparecia com cinco anos. O cruzamento com os registros paroquiais indica que Caetano[94] foi batizado aos 09/05/1794 e, portanto, teria um ano na data do batizado. Os padrinhos foram

---

92 ACMSP. Livro de Batismo n°10-2-11. Paróquia Nossa Sra. do Monte Serrate – Cotia – p. 104.

93 ACMSP. *op.cit.*, p. 105.

94 Ibidem, p.92.

Salvador, na época escravo e solteiro, pertencente ao padre Rafael Antônio de Barros, e Ana Machado, solteira, forra.

Entre os escravos do Reverendo, localizamos Salvador, agora casado, 57, com Maria, mulher livre, 18. Em franca oposição ao exemplo anterior, a filha de Maria foi batizada por um escravo e uma ex-escrava, demonstrando uma maior proximidade entre o universo social do batizando e dos padrinhos.

Leonor, escrava, 35, mãe de quatro crianças entre dois e doze anos, teve mais um filho no ano de 1799. Segundo os registros paroquiais nasceu Jacinto[95] aos 18/09/1799 e teve como padrinhos Francisca de Camargo, casada com o capitão Bento dos Santos. Esse exemplo demonstra que, ao menos por mais um ano, a escrava continuaria pertencendo ao padre e teria mais um filho natural. No registro de batismo da criança, não havia o nome do padrinho apesar de constar no batistério o nome do marido da madrinha, configurando um caso de padrinho ausente.

A jovem Felipa, 20, vivia na mesma escravaria com seus três filhos, Boaventura, 05, Margarida, 03, Desidéria, 10. A pequena Margarida[96] foi batizada aos 13/05/1796, mas resta-nos uma indagação, por quem? Nos autos de batismo da menina não constam os nomes dos padrinhos.

Finalmente, temos o caso de Genoveva, 30, mãe de Marcelino, 07. O pequeno Marcelino[97] foi batizado por Guilherme, escravo, solteiro, e Rufina, escrava, casada com Caetano. Os padrinhos pertenciam ao Capitão Manuel de Oliveira. Mais uma vez, verifica-se uma proximidade entre o universo social do batizando e seus padrinhos. Haja vista serem todos escravos, perce-

---

95 ACMSP. *op. cit.*, p.107.

96 ACMSP. *op.cit.*, p.99 .

97 Ibidem, p.90.

be-se vínculos de amizade entre cativos de plantéis pertencentes a senhores diferentes.

Prosseguindo no estudo das relações familiares entre os cativos pertencentes aos eclesiásticos seculares, localizamos o Reverendo Padre Paschoal Correia Leite e sua reduzida escravaria composta de apenas cinco escravos. Destacamos a diferença numérica entre os escravos pertencentes aos religiosos.[98] O primeiro secular estudado, o maior escravista de Cotia, possuía 84 escravos; já o segundo, apenas cinco.

Padre Paschoal colheu 125 alqueires de milho e dezoito de feijão, criou quarenta vacas de ventre e cem éguas de ventre. Dos cinco escravos que compunham sua escravaria, havia um casal constituído por José, 50, e Inácia, 40, sem filhos listados. Havia ainda Joaquim, 60, Manuela, 43 e João, 30.

Em Campinas havia grandes diferenças entre os plantéis pequenos, de um a nove escravos, e os plantéis médios e grandes, com dez pessoas ou mais. Segundo Slenes, a escolha do cônjuge era limitada dentro do plantel. Havia algumas exceções, pessoas casadas com libertos, mas na amostra do autor todos os escravos casados tinham cônjuges que pertenciam ao mesmo senhor, mesmo os assentamentos de casamentos religiosos afirmam que eram raros, em Campinas, os escravos casados com pessoas de outros plantéis. Nos plantéis pequenos, o índice de casamentos religiosos era por isso muito baixo, haja vista que eles não teriam condições de buscar um cônjuge fora dos limites impostos pelo senhor.[99]

98 AESP. *op. cit.*, p.247

99 SLENES, Robert. Escravidão e Família: padrões de casamento e estabilidade familiar numa comunidade escrava – Campinas, século XIX- *Estudos Econômicos* – 17(2), maio/agosto 1987, p. 218-219

> A maior presença da Igreja em São Paulo simplesmente teria deixado mais evidência sobre as uniões sexuais, portanto, os resultados sobre a família escrava em Campinas, seriam bastantes validos para as áreas de grande lavoura, não só em São Paulo, mas também no Rio de Janeiro.[100]

A situação da família escrava dependia do local onde elas se desenvolviam; os escravos de grandes propriedades ou de propriedades religiosas, tinham uma maior tendência ao desenvolvimento de famílias sólidas e duradouras.[101] Os cativos das áreas mais pobres, como Cotia, não puderam fazer o mesmo. As famílias escravas não foram entidades independentes, estavam condicionadas por fatores que nem sempre estavam ao alcance dos cativos.

Mas e as famílias que estavam sob o jugo dos militares? Será que estes proprietários apresentavam conduta diferenciada frente aos escravos? Teriam os cativos dos militares as mesmas possibilidades de estruturarem famílias, como os escravos pertencentes aos religiosos?

Os militares

O alferes Vicente Pedroza, 50, casado com dona Rita de Morais, 40; plantavam milho e feijão, criavam éguas e vacas. Possuíam oito filhos com idades entre 04 e 20 anos. Como escravos, identificamos Inácio, mulato, defeituoso, 48, e Rita, mulata, 40. Ambos, acrescidos de seus filhos – seis, com idades variando entre 01 e 12 anos – eram os únicos escravos do alferes. Por intermédio da idade do filho mais velho é possível pensar que essa união já durava aproximadamente doze anos.[102]

---

100 Ibidem., p. 223.

101 SLENES, Robert. *op. cit.*, p. 233.

102 AESP. *op. cit.*, p. 243.

Segundo Slenes, a família nuclear escrava era menos estável nos pequenos plantéis do que naqueles considerados médios e grandes. Nos plantéis com mais de dez escravos a reprodução humana e a criação dos filhos ocorria dentro do casamento religioso. Quase a metade das mães analisadas tiveram o primeiro filho somente depois do casamento, e aquelas que eram solteiras, depois do nascimento do primogênito, os cálculos desenvolvidos pelo autor demonstram que não tardaram muito para se casar. Nesses plantéis praticamente não havia uniões ilegítimas duradouras, estas tornavam-se casamentos religiosos. Nesses casos, era difícil para os escravos formarem uniões consensuais de longa duração com indivíduos pertencentes a senhores diferentes, quanto como a oficialização destas uniões. Esta experiência é oposta à ocorrida nos Estados Unidos no século XIX, onde as uniões entre escravos de senhores diferentes era comum.[103]

No domicílio chefiado pelo Sargento-mor de Ordenanças Martinho A. de Figueiró Leme,[104] 68, casado com dona Maria Teodózia, 44 – lavradores e criadores – trabalhavam os casais de escravos mulatos Inofre, 50, e Roza, 25; Cristóvão, preto, 50, e Maria, menos de 28 – estes teriam uma filha chamada Isabel que nasceu aos 21/03/1799 e foi batizada sete dias depois. Teve como padrinhos José Joaquim, solteiro, e Maria Borba, casada, ambos livres. Retomamos as afirmações, já feitas, sobre as diferenças de idades entre os casais a favor da figura masculina.

Em casa do Alferes Teotônio José de Oliveira,[105] haviam cinco escravos pretos. Eram João, 60, e Marta, 54 – não se menciona filhos do casal – e três crianças listadas logo a seguir: Amaro, 06, Inácio, 07 e Francisco, 04.

---

103 SLENES, Robert. *op. cit.*, p. 220.

104 AESP. *op. cit.*, p. 248.

105 Ibidem, p. 225.

O Capitão José de Novais Dias,[106] viúvo, 55, possuía seis filhos e seis escravos, entre os quais uma família de cativos pretos constituída por José, 60, e Efigênia, 40. Havia, entre os escravos, três crianças cujos pais não se encontravam identificados, entre elas a pequena Maria, com menos de um ano.

O cruzamento das fontes traz mais informações sobre a estabilidade das famílias pertencentes ao Capitão José de Novais Dias. Em 1795, havia uma família constituída pelos escravos João e Gertrudes, que tiveram um filha, Eva,[107] batizada aos 19/02/1795 por Rafael Antônio da Costa, solteiro, livre. A madrinha estava ausente. Em 1798, essa família não se encontrava entre os escravos presentes. Essa família pode ter sido vendida junta ou separadamente.

Em 21/02/1795, ocorreu um caso similar, foi batizado o pequeno Francisco,[108] filho de Antônio e Francisca, escravos do Capitão José de Novais Dias. Os padrinhos foram dois escravos, José e Albano, pertencentes ao Capitão José Ortiz. Em 1798, Antônio e Francisca também não se encontravam presentes, supõe-se que teriam tido o mesmo fim que o escravo João e sua família. Ao que tudo indica, essa escravaria não era muito estável e não permitia aos seus escravos o desenvolvimento de relações familiares duradouras.

O Capitão Salvador Leonardo de Oliveira,[109] 47, e Maria Vieira da Silva, 38, possuíam quatro filhos, com idades oscilando entre 01 e 21 anos, e oito escravos. Dentre esses, Antônio, preto, 32, e Efigênia, preta, 37. Através do cruzamento documental sabemos que, aos 06/02/1796, o casal batizou sua filhinha Catarina.[110] Foram

---

106 AESP. *op. cit.*, p. 173.

107 ACMSP. *op. cit.*, p.94.

108 ACMSP. *op.cit*, p.94.

109 AESP. *op. cit.*, p. 186.

110 ACMSP. *op. cit.*, p. 97/verso.

padrinhos o Alferes José Homem de Góes, casado, livre, e Luzia Francisca, casada, livre. No entanto, em 1798, a pequena Catarina não se encontrava entre os escravos presentes. O que teria ocorrido? Provavelmente morreu, foi vendida ou alforriada, posto serem seus padrinhos livres.

O Tenente Antônio Manuel Roiz Borba, 33, e dona Ana Tereza de Jesus, 30, tinham cinco filhos e seis escravos. Entre os escravos, Joaquim, pardo, 40, e Joana, parda, 39. Não se registra a presença de filhos.

Entre os militares, apenas um proprietário de escravo não possuía famílias escravas constituídas. Era o caso do Capitão José Joaquim Monteiro da Silva, em cujo o plantel a quantidade de homens era quase o dobro do número de mulheres, catorze homens, seis mulheres e ainda quatro crianças, restringindo as possibilidades de futuras uniões.

Haveria, como no exemplo acima, nos plantéis dirigidos por mulheres, disparidades acentuadas entre o número de homens e de mulheres? Existiriam muitos fatores de impedimento às uniões entre os cativos pertencentes a mulheres brancas?

As mulheres

O poder feminino na colônia não estava estritamente relacionado à esfera pública e institucional, atrelou-se também, à organização da vida social e familiar. Neste tópico, nos dedicamos a apresentar o raio de atuação das mulheres brancas como chefes de fogos em Cotia colonial.

Dias, em "*Quotidiano e Poder*", analisa os papéis históricos das mulheres das classes oprimidas: livres, escravas e forras, no processo de urbanização existente na cidade de São Paulo, entre fins do século XVIII e as vésperas da abolição da escravatura. O estudo não se refere aos papéis normativos, mas às tensões e aos conflitos referentes à organização das relações de produção, do sistema de dominação e de estruturação do poder.[111]

Com o passar do tempo, as mulheres pobres foram expulsas das regiões centrais, pelo aburguesamento das vilas, pelos melhoramentos urbanos, pela iluminação, pelo alinhamento das casas, pelos impostos municipais e, finalmente pelas estradas de ferro. Esse processo acentuou-se com a crise final da abolição, em que definitivamente as mulheres foram relegadas aos bairros distantes da cidade.[112]

O espaço de sobrevivência das mulheres pobres brancas, escravas e forras, na cidade de São Paulo, cresceu com o processo de urbanização, possibilitou oportunidades de improvisação de papéis informais. Na cidade, as mulheres pobres circulavam pelas fontes, lavadouros, ruas e praças, convivendo com a vizinhança e com os forasteiros, com o pequeno comércio clandestino, às fímbrias da escravidão e do comércio livre.[113]

As mulheres roceiras também traziam seus pequenos excedentes para vender na cidade, mas recusavam-se a pagar o fisco, alegando tratar-se de gêneros de subsistência.[114]

> A presença maciça de mulheres na população da cidade – mulheres sós de maridos ausentes – era parte integrante da tradição da vila desde o século XVII, e somente passou a atrair a atenção das autoridades, em seus ofícios e relatórios para o Reino, nas últimas décadas do século XVIII, sob impacto da moda ilustrada e do reformismo europeizante, que tomou conta das classes dominantes.[115]

---

111 DIAS, Maria Odila L.S. *Quotidiano e Poder em São Paulo no século XIX*. São Paulo: Brasiliense, 1995.

112 Ibidem, p. 17.

113 DIAS, Maria Odila L.S. *op. cit.*, p. 19.

114 Ibidem p. 25.

115 Ibidem, p. 29.

Em São Paulo predominava sobretudo mulheres brancas, pobres. Já nos arraiais mineiros, fez-se presente o predomínio de mulheres forras, ex – escravas. São Paulo era a terra, por excelência, das brancas sem dotes, casadas pelo uso costumeiro e muitas mães solteiras. A partir de 1830, aumentou, na cidade, a população negra e forra, mas continuou o predomínio das mulheres brancas.[116]

Mulheres brancas, desprovidas de dote, não se casavam e estavam excluídas dos padrões aristocráticos de organização familiar. Viviam concubinadas, eram abandonadas pelos maridos e criavam seus filhos, em geral, sozinhas.[117]

> Multiplicavam-se mulheres pobres que o sistema social era incapaz de absorver e que apenas tangencialmente se inseriam na sociedade escravista. Num processo estrutural de pauperização foram ocupando as margens de miséria da urbanização incipiente, tendência histórica avassaladora, que ameaçava o mito da dona ausente como espectro de sua reversão.[118]

As mulheres brancas pobres moravam em casas de aluguel e uma boa parte detinham escravos, adquiridos por meio de favores, doações e pequenos quinhões de herança. Era comum dar-se escravos, como dotes de casamento ou esmolas, a primas e sobrinhas pobres, visando auxiliá-las no serviço doméstico. As senhoras mais velhas, em geral, viviam do que sobrou do espólio do marido, do aluguel dos escravos, sustentando a si próprias e, muitas vezes, filhos adultos e netos, criando assim fogos extensivos. As mais jovens, concubinas, também poderiam adquirir escravos no momento do nascimento de um filho ilegítimo, visando garantir a

116 Ibidem, p. 33.

117 Ibidem, p. 110.

118 DIAS, Maria Odila L.S. *op.cit.*, p. 111.

sobrevivência de forma precária e discreta. O grupo de mulheres brancas e pobres era heterogêneo e transitório, reunia desde senhoras aristocráticas, pertencentes à velha estirpe, as concubinas, mulheres sem sobrenome, sem família. Todas eram em sua maioria, brancas e possuíam um ou dois escravos que eram caros demais para as condições precárias que viviam.[119]

As mulheres apresentavam rendas em torno de 25$ a 50$, que seriam visivelmente insuficientes para a manutenção de escravos, que seria em torno de 40 $. De 50 $ a 100 $, ou mesmo 200$ por ano, poderiam eventualmente manter um escravo, mas não permitiria que os mesmos fossem adquiridos, mesmo financiados. Em 1836 o preço médio de uma escrava estava entre 150$ a 300$ e de um escravo homem, sem ofício, com mais ou menos 30 anos de idade, seria de 300$, 700$ caso ele tivesse alguma qualificação.[120]

Em geral, as pequenas proprietárias declaravam renda de 100$ a 300$. Entre 1804 e 1836 passaram por um processo de empobrecimento, as mulheres se mantinham precariamente e perdiam, aos poucos, os escravos que possuíam. A maioria das proprietárias eram detentoras de escravos do sexo feminino, pois o preço das mulheres era inferior *ao* dos homens e dos moleques.[121]

As relações entre as donas empobrecidas e suas escravas eram peculiares. Os fogos, chefiados por mulheres sós, destoavam dos demais, pois neles a predominância era feminina, contrariando a tendência estrutural do tráfico e da escravidão que era, em sua maioria, masculina.[122]

No fogo chefiado por dona Maria Germana, foi localizado um exemplo de família matrifocal. Esta possuía agregados brancos,

---

119 Ibidem, p. 118-119.

120 Ibidem, p. 122.

121 DIAS, Maria Odila L. S. *op.cit.*, p. 122.

122 Ibidem., p. 136.

não colheu e nem plantou no referido ano, ocupou-se em fazer rendas, mandar suas escravas fiar e seus escravos a trabalhar de jornal.

> Viver dos jornais de seus escravos era costume enraizado nas vilas do Brasil colonial, que veio se intensificando através do século XVIII; era um meio de sobrevivência preferido por viúvas remediadas e pequenos funcionários da administração pública, que alugavam caro os seus escravos de ofício, acirrando os interesses das autoridades do fisco.[123]

Os cativos pertencentes a Maria Germana possuía todos uma origem comum, eram filhos de Quitéria, escrava, mulata, 46. Eram ao todo cinco, com idades variando entre 09 e 24 anos. Dois pertenciam ao sexo masculino e exerciam as atividades de jornal; as três mulheres, com sua dona, se dedicavam a fazer renda e a fiar o algodão. Os cruzamentos com os registros de batismo informam que Rita, que em 1798 tinha 14 anos, deu à luz a menina Margarida em 09/06/1805.[124]

Teve como padrinhos Manoel Benguella, escravo, cujo estado civil não se encontra identificado, pertencente a dona Maria Germana e sua avó, Quitéria – em 1798; a única escrava denominada Quitéria era a mãe de Rita. Transcorridos sete anos, Rita continuava sendo escrava de Dona Maria Germana. Evidentemente, passados esses anos, a proprietária poderia ter adquirido mais escravos, entre eles o pai da criança batizada e uma outra escrava chamada Quitéria – madrinha da criança. Com relação ao pai da pequena Margarida, poderia ser cativo da mesma ou de outra escravaria ou poderia ser um liberto.

---

123 Ibidem., p. 124.

124 ACMSP. *op.cit.*, p.123/verso.

Em casa de dona Escolástica Vieira da Silva,[125] lavradora e criadora, haviam agregados brancos e mulatos, bem como treze escravos mulatos e oito pretos. Apenas entre os escravos pretos localizamos famílias constituídas. Era Joaquim, 60, e Rita, 50 – não havia nenhuma menção a filhos nascidos dessa união. O cruzamento das listas nominativas com os registros paroquiais indica que Eva, uma mulatinha que em 1798 possuía apenas quinze anos, em 1801 deu à luz a pequena Emanoela,[126] batizada em 30/06, do referido ano, com oito dias. Os padrinhos foram Ângela Vieira, forra, solteira e Ângelo, escravo, casado pertencente a dona Escolástica.

Em 1798 Ângela, a madrinha, já vivia na casa de dona Escolástica e possuía 50 anos. O seu estado civil não estava declarado. Esta afirmação aponta que, após três anos, a mãe permanecia no mesmo plantel e sua filha, lá nascida, foi batizada por uma ex-escrava e um escravo.

No domicílio chefiado por Rita Machado,[127] viúva, 49, cinco filhos e catorze escravos, havia duas famílias – uma completa e a outra quebrada. No primeiro caso encaixam-se Jerônimo, preto, 59 e Grasia, preta, 58. No segundo, enquadra-se Quitéria, preta, 48, casada, cujo marido não estava indicado, assim resta-nos a pergunta: casada com quem? O marido poderia estar ausente no momento do recenseamento, estar alugado para outro senhor ou, até mesmo, ter sido vendido para outra escravaria. O cruzamento documental traz maiores informações.

Em 1798, localizamos arrolado o pequeno Francisco,[128] então com três anos, sem ter seus pais identificados. Ele fora batizado aos

125 AESP. *op.cit.*, p.255.

126 ACMSP. *op. cit.*, 112/113.

127 AESP. *op. cit.*, p.196.

128 ACMSP. *op. cit.*, p.96.

23/08/1795, filho de Suzana. Teve como padrinhos João Francisco, forro, casado; a madrinha estava ausente.

Em 1798, Suzana não se encontrava presente na escravaria. O que teria ocorrido? Provavelmente foi vendida, morreu ou foi alforriada, restando apenas o pequeno Francisco. Suzana teve outro filho enquanto escrava de Rita Machado, a pequena Apolônia,[129] batizada em 15/03/1793 por Agostinho e Gertrudes, escravos. O padrinho pertencia a Rita Machado e a madrinha a Antônio de Brito. Neste caso, não localizamos na lista a pequena Apolônia.

Situação oposta ocorreu com Rita, 32, listada como solteira, sem filhos, em 1798. No entanto sabemos que, em 20/01/1793, ela batizou seu filho, o pequeno Lauriano,[130] que teve como padrinhos Salvador, solteiro, livre e Josefa, solteira e livre. O destino do pequeno Lauriano não deve fugir às suposições que já fizemos para outros casos.

Em casa de dona Escolástica Néboa,[131] 28 – que em 1798 colheu quarenta alqueires de milho, quatro de feijão e tudo consumiu em sua casa – os gastos foram supridos com o lucro de suas costuras e pelo fato de colocar suas escravas para fiar algodão. Havia quatro escravas adultas, isto é, acima de 14 anos e quatro crianças com idade oscilando entre dois e nove anos. Córdula, 25, era mãe do pequeno Henrique, 06. Henrique foi batizado aos 28/01/1792 por Joaquim e Maria, solteiros e livres. O padrinho era filho de Manoel da Luz e a madrinha filha do Capitão Francisco Soares. Transcorridos seis anos, Córdula deu à luz uma menina, Veridiana,[132] nascida aos 13/02/1804 e batizada onze dias depois pelo Reverendo Padre Bernardino da Costa e Maria do Monte,

129 Ibidem p. 91.

130 Ibidem, p. 89.

131 AESP. *op. cit.*, p.273.

132 ACMSP. *op. cit.*, p.120/verso.

solteiros e livres, tendo sido a madrinha exposta em casa de dona Escolástica. O nascimento do segundo filho garante-nos que após seis anos Córdula fazia parte da escravaria.

Conforme demonstra a tabela n°03, a maioria dos escravos estavam concentrados entre os roceiros. Será que estes apresentavam um padrão de posse diferente dos demais casos analisados? Será que sob a administração dos roceiros, os escravos conseguiram estabelecer suas famílias?

Os roceiros

Segundo Nizza da Silva, termos como roça, sítio e chácara possuíam significados diferentes variando conforme a região, às vezes compreendiam pequenas unidades agrícolas, outras, um local de recreio. Algumas roças da Bahia abrigavam casas nobres, jardins e fontes. Em Minas, a situação não era muito diferente, as roças eram listadas em conjunto com os engenhos e as fazendas. Situação similar não se encontrava entre os roceiros paulistas.[133]

De acordo com a autora, o grupo dos roceiros é o mais difícil de ser estudado, pois não se apresentam nos testamentos, apenas nas listas nominativas onde informam sobre seu domicílio e sua produção. Em oposição aos proprietários de sítios e chácaras, eles não possuíam mão-de-obra escrava, suas roças eram de milho, feijão, arroz, mandioca e algodão e, em geral, eram auxiliados por suas famílias e agregados.[134]

Em Cotia constata-se uma exceção às afirmativas acima. Entre os roceiros, a produção agrícola limitava-se aos produtos acima citados, todavia, entre eles, havia a posse de escravos, ou melhor, era entre os roceiros que se concentrava a maior quantidade

133 NIZZA DA SILVA, Maria Beatriz. *op. cit.*, p. 96.

134 NIZZA DA SILVA, Maria Beatriz. *op.cit.*, p. 106.

de cativos. Neste caso está Thomé Homem de Goy,[135] Joaquim Dias Vieira,[136] Rita Machado e muitos outros. Esta exceção pode ser fruto da variação do termo, bem como indicar um padrão de roças, em Cotia, diferente do constatado até o momento.

Bacellar afirma que, em Sorocaba, os roceiros não plantavam em terras próprias, mas de favor. Situação similar não ocorreu em Cotia, onde não há menção de que os roceiros estariam plantando em terras de favor. Nas localidades estudadas por Costa (Bananal, Areias, Lorena e Guaratinguetá), no fim da década de 1790, verifica-se que os não proprietários cultivavam exclusivamente milho e feijão; nas duas últimas localidades citadas produziam, ainda, arroz, algodão, mandioca, farinha e fumo. A criação de porcos prevalecia sobre o gado vacum e cavalar.[137]

Em casa de Inácio Dias Vieira, 50, e Maria Domingues, 40, haviam os cinco filhos do casal, com idades oscilando entre 05 e 14 anos, e mais cinco escravos. O casal Zacarias, 25, e Bárbara, 23, tinham três filhinhos: Maurício, 08, Luzia, 06 e Rita, 02.[138]

O cruzamento das fontes traz maiores informações sobre essa família e seus filhos. Além das três crianças listadas, o casal teve mais dois filhos. Em 16/01/1795 foi batizado o pequeno Bento,[139] que teve como padrinhos Vicente Dias Ribeiro e Maria Bento, ambos livres e casados. A proximidade entre o sobrenome do proprietário e o do padrinho indica uma possível relação de parentesco. Mas onde estaria Bento? Em 1798 deveria ter aproximadamente três anos. Poderia ter morrido, ter sido vendido ou alforriado, haja vista serem seus padrinhos pessoas livres.

---

135 AESP. *op. cit.*, p.201.

136 Ibidem, p. 216.

137 Ibidem, p. 107.

138 Ibidem, p.240.

139 ACMSP. *op. cit.*, p. 94.

Em 20/02/1801 nasceu Suzana,[140] batizada aos 01/03/1801, que teve como padrinhos Antônio, solteiro, livre e Rita Maria, solteira, livre filha de Joaquim Alves. O nascimento de Suzana garante que, após três anos, esta família continuaria vivendo na mesma escravaria.

Em 1798, Rita[141] tinha apenas dois anos, aos 25/09/1796 havia sido batizada por Antônio Manuel Rodrigues, solteiro, livre e por Nana Maria, solteira, livre, ambos filhos de João Rodrigues. A especificidade deste casal apresenta-se na escolha dos padrinhos de seus filhos, todos livres. Os escravos eram únicos na escravaria de Inácio Dias, não havendo nem mesmo agregados.

Em casa de Teotônio José de Oliveira, 25, havia um casal de escravos: João, preto, 50, e Maria, preta, 40; não havia menção a prole, mas havia um menino, Silvestre, preto, 06, listado logo abaixo que, ao que tudo indica, era filho do casal.[142]

Vicente Dias Correia, 50, e Tereza Francisca, 55, possuíam cinco filhos, com idades oscilando entre três e 25 anos, e somente um casal de escravos. Joaquim, pardo, 30, e Ana, liberta, parda, 20. Estes possuíam três filhos: Francisco, liberto, pardo, 01, Rosa, liberta, parda, 05 e Inácia, liberta, parda, 03. Havia ainda mais uma liberta, Maria, agregada, 50.[143]

Trata-se de mais um caso de casamento misto, como os que já identificamos na escravaria do Padre Rafael Antônio de Barros. Tanto nesta como na outra escravaria os libertos, quando casados com escravos, são listados juntamente com eles; fazemos notar que os casos eram apenas de homens escravos e mulheres ditas livres ou libertas. Neste caso, os filhos são claramente assinalados com a men-

140 Ibidem, p.110/verso.

141 Ibidem, p. 101.

142 AESP. *op. cit.*, p.225.

143 AESP. *op.cit.*, p. 204/205.

ção de libertos, haja vista o ventre que os gerou não viver mais sob a égide da escravidão. Mas nem sempre isso ocorria. Segundo Faria

> Registrar filhos de forras de ventre livre, portanto como escravos, principalmente se eram casadas com escravos, pode ter sido prática recorrente, sendo pouco provável que os envolvidos, sempre analfabetos, pudessem perceber a situação. O conhecimento do engano poder-se-ia dar anos depois, para os sobreviventes, quando se viam, por exemplo, arrolados como escravos em inventários posteriores. Para reverter a situação, os filhos deveriam saber em que documento a mãe havia sido alforriada, e depois entrar com um processo de liberdade, o que não era fácil, com certeza, em particular no caso de eles próprios terem sido registrados como escravos no batismo.[144]

Os casamentos entre pessoas de condições desiguais foram poucos. A liberdade para a grande maioria de adultos recém-alforriados significava enquadrar-se nas fileiras dos que não possuíam bens, já que o pecúlio acumulado no tempo em que eram escravos havia sido gasto no pagamento da alforria. A constituição de uma família significava uma forma de melhoria nas condições de vida.[145] O casamento representava um acordo que tinha como objetivo melhorar a qualidade de vida dos contraentes. Mas, para mulheres livres ou libertas, o casamento com homens escravos não representava melhoria de condições de vida, posto que eram listadas como escravas; tudo indica que elas, ao optarem por acompanhar seus maridos no cativeiro, também se submetiam às mesmas regras impostas a eles.

---

144 FARIA, Sheila de Castro. *op. cit.*, p.111.

145 Ibidem, p.145-153.

José Barbosa de Lima, 43, e Maria de Farias, 41, possuíam treze escravos e cinco agregados. Entre esses haviam duas famílias constituídas por homens escravos casados com mulheres libertas. João, preto, 40 e Silvéria, liberta, parda, 30; e Inácio, pardo, 31, casado com uma mulher cujo nome se encontra ilegível, 30. Havia cinco crianças, com idades oscilando entre dois e nove anos, cujos pais não foram identificados.[146] Procedendo ao cruzamento documental, não obtivemos nenhuma informação sobre as mesmas.

O domicílio chefiado por Roque Machado da Silva, 70, e Isabel Maria, 50, pais de uma criança cujo nome encontra-se ilegível, 10 anos; possuía cinco escravos e, dentre eles, havia uma família constituída por Feliz, pardo, 60, e Suzana, liberta, 46.[147]

Joaquim Dias Vieira, 49, casado, cujo nome da esposa encontra-se ilegível, possuía quatro filhos, com idades oscilando entre 05 e 14 anos, dois escravos adultos e três crianças.[148] Rita, solteira, parda, 30, era mãe de Marcela,[149] preta, 09 e Francisco, pardo, 06. A identificação de Rita como mãe dessas crianças só foi possível graças ao cruzamento documental. A pequena Marcela foi batizada aos 06/11/1795 por Antônio e Rosa, ambos escravos de Leandro Luiz. A idade das crianças indica-nos a permanência de Rita por no mínimo nove anos nesta escravaria.

Joaquim Mendes Rapozo, 54, e dona Maria da Assunção, 46, pais de quatro filhos com idades oscilando entre 03 e 16 anos, possuíam quatro escravos adultos – três mulheres e um homem – e duas crianças.[150] Através dos registros de batismo, descobrimos que Maria, na época solteira, parda, 34, era mãe de Adam, pardo,

---

146 AESP. *op. cit.*, p.217.

147 Ibidem, p.217/218.

148 Ibidem, p. 216.

149 ACMSP. *op. cit.*, p.97/frente e verso.

150 AESP. *op. cit.*, p.193.

03. O pequeno Adam[151] foi batizado aos 19/02/1795 por Manoel Ferreira Duarte, viúvo, livre e Angélica Maria, solteira, livre – consta dos autos que o padrinho era pai da madrinha. Entre os escravos temos Gertrudes que, em 01/07/1801, deu à luz a Amaro,[152] filho natural, batizado pelo alferes Rafael Antônio Costa, livre, casado com Gertrudes de Oliveira. Quanto ao pequeno Inácio, pardo, 03, permanece a dúvida de quem seriam seus pais.

Dentre os roceiros, havia um que era detentor de escravos, mas estes não constituíam família. É o caso do domicílio chefiado por Thomé Homem de Goy, 68, casado com dona Josefa Machado, 56. Eles possuíam dois filhos. Caetano Homem, solteiro, 28, e Ana Machado, solteira, 38. Haviam seis escravos que, em 1798, não constituíam família e quatro crianças. Entre os escravos estava Fabiano, preto, solteiro, 40 – que em 1804, batizava seu filho. O pequeno Benedito,[153] nascido aos 01/06/1804, filho de Fabiano e Isabel, teve como padrinhos Domiciano e Gertrudes Borba, ambos casados e livres. O padrinho era filho de Agostinho Homem. Thomé Homem de Goy, possuía seis homens e nenhuma mulher, o que dificultaria a formação de famílias escravas. No entanto, no cruzamento documental, constatamos que em 1804 havia uma família nuclear nesta escravaria, composta de Fabiano, que em 1798 já pertencia a Thomé Homem de Goy, e Isabel que, provavelmente, fora comprada no intervalo dos anos.

No ano de 1801, por meio dos registros de batismo, encontramos como chefe de domicílio dona Josefa Machado. Seu nome consta, no registro de batismo datado de 08/03/1801 do menino Roman,[154] como proprietária do escravo. Roman era filho natural

151 ACMSP. *op. cit.*, p. 94.

152 Ibidem p. 113.

153 ACMSP. *op. cit.*, p. 1113.

154 ACMSP. *op. cit.*, p.111.

da escrava Maria, do gentio da Guiné, apadrinhado por Francisco de Paula, forro, casado e Ana, casada, escrava de Felipe da Costa.

O domicílio chefiado por Antônio Macedo Antunes, 72, apresenta uma especificidade, por não encontrarmos famílias escravas constituídas. Tem-se a informação que o Sr. Antônio vivia com vinte e três indivíduos divididos em agregados pretos (doze) e mulatos (onze). Entre os agregados mulatos Sebastião, 40, e Luzia, 25, constituíam uma família com dois filhos; Mateus, preto, 60, e Luzia, 50, formavam outra família com dois filhos. Evidentemente, o que temos não são famílias escravas, apesar de as considerarmos como tal, posto serem os envolvidos agregados e, portanto, livres; o que temos são duas famílias negras vivendo sob a proteção de outrem, que não sabemos ser branco, negro ou mulato.[155] Seriam, esses agregados, ex-escravos de Antônio Macedo? A idade avançada, a ausência de mulher e filhos seriam motivos para que Antônio Macedo libertasse seus ex-escravos e os mantivesse por perto como agregados?

Os libertos, quando se deparavam com a liberdade, necessitavam de um local para morar. Em alguns casos, quando os testadores não possuíam parentes próximos, eles libertavam os escravos e deixavam a casa para eles. Existiam casos em que os escravos, depois de alforriados, continuavam junto de seus ex-senhores. Seria isso uma representação de dedicação ou impossibilidade de viver em outro local? Esses legados materiais foram um início de vida no mundo dos livres.[156]

A família assentava-se em torno do espaço doméstico, as moradias ou as unidades produtivas estavam inter-relacionadas. Tanto para os libertos como para os livres, a casa era um espaço assaz significativo. Nela desenvolviam-se as ações cotidianas e privadas.

155 AESP. *op. cit.*, p. 225.

156 PAIVA, Eduardo França. *Minas Gerais: escravos e senhores.*, p. 139 e 179.

A casa não era simplesmente um local de habitação, era um espaço para o trabalho, para o lazer, para as manifestações culturais era, ainda, um esconderijo e um local para a produção de, ao menos, uma parte do sustento cotidiano.[157]

A casa ficava sob o domínio de uma pessoa, o responsável denominava-se cabeça do casal ou chefe do domicílio. Nas famílias brancas os homens, em geral, exerciam essa função. Entre os libertos, haviam mulheres, inclusive as casadas.[158]

Em todos os fogos arrolados percebemos um equilíbrio numérico entre o número de homens e o de mulheres. Constituíram exceções, o fogo chefiado por José Barbosa de Lima – onde o número de mulheres era o triplo do número de homens – bem como os fogos chefiados por Joaquim Dias Vieira e Escolástica Néboa, onde não existiam homens. Em situação similar à vivida pelos escravos de José Barbosa de Lima, estavam os cativos pertencentes ao Capitão José de Novais Dias e Salvador Leonardo de Oliveira, onde o número de homens constituía o dobro do número de mulheres.

Com relação aos modelos de famílias é explicita a predominância de famílias nucleares sobre as matrifocais e as quebradas. A presença de crianças foi constatada em quase todos os fogos, ocorrendo apenas uma exceção: o fogo pertencente ao Reverendo Padre Paschoal Correia Leite, onde não havia crianças arroladas.

Em Santana de Parnaíba, vila rural de São Paulo colonial, as famílias estavam presentes num complexo de obediência e resistência, violência e paternalismo. Os escravos não podiam controlar suas famílias sempre, eles utilizaram-se da família para tentar melhorar a vida no cativeiro.[159]

---

157 PAIVA, Eduardo França. *op.cit.*, p. 180.

158 Idem, *Minas Gerais: escravos e senhores.*, p. 179.

159 METCALF, Alida. *op. cit.*, p. 233.

Entre 1775 e 1820, houve em Santana de Parnaíba, uma difusão da economia açucareira. Porém, logo no início do século XIX, a quantidade de açúcar produzida na região começou a declinar, devido a transferência dos filhos de senhores de engenho para o oeste. Portanto, a economia açucareira em Parnaíba, foi de curta duração, não permitindo a prosperidade econômica.

De uma forma geral, a produção do açúcar em São Paulo, em oposição aos dados para o Nordeste, era em pequena escala. A maioria dos escravos viviam em propriedades de tamanho médio, que abrangia de dez a cinquenta cativos. Muitos outros escravos pertenciam a proprietários ainda menores, os lavradores, aqueles que produziam pequenas quantidades de açúcar, milho, feijão, arroz, mandioca e criavam gado. Poucos escravos viviam em fazendas com mais de 50 cativos.[160]

O açúcar e o aguardente eram produzidos em pequena escala, havia poucas propriedades de grande porte, por isso a maioria dos escravos não tiveram condições de formar famílias duradouras e estáveis.[161]

Vinte por cento dos casamentos envolvendo escravos, realizados no período de 1720 a 1820 foram realizados entre escravos e pessoas livres. Casamentos mistos proporcionavam aos escravos condições de uma vida familiar estável. Foi comum localizar no registro matrimonial declarações feitas pelos cônjuges livres, de que acompanharia o cônjuge cativo. Isso significava que o cônjuge livre, viveria na mesma propriedade em que habitava o cônjuge escravo, passando a ser um agregado. Temos como exemplo Gertrudes, negra livre, que viveu com Romualdo na fazenda do senhor dele, no censo foi listada como agregada e seus filhos como livres.[162]

160 Ibidem, p. 235.

161 Ibidem, p. 235.

162 METCALF, Alida. *op.cit.*, p. 237.

O processo de herança também desestabilizava estas famílias devido às partilhas, tanto nas grandes como nas pequenas propriedades. Treze por cento dos registros matrimonias, apontam casamentos entre escravos de senhores diferentes. Neste caso, não era provável que vivessem juntos em um dos domicílios, mas que as propriedades fossem próximas e que eles se vissem de acordo com a vontade dos senhores.[163]

Devido à estrutura econômica de Parnaíba e à instabilidade da vida familiar dos escravos de pequenos plantéis, notou-se a formação de famílias escravas matrifocais, estruturadas devido às alterações econômicas dos proprietários – venda ou partilha de bens. Buscavam conservar as mães próximas de seus filhos enquanto pequenos, para que pudessem criá-los.

Através dos registros paroquiais de casamento, sabe-se que muitos escravos serviam como testemunhas de cativos de propriedades diferentes, demonstrando assim que eles possuíam contato com outros escravos, com negros livres e índios.[164]

Vinte por cento dos casamentos ocorriam entre escravos e livres, fato positivo porque aumentava a quantidade de nascidos livres na região e estabelecia laços de parentesco entre escravos e negros livres. Estes casamentos aumentavam a quantidade de negros livres; visto que filhos nascidos de mulheres negras livres, e homens escravos eram livres, o caso contrário, mulheres escravas e homens livres também poderia resultar na libertação dos filhos quando estes estavam em pequena idade, nasciam escravos, mas o pai livre poderia libertá-los. Estes laços alargavam os horizontes dos cativos e diminuíam a dependência física e psicológica com

163 Ibidem, p. 238.

164 Ibidem, p. 240.

relação ao senhor. Os parentes livres representavam mobilidade social e conhecimento com uma sociedade mais ampla.[165]

Os dados obtidos para Santana de Parnaíba, bem como para Cotia, vão ao encontro das afirmações feitas por Higman, de que

> A família escrava deve ser vista dentro do contexto de desenvolvimento econômico. A vida familiar dos escravos durante o período em que uma nova região estava se desenvolvendo diferiu grandemente daquela em áreas açucareiras estabelecidas ou maduras. Quando a economia açucareira e posteriormente cafeeira mudaram-se para o oeste paulista no final do século dezoito e dezenove, a vida familiar escrava, ao menos inicialmente, não era provavelmente muito estável, se é que chegou a existir. Quando os fazendeiros compraram escravos africanos e mudaram-se para terras virgens, as famílias escravas não existiram ou foram separadas. Mas, à medida que essas áreas de desenvolveram e durante a vida de seus senhores, os escravos, procuraram criar famílias, redes de parentesco e suas próprias instituições culturais. Com o tempo, as alforrias e os casamentos entre escravos e negros livres puderam contribuir para a formação de uma população negra livre.[166]

A formação da família escrava foi explorada pelos senhores também como uma forma de concessão, como um favor, que eles prestavam aos escravos e que eles deveriam saber retribuir com fidelidade, pacificidade e bons serviços. No entanto, essa política voltou-se contra os senhores, pois a família escrava foi um espaço utilizado para a autonomia. Os escravos aproveitaram-se da família e dos laços de solidariedade daí derivados.[167]

---

165 METCALF, Alida. *op.cit*, p 240.

166 Ibidem, p. 242.

167 PAIVA, Eduardo França. *Por meu trabalho, serviço e indústria.*, p. 238.

As características apresentadas, tanto para Santana de Parnaíba quanto para Cotia, caracterizam o ambiente rural e o tipo de escravidão possível de ser vivenciada nestes locais. Por isso cabe-nos argumentar, mais especificamente, qual a relação entre o mundo rural e a etnia. Como sobreviveriam, neste contexto, os escravos e os libertos?

Mundo rural e etnia

Segundo Fukui, a geógrafa Miller definiu como sitiante todo pequeno agricultor rural que, responsável pela lavoura, trabalha direta e pessoalmente a terra com a ajuda de seu familiar e, ocasionalmente, de alguns empregados remunerados.[168] Trata-se de uma definição sociológica, haja visto definir-se através da organização das relações de trabalho e não das relações de cultivo. Certamente, esta definição refere-se a um período da História que não o mesmo que estudamos – o século XVIII paulistano. No contexto analisado, a figura do roceiro difere do sitiante comercial que possui uma agricultura voltada para o comércio.[169]

Os trabalhos de Wagley, Cândido, Lambert e Pereira de Queirós refutam as prerrogativas feitas por Obeye e Watson sobre os roceiros. Para estes últimos, o roceiro pertencia a uma marginalidade cultural, ficava num meio termo entre o civilizado e o primitivo.[170]

Segundo Cândido, o bairro rural era formado por um grupo de famílias que faziam trabalhos comuns, festas religiosas coletivas; enfim, tratava-se de um agrupamento pequeno, porém maior do

168 FUKUI, Lia de Freitas. *Sertão e Bairro Rural*. p. 76.

169 Ibidem, p. 78.

170 Ibidem, p. 78.

que uma família; não era uma unidade isolada, fazendo parte de um conjunto maior, um distrito ou município.[171]

A existência de roças, em Cotia, dirigidas por libertos, permite-nos pensar de que maneira esses indivíduos, oriundos da escravidão, tiveram acesso a posse e usufruto da terra numa sociedade escravista.

Segundo Machado, o interesse dos historiadores em relação à problemática das terras de libertos, das doações feitas em testamentos por senhores a seus escravos, está ainda despertando, sendo raras as pesquisas sistemáticas capazes de determinar as características básicas do universo dos doadores e as condições históricas em que elas ocorriam.[172]

As doações de liberdade e de um pequeno pecúlio feitas por senhores a seus escravos, não foi um fato raro. Aparentemente, haviam senhores que estavam dispostos a abrirem mão de parte ou do todo de seus bens, em nome dos seus escravos prediletos. Em geral, eram os senhores sobre os quais não pousava a responsabilidade da continuação do nome e do patrimônio da família, que legavam seus bens a escravos. Neste caso, encaixam-se os viúvos sem filhos, os solteiros e os padres.[173]

Existem indicações históricas precisas sobre a origem da terra dos libertos. Um exemplo refere-se, ao então município de Santana de Parnaíba, que ao longo do século XIX e meados do XX, abrigou três comunidades rurais negras. Santana de Parnaíba tratava-se de uma zona parcamente integrada à dinâmica comercial. De início, a escravidão respondeu ao impulso inicial de capitalização, quando da montagem de pequenos engenhos açucareiros, nas últimas décadas do século XVIII, porém com a decadência da eco-

171 Ibidem, p. 182.

172 MACHADO, Maria Helena. *O Plano e o Pânico.*, p. 30.

173 Ibidem, p. 30.

nomia açucararia, nas primeiras décadas do século XIX, ocorreu a fragmentação das propriedades, gerando uma economia de subsistência articulada ao restante da economia comercial e a esparsa penetração da cafeicultura.[174]

Questões econômicas, relacionadas à prática da atividade açucareira e ao decréscimo da produção cafeeira, ocorrido entre 1830 e 1880, estimulou a desintegração da escravidão e criou condições propícias para a formação de pequenos agricultores e para o aumento da população livre, de forma amplamente miscigenada.[175]

Entre 1775 e 1820 os camponeses, isto é, pequenos proprietários, agregados e outros tipos de produtores independentes, majoritariamente brancos e pardos, somavam 50% da população. Nesse contexto surgiram, através de doações de terras, núcleos de roceiros libertos em Santana de Parnaíba. Um dos mais conhecidos é a comunidade negra de Coruruquara. Segundo o testemunho de descendentes e ex-moradores do núcleo, esta comunidade negra teve origem no século XIX, por meio de uma doação de terras feita a três famílias de libertos. Seus descendentes habitaram a região até a abertura da rodovia Castelo Branco.[176]

A comunidade sobreviveu com base na agricultura de subsistência, na produção da rapadura e no pequeno comércio ocasional, até o momento em que as terras da região foram valorizadas e aí surgiram conflitos entre os que se diziam os proprietários legais, os grileiros e os moradores. Em 1960, devido ao embate, os habitantes originais abandonaram as terras.[177]

O Registro Paroquial de Terras de Santana de Parnaíba faz referência a outras duas áreas ocupadas por libertos, ambas prove-

---

174 MACHADO, Maria Helena. *op.cit.*, p. 39.

175 Ibidem, p. 39.

176 Ibidem, p. 39-40.

177 Ibidem, p. 40.

nientes de doações de senhores a seus escravos. A fonte é bastante sucinta, ausentando-se informações quanto a data, a forma jurídica da doação, extensão das terras doadas e tempo de permanência dos libertos. O grupo, até o momento em que registrou a propriedade das terras 1854/56, não havia recorrido à partilha das mesmas, utilizando-as de forma coletiva. O outro caso refere-se aos libertos que ocupavam uma gleba de terras na região da Capela Velha (Vuturuna), também Santana de Parnaíba, sobre os quais não possuímos maiores informações. Segundo Machado

> movimento de certa envergadura, o surgimento de comunidade de libertos em terras já ocupadas ou de certa forma integradas a algum circuito econômico espelha, nesta região, o desbaratamento das tentativas de montagem de uma economia escravista comercial, bem como no processo de liberação e acomodação das camadas não proprietárias, antes dependentes da propriedade escravista, através de uma tendência à fragmentação das terras disponíveis e a emergência de larga camada de pequenos produtores.[178]

Verifica-se, assim, que o sistema escravista perdia a sua funcionalidade, a terra possuía um pequeno valor comercial e a produção era pouco expressiva; estes fatores teriam desestimulado a manutenção, pelas camadas proprietárias, do controle, da posse e do acesso à terra viabilizando, assim, o uso e cultivo das terras disponíveis. Foi dentro desse processo que uma boa parte dos senhores – especialmente os viúvos e solteiros sem filhos e descendência direta, teriam transmitido a posse da terra a seus ex-escravos. Por um lado, pode ser visto como uma atitude paternalista, por outro

178 MACHADO, Maria Helena. *op. cit.*, p. 41.

demonstrava o reconhecimento do direito dos escravos ao usufruto e posse da terra por eles cultivadas.[179]

A tentativa dos libertos de se fixarem a terra demonstra o desejo de constituição de um modo de vida, de busca de uma estrutura. Essas tentativas de fixação e de busca de independência ainda são relegadas a um segundo plano no âmbito da discussão dos meios de superação da escravidão, sobretudo a escravidão paulistana.[180]

Talvez, a origem das terras cultivadas pelos escravos em Cotia, fosse similar aos casos analisados para outras regiões, que apresentavam economia similar. Para Cotia, dos sessenta domicílios analisados, 26 representam a situação dos pardos, livres ou libertos, detentores de roças. A maioria dos pardos libertos e livres viviam em famílias nucleares completas que, em alguns casos, agrupavam mais de uma geração. É o caso de Mateos Lopes, pardo, 95, e Inácia de Borba, parda, 94. Possuíam uma única filha, Ana, solteira, parda, 30. Esta, por sua vez, já possuía dois filhos: Antônio, pardo, 09 e um outro, cujo nome se encontra ilegível. A sobrevivência era adquirida através da colheita de dez alqueires de milho e dois de arroz, tudo consumindo em sua casa, não havendo excedentes para a comercialização.[181]

Em Cotia localizamos sete mulheres pardas como chefes de domicílios. Dentre elas, apenas uma era proprietária de escravos. É o caso de Inácia, mulata, viúva, 60, listada juntamente com Gregório, mulato, viúvo, 53. O nome de Inácia aparece em primeiro lugar, o que a faz ser a chefe do domicílio; mesmo assim, questionamos qual seria a posição de Gregório. Ela possuía cinco escravos pretos, três solteiros, um viúvo, uma criança e quatro agregados mulatos. Possuía cavalos que eram para a serventia da casa e

179 Ibidem, p. 41.

180 MACHADO, Maria Helena. *op.cit.*, p. 41.

181 AESP. *op.cit.*, .214.

a realização dos serviços com que mantinha as despesas da mesma. Já Maria Duarte, solteira, parda, 60, morava com sua filha Maria Duarte, solteira, 23, e ambas vivam de fiar algodão.

Os laços de parentesco entre os libertos, representam estabelecimento de vínculos de solidariedade e ajuda mútua,[182] apresentam preferência em compartilhar moradias com seus iguais, de se casarem entre si. Alguns fatores apontam que a conquista da liberdade nem sempre significou o rompimento com o universo escravo, principalmente no mundo do trabalho.

Entre os libertos é possível identificar pequenos proprietários e negociantes, mas a maioria continuava exercendo as mesmas funções que exerciam anteriormente, as mulheres, por exemplo, continuavam sendo lavadeiras e quitandeiras, as últimas eram em sua maioria africanas.[183] Entre os pardos – livres ou libertos – verificamos a existência somente de agregados não brancos, o que indica o desejo de fortalecimento dos vínculos familiares.

Angela Pires, viúva, parda, 50, possuía quatro filhos com idades oscilando entre 22 e 26 anos. Registra-se ainda a presença do pequeno José, seu neto, 02, filho de Rita, solteira, parda, 22. Era roceira, colhia 22 alqueires de milho e cinco de feijão, tudo consumindo em sua casa, não havendo excedentes para o comércio.[184]

Avós e mães solteiras sustentavam suas famílias morando em quartos de aluguel, a maioria na Sé; muitas obtinham a alforria de suas donas e gozavam de prestígio e influência entre os próprios escravos, tornaram-se lideres religiosas, foram curandeiras e mães-de-santo.[185]

182 WISSENBACH, Maria Cristina. *Sonhos africanos, vivências ladinas.*, p. 138.

183 DIAS, Maria Odila L. S. *op. cit.*, p. 139.

184 AESP. *op.cit.*, p.213.

185 Ibidem, p. 162.

Os fogos extensivos matrifocais exerciam autoridade, eles aceitavam e davam proteção aos netos ilegítimos, muitos criados pelas avós. Eram também as avós que decidiam qual destino seria dado às crianças logo após o nascimento, caso as mesmas fossem entregues a terceiros, enjeitas e expostas. Eram também as mulheres mais velhas que agenciavam o trabalho infantil na vizinhança, distribuindo crianças entre sete e doze anos para auxiliar nas tarefas domésticas ou relacionadas ao comércio.[186]

Situação similar vivia Maria Roza, viúva, parda, 50, que morava em companhia de seu filho Floriano, solteiro, pardo, 22. Colhiam doze alqueires de milho e quatro de feijão, consumindo tudo em sua casa.[187] A roceira Quitéria, parda, 55, mãe de duas filhas, uma de 14 e outra com 17 anos, possuía oito agregados, todos pardos. Colhia vinte alqueires de milho, cinco de feijão e duas arrobas de fumo que era consumido em sua casa, sem excedentes.

A representatividade feminina se encerra com Ana Maria, viúva, 50, mãe de dois filhos, João, 16 e Gertrudes, 20. Era roceira, colhia dezesseis alqueires de milho e dois de fumo, consumindo tudo em sua casa.

No interior da família negra – escrava ou forra, também havia espaço para divergências. Nos maridos, verifica-se a reprodução dos padrões socialmente aceitos – o homem como o mantenedor da família, do sustento do lar. Nas mulheres, observa-se o desejo de manutenção da liberdade, da autonomia. As mulheres reproduziram, nos seus lares, resistências e artimanhas utilizadas ainda quando viviam sobre a égide do cativeiro.[188]

186 DIAS, Maria Odila L.S. *op. cit.*, p.191.

187 AESP. *op.cit.*, p. 215.

188 WISSENBACH, Maria Cristina. *op. cit.*, p. 144-145.

> Nos gestos obscenos em praça pública, na recusa de manter relações sexuais, nas pequenas traições e naquelas claramente configuradas, nas andanças pelas ruas e nas noitadas passadas em casas de comadres, as mulheres libertas demonstravam obstinada recusa em submeter-se aos impedimentos que lhe eram colocados por suas uniões afetivas.[189]

Houve na cidade uma política de desvalorização do liberto que visava colocá-los fora dos centros urbanos, tal ação fez com que eles buscassem espaços próprios de sobrevivência e manutenção nos arredores da cidade, onde a fiscalização pública era mais tênue, os ajuntamentos mais possíveis, os aluguéis mais acessíveis. Nos arredores de São Paulo os libertos tiveram a possibilidade de criar e preservar as redes de solidariedades, parentesco, vizinhança, de sustento através do cultivo das roças, dos negócios ou até mesmo da prática do curandeirismo. Esse processo de afastamento antecedeu a apropriação burguesa do espaço, e atendeu aos objetivos das camadas dominantes, que buscavam higienizar o espaço urbano.[190]

> Na segunda metade do século XIX, os territórios que margeavam o núcleo urbano paulistano tiveram, além disso, um sentido histórico adicional: pelas condições sociais e físicas aí existentes serviram como abrigo para escravos fugidos, vindos das mais diversas partes das províncias ou mesmo de outras regiões, mas especialmente do trabalho das grandes lavouras. Nesses arredores, as matas e os valos que separavam as propriedades semi – rurais ofereciam refúgios naturais, aos quais, os fugitivos, acrescentariam as vantagens dadas pela proximidade com a cidade, para onde muitas vezes se dirigiam.[191]

---

189 WISSENBACH, Maria Cristina. *op.cit.*, p. 146.

190 Ibidem, p. 152.

191 Ibidem, p. 153.

Escravos e libertos participaram das práticas e costumes relativos ao mundo caipira. Nos bairros rurais paulistas, os laços informais que existiam entre homens livres pobres, cativos e libertos, relacionavam-se ao parentesco, ao compadrio, à vizinhança. Eles existiam independentemente da cor e da condição social. Nos arredores da cidade, estava presente as redes de solidariedade.[192]

Na São Paulo da segunda metade do século XIX, em que as imediações rurais e a zona urbanizada não tinham contornos muito precisos, as pontes delimitavam o núcleo citadino. Desempenhavam a função de fronteiras da cidade e, simbolicamente, organizavam o espaço socioespacial, elas demarcavam o espaço da fiscalização pública, estabeleciam os parâmetros das disposições sociais. Com relação à disposição espacial das moradias da cidade demarcavam os terrenos. Os negros livres, devido à condição de pobreza e pressão social, moravam para além das pontes, outros segmentos, alguns em camada intermediária, eram constrangidos a conviver com esses setores considerados desqualificados.[193]

> As mulheres escravas exerceram um papel de importância vital nesse processo, simultâneo, de aculturação e de resistência: a família de mulheres sós facilitava a substituição e a renovação do culto dos ancestrais, que, por sua vez, lançava as bases de um novo convívio social entre escravos. As tradições culturais africanas delegavam às mulheres as tarefas de alimentação e circulação de gêneros de primeira necessidade e, desta vocação ou habilidade de suas escravas, usufruíam as pequenas proprietárias empobrecidas.[194]

192 Ibidem, p. 161.

193 WISSENBACH, Maria Cristina. *op.cit.*, p. 180.

194 DIAS, Maria Odila L. S. *op. cit.*, p. 160.

A produção e comercialização de gêneros alimentícios possuía um caráter secundário, do ponto de vista econômico, quando em comparação com a grande lavoura. Havia um preconceito social voltado para o doméstico, o quitandeiro, enfim, para a organização voltada para o consumo e produção dos gêneros de primeira necessidade.[195]

No sistema colonial brasileiro muitos papéis informais estavam ligados ao consumo e à distribuição de gêneros alimentícios. Para o funcionamento do sistema colonial, tratava-se esta de uma atividade de pouca importância, que em geral era relegada aos escravos. Roceiros, quitandeiros e vendilhões eram atividades pejorativas, que mereciam o menosprezo social. Valorizados eram os senhores de engenho, os lavradores de produtos de exportação, os eclesiásticos, os capitalistas, banqueiros, mercadores e burocratas.[196]

Além das categorias identificadas acima; encontramos os marginalizados sociais, os considerados vadios; que estiveram presentes na colônia. O trabalho de Mello e Souza apresenta com acuidade a situação em Minas Gerais e cabe-nos mensurar a forma de organização dos vadios em Cotia.

Em Cotia, dos sessenta fogos estudados, doze abrigavam indivíduos pardos – libertos e livres – denominados vadios, isto é, indivíduos que não se inseriam na ordem econômica do momento, não possuíam roças, ou ocupação que lhes garantisse a sobrevivência. No entanto, observamos a predominância de uma estrutura de família nuclear. Assim como em África, a instituição familiar norteou a vida dos negros/pardos no Brasil. Quer estivessem restritos aos mecanismos da escravidão, e das leis que regiam as famílias escravas, ou fossem eles livres e detentores, ou não, de roça, a família estava organizando suas vidas. Na pobreza eles também estavam

---

195 Ibidem, p. 15-16.

196 DIAS, Maria Odila L. S. *op. cit.*, p. 53.

juntos, buscando criar laços e forças para uma vida melhor, reinventando a família africana no Brasil.

Desde os anos 60/70, percebe-se um interesse, por parte da historiografia, pelo estudo dos marginalizados. Os excluídos – loucos, criminosos, mendigos – tornaram-se objetos da História. O conceito para definição do que seria o marginal, até os anos 80, era vago e mal-definido. Por outro lado, a expressão "desclassificado social" encontra-se já bem definida. Algo/alguém só é desclassificado porque existe uma classificação, ou seja: o termo – desclassificado – pressupõe uma hierarquização, que pode ser social, econômica, política ou moral. Dentro deste prisma, a pobreza é um agente classificatório – quanto menos pobre, mais alta a classificação obtida por alguém numa sociedade que preza o acúmulo de capital.[197]

Mello e Souza, ao contrapor os conceitos de marginalidade e desclassificação social, afirma que[198]

> marginalidade pode ainda fazer pensar em algo que se separa de um todo uniforme, constituído, no caso, pela sociedade. Já a desclassificação sugere a exterioridade ante a classificação e o distanciamento em face de um todo heterogêneo e diversificado.[199]

No entanto, a abrangência do conceito de desclassificação social é limitado, posto que ele se refere ao homem livre pobre, muitas vezes miserável, visível na sociedade escravista, não se referindo propriamente ao objeto de estudo que norteia essa pesquisa – escravos e libertos.[200]

---

197 MELLO E SOUZA, Laura. *Os desclassificados do Ouro.*, p. 11.

198 Ibidem, p. 12-13.

199 Ibidem, p.14.

200 Ibidem, p. 14.

Convém ressaltar que, no processo de desenvolvimento da pobreza no Ocidente, com exceção das sociedades primitivas, todas as demais permitiram o desenvolvimento da miséria e da vagabundagem, isto é, os desníveis sociais. A absorção dos acontecimentos vigentes durante a Idade Média, explicitam a concepção moderna de pobreza. Durante séculos a pobreza relacionou-se à Cristandade, os braços do Cristo estavam sempre abertos para todos, assim como as portas da igreja e dos mosteiros.[201]

Na Baixa Idade Média acentuou-se uma dicotomia baseada na desconfiança, a diferenciação dos pobres validos e inválidos. O século XII destacou-se como o marco do início das convulsões econômicas; a urbanização e as alterações no estatuto das propriedades rurais e na economia monetária permitiram pensar a pobreza como um fenômeno urbano, fruto das cidades. Os europeus do período medieval não compreendiam a pobreza como um problema social, pois eles não buscavam a igualdade. Pobreza material era sinônimo de riqueza espiritual. O pobre representava uma figura intermediária entre Deus e os ricos – os escolhidos para as bênçãos da terra – justificando-se assim a importância das esmolas.[202]

A partir do século XIV avultam-se demasiadamente o número de pobres, tornando-os um obstáculo ao desenvolvimento do Estado. A partir de então, são relembrados aos pobres o valor do trabalho como virtude que aproxima de Deus. Entre os séculos XIII e XIV surgiu um novo tipo de pobre, denominado por Mollat como o "pobre laborioso", a quem não se podia imputar adjetivos relacionados à boêmia e à extravagância. Emergiram, assim, os pobres expropriados de trabalho, de oportunidades, mas não inválidos. O trabalho, que em outros tempos foi visto como consequência do

---

201 Ibidem, p. 51.

202 MELLO E SOUZA, Laura. *op.cit.*, p. 52.

pecado original, tornou-se um valor social de sumária importância para o desenvolvimento de uma sociedade. Delineava-se uma lei moral do trabalho e adjetivos como vadios e mendigos tornaram-se injuriosos. O vagabundo definia-se como aquele que morava em toda a parte, que não possuía vínculos pessoais solidamente definidos, relacionava-se ao isolamento. O vagabundo era o indivíduo portador de um modo de vida irregular e instável, aquele que tendia à criminalidade e à delinquência.[203]

No século V propagou-se, por toda a Europa, a preocupação das autoridades e dos governantes portugueses com relação à vagabundagem; solidificaram-se leis repressivas que objetivavam frear o fenômeno da mendicância e da vagabundagem. O Império colonial português absorveu mendigos e vagabundos em atividades do serviço militar e nas pressões do além-mar. A partir do século XVIII os navios portugueses, que partiam em direção ao Brasil, África ou Índia, eram depósitos de larápios e infratores sentenciados com o exílio. As colônias foram, para os mercados mercantilistas, um canal de escoamento dos indivíduos socialmente marginalizados. Por meio desta estratégia, incentivou-se o povoamento de colônias por toda a parte.[204]

No Brasil colonial a expressão "vadio" congregava uma série de indefinições. O vadio era o indivíduo que não se enquadrava nos padrões de trabalho relacionados à obtenção do lucro imediato; tal definição abarcava não somente indivíduos, mas também atividades esporádicas. O vadio era aquele que não produzia na ordem da estrutura colonial, mas que podia ser aproveitado por ela – realizando trabalhos com enxada e foices – e era também aquele desprovido de dinheiro, o criminoso e o ladrão.[205]

---

203 Ibidem, p. 52-54.

204 MELLO E SOUZA, Laura. *op.cit.*, p. 55-57.

205 Ibidem, p. 64.

O vadio era fruto do sistema. Podia ser o pequeno proprietário, que não sobreviveu devido às pressões dos grandes senhores de engenho; o artesão impossibilitado de trabalhar com sua arte; o mulato que não desejava se envolver com os negros para não ser com eles igualado e, ao mesmo tempo, não tinha condições de se misturar aos brancos; aquele que já chegara ao Brasil com essa denominação, o ladrão e o degredado em geral. O vadio estava cercado – a própria estrutura econômica o gerava, impedindo o desenvolvimento de atividades constantes e, ao mesmo tempo, tornavam-se um peso ao sistema. Os vadios, no entanto, inseriam-se num contexto próprio do escravismo.[206]

Em "*A Instrução para o governo da capitania de Minas Gerais*", documento datado de 1780, os vadios eram apresentados como origem e causa de todos os tipos de desavenças. Consideravam os vadios como fator de entrave ao desenvolvimento da civilização; todavia, salientavam a sua importância no povoamento das Minas Gerais.[207]

Os vadios existiram não só no Brasil como em toda a Europa. Entre os séculos XVI e XVIII floresceu uma legislação repressiva contra eles que adentrou ao século. Em muitos países foram motivo de preocupação das autoridades. Mello e Souza apresenta questões importantes sobre o modo de vida dos vadios, que sua documentação não permite responder: como comiam, como procriava uma "casta de gente" que vivia de expedientes e de biscates esporádicos? Quem arcava com o ônus da reprodução de uma gente ociosa, que só servia para consumir víveres? Quem suportava o peso enorme da parte dos vadios?[208]

Além de inúteis, acreditavam os governantes setecentistas, os vadios eram verdadeiros ônus. Em 1770, o Conde de Valladares,

---

206 Ibidem, 66.

207 MELLO E SOUZA, Laura. *op.cit.*, p. 72.

208 Ibidem, p. 73.

governador de Minas, escreveu ao Morgado de Mateus informando sobre a multidão de mulatos, cabras e mestiços que vadiavam pela capitania. Desejava-se a eliminação deles por meio da expulsão; todavia esta relacionava-se ao aproveitamento desta mão-de-obra; eles deveriam estar associados a um trabalho, possuir alguma utilidade social. Os vadios – os desclassificados sociais – faziam parte da exploração existente na colônia, foram gerados por ela e sua existência contribuía para a manutenção da mesma, porém, a exploração colonial poderia seguir sem eles.[209]

Segundo Mello e Souza, havia muitos pontos positivos entre os escravos (considerados laboriosos, porém desprovidos de virtudes), os forros (considerados uma ameaça ao Estado devido às suas atividades) e os homens livres pobres; eles faziam parte de um mesmo todo, mas, apesar das formas esporádicas de solidariedade, eles nunca se enxergaram como um grupo coeso. Segundo a autora, a liberdade valeria muito pouco para o indivíduo pobre no interior de uma sociedade escravista; formulou-se uma teoria da inutilidade justificada pelo sistema escravista, e o atributo de vadiagem englobou toda uma camada social. Sob o olhar da classe dominante, entre os homens livres pobres, todos eram vadios e inúteis. De outro lado, estavam os escravos. Tratava-se, assim, de um país sem cidadãos. Algumas vezes inexistente, outras identificado próximo à animalidade, o homem livre pobre ficou esquecido através dos séculos.[210]

A agricultura de subsistência era uma prática valorizado pelo escravo, fosse ela de caráter individual ou familiar, pois dava acesso a autonomia. Após a libertação e com a detenção das terras, os libertos voltavam-se para alcançar seus objetivos, isto é, desprezа-

209 Ibidem, p. 73.

210 MELLO E SOUZA, Laura de. *op. cit.*, p. 219 e 222.

vam a organização da agricultura comercial exportadora, buscando um modo de vida assentado na agricultura de subsistência.[211]

> Viver na mais perfeita desordem, às margens da economia das fazendas e distantes das pressões sociais e do papel do produtor submetido ao trabalho em grupo fiscalizado. Os movimentos de ocupação de terras pelos libertos, apesar de expressarem fortes anseios, obedeceram às dinâmicas locais e aos níveis de disponibilidade das terras, num movimento que, espontâneo e improvisado buscou, sempre, preencher as lacunas abertas pela afluência desigual da fazenda monocultora escravista, com modos de vida social e de trabalhos alternativos.[212]

Sendo assim, podemos compreender que os libertos fizeram também, um movimento de recusa ao fardo do trabalho das fazendas – recusa que sempre foi um direito do homem livre-desta forma, eles demonstraram concepções de liberdade, que os distanciaram do mercado de trabalho livre e da produtividade. Foi "*um movimento oposto que colocou – na reorganização dos papéis sociais no processo de superação da escravidão – o liberto às margens da história.*"[213]

Por sua vez, Faria efetua críticas severas às proposições feitas por Mello e Souza e às suas definições de vadio. Para Faria, a autora reproduz o modelo pradiano ao identificar, toda a massa existente entre senhores e escravos, como vadios; a autora nega as diferenças existentes entre eles, os homogeneíza, assim como Prado o fez. As negras quituteiras, os ladrões, as feiticeiras e os assassinos, entre outros, na concepção de Mello e Souza, faziam parte do mesmo todo.[214]

---

211 MACHADO, Maria Helena. *op. cit.*, p. 53.

212 Ibidem, p. 58.

213 MACHADO, Maria Helena. *op. cit.*, p. 59.

214 FARIA, Sheila de Castro. *op. cit.*, p. 395-396.

Segundo Faria, ser pobre dependia da região, mas, em geral, significava não ter de seu. Os vigários das paróquias atestavam que o suplicante era tão pobre que só vivia de seu trabalho, não possuía bens, não tinha roça. A origem étnica ocupava um lugar importante, embora não exclusivo, na criação de categorias sociais. A pobreza era algo relativo, mas, em sua maioria, era representada pelos forros e seus descendentes. O vadio ocupava esta situação porque os mecanismos coloniais não permitam a todos a ascensão sócioeconômica.[215]

Além do mais, um outro aspecto deve ser considerado. Cândido alega que não deve ser considerado vadiagem a desnecessidade de trabalhar. No mundo caipira, predominava a economia de subsistência, onde plantava-se para viver, e o produto tinha pouca ou nenhuma conotação comercial. Em resumo, a falta de amor ao trabalho, estava relacionada a falta de necessidade deste, juntamente com a ausência de estímulos e a utilização das técnicas precárias. O maior distanciamento do trabalho, facilitava o lazer, um fator positivo de equilíbrio social.[216]

Como afirma Kowarick, esse desamor ao trabalho organizado foi o fator fundamentador da ideologia da vadiagem, apregoada desde os tempos coloniais até os dias atuais. Quando se trata da população negra, o estigma do trabalho, reforçado pelo longo período de escravidão, torna-se mais cruel visível e veemente.[217]

Neste capítulo aferimos que a estrutura de posse de cativos em Cotia, no ano de 1798, estava dividida entre os religiosos, os militares, as mulheres e os roceiros. Atendo-se especificamente a questão da família escrava, verificamos a predominância das famílias nucleares. A amostra utilizada permite, além do estudo sobre as famílias escravas, a análise das considerações de vida dos forros detentores de roças ou

215 Ibidem, p. 101.

216 CÂNDIDO, Antônio. *op. cit.*, p. 87.

217 KOWARICK, Lúcio. *Trabalho e Vadiagem*. p. 113.

não. Neste caso localizamos mulheres pardas, roceiras, como chefes de domicílio e proprietárias de cativos. A literatura utilizada ainda permite-nos questionar qual a origem da terra dos pardos-livres e libertos. Nem todos os pardos localizados eram detentores de roças ou exerciam alguma atividade para o seu sustento. Localizamos indivíduos – denominados vadios – organizados em família, fato que contraria os estudos de Mello e Souza para a outra localidade brasileira. Neste sentido, Cotia apresenta sua especificidade, os vadios da região organizavam-se em famílias nucleares e extensas.

A peculiaridade de Cotia não se restringe a esta questão. A constituição de famílias escravas, em uma região com economia de subsistência, também merece nossa atenção. Resta-nos, no entanto, questionar se estas famílias localizadas em 1798 eram estáveis e que função exerciam naquele ambiente rural assaz peculiar. Estas questões e outras serão respondidas no decorrer do capítulo quinto, através da confrontação entre as listas nominativas de 1798 e 1808.

O capítulo seguinte objetiva imergir no imaginário africano e desvendar a importância e o significado da mulher, da maternidade e das crianças no contexto daquele continente. Em que medida estes valores imigraram para as terras brasileiras e aqui se metamorfosearam?

IV. Mulheres, crianças e relações sociais

A cabaça do benévolo não quebra
prato do benévolo não trinca
Crianças e dinheiro fluem
para dentro da casa do benévolo.
(Ronilda Ribeiro, 1995, p.177)

Através das relações de parentesco ocorre a reprodução dos indivíduos, estes são produtores e reprodutores, por meio dos quais ocorre a reprodução social em geral.[1] O crescimento da população é comandado por outros fatores, além da fecundidade da mulher

> Em todas as sociedades, as capacidades biológicas de procriação não foram mais do que um domínio nunca atingido; a miséria, a doença, a fome ou pelo contrário, as sujeições materiais ligadas ao "bem estar" das sociedades industriais situaram sempre a taxa de reprodução abaixo da taxa de fertilidade.[2]

Não é possível compreender os mecanismos e o funcionamento da sociedade doméstica, ignorando a reprodução. A comunidade doméstica é um sistema econômico e social que rege a

---

1 MEILLASSOUX, Claude. *Mulheres, Celeiros e Capitais.*, p.05.

2 Ibidem., p.07.

reprodução dos produtores e a reprodução social. Tanto o feudalismo, quanto o escravismo e o capitalismo não contém os mecanismos institucionais reguladores ou corretores da reprodução física dos seres humanos.[3]

A mulher possui uma função insubstituível: a reprodução; todavia ela não intervém na organização social. O poder feminino dilui-se através da figura masculina, do pai, do irmão ou do marido. Esta condição da mulher, encontra-se relacionada as circunstâncias históricas e variáveis, mas também vinculada ao seu papel de reprodução.[4]

Nas sociedades de caçadores, onde os problemas relacionados a pertença e ao acasalamento são dominantes; algumas mulheres são procuradas não pela sua função reprodutora, mas como companheiras. O rapto não se justifica, as guerras são raras e, quando acontecem, não têm a mulher como objeto de desejo.[5]

Nas sociedades agrícolas, algumas mulheres são desejadas e disputadas, não pela sua companhia, mas por sua capacidade reprodutora. São vítimas de homens que as agridem, organizando-se para raptá-las.[6] A preservação da mulher e a sua manutenção, no grupo de origem, depende da intervenção e da organização de todos os membros, mais particularmente dos homens, pois sobre eles não pesa a ameaça do rapto. Em primeiro lugar, os homens as protegem e em segundo, as dominam. Desta forma, elas são colocadas em uma situação de dependência.[7]

---

3 MEILLASSOUX, Claude. *op.cit.*, p.08.

4 Ibidem, p. 125.

5 Ibidem, p. 125.

6 GUIMARÃES, Carlos Magno. *Quilombos: classes, estado e cotidiano (Minas Gerais - século XVIII)*. Tese de doutorado. FFLCH/USP. São Paulo, 1999.

7 MEILLASSOUX, Claude. *op. cit.*, p. 126.

Na sociedade doméstica as mulheres possuem funções que variam com a idade. O seu papel começa a ser delineado com a puberdade, quando surgem os primeiros sinais de sua capacidade reprodutora.[8]

A subordinação feminina permite a exploração da sua força de trabalho – entregue a seu marido – e de sua capacidade reprodutora. A comunidade depende da mulher para a reprodução, bem como para a alimentação. Em geral, são as mulheres as responsáveis, nas sociedades agrícolas, pela preparação dos alimentos.[9]

A comunidade doméstica agrícola deve ser vista como detentora de capacidades de ordenação de produção e reprodução, sendo assim uma forma de organização social integral que vai desde o neolítico até o desenvolvimento do sistema capitalista.[10]

As normas de acasalamento determinam os cônjuges possíveis e as normas de filiação determinam, através dos casamentos e dos nascimentos, as relações de dependência de um indivíduo frente às gerações anteriores.[11]

Nada, na natureza, explica a repartição sexual das tarefas, a conjugalidade, o casamento ou a filiação paterna. Esses fatores são todos infligidos às mulheres pela força, são fatos inerentes à civilização, devem ser explicados e não servir de explicação.[12]

Em sociedades caçadoras/coletoras, a atividade de coleta exige o percurso de longas distâncias. É realizado em grupo, visando a proteção contra os animais selvagens. Exige uma boa preparação física, conhecimento de plantas, lugares, animais perigosos e meios de proteção. Já a caça e a armadilhagem de pequenos animais são praticadas, nas proximidades, por homens, mulheres, jovens e ido-

8 Ibidem, p. 127.

9 MEILLASSOUX, Claude. *op. cit.*, p. 128.

10 Ibidem, p.13.

11 Ibidem, p. 41.

12 Ibidem, p. 43.

sos que guardam o produto sem dividir. A execução desta atividade não exige conhecimentos específicos e preparo físico.[13]

As mulheres são as que asseguram a continuidade das tarefas agrícolas e das células produtivas, são os pólos dos quais os homens se deslocam.[14] A mobilidade masculina é a força predominante. O modo de circulação das mulheres no seu grupo de origem, as capacidades de reprodução ficam reduzidas a fecundidade.[15]

A mulher é considerada uma presa e, por isso, lhe é atribuída uma posição de inferioridade. Conforme vimos, o rapto é uma demonstração da vulnerabilidade e inferiorização das mulheres. Uma outra forma, além do rapto, de valorização da superioridade masculina é a guerra. Através dela os homens sobrepõem-se às mulheres, aos velhos e aos jovens. A guerra consiste na exaltação da força e da coragem, ensejando uma autoridade vigorosa, muitas vezes marcada pela crueldade.[16]

A economia agrícola pode ser compreendida conforme a forma de utilização da terra: terra como objeto de trabalho ou meio de trabalho (modo de produção na Agricultura). A terra é objeto de trabalho quando explorada diretamente, sem receber nenhum investimento prévio relacionado ao dispêndio de energia humana. Atividades como a caça e a coleta são exemplos desta forma de exploração da terra. O segundo caso refere-se, entre outras coisas, à prática da Agricultura e exige um investimento na terra em trabalho.[17]

O bando da sociedade caçadora /coletora explora a terra como objeto de trabalho. A comunidade agrícola como um meio

---

13 Ibidem, p.45.

14 MEILLASSOUX, Claude. *op.cit.*, p. 55.

15 Ibidem, p. 57.

16 Ibidem., p. 56.

17 Ibidem, p.31-32.

de trabalho.[18] São traços característicos da economia agrícola doméstica: produção a prazo, devido ao investimento de energia humana na terra, acumulação, armazenagem e redistribuição gerida e organizada do produto.[19]

O acesso à terra é mediado pelo estabelecimento de relações sociais, de filiação ou de afinidade. A reprodução é a preocupação maior da sociedade, para ela se voltam todas as instituições: as matrimoniais, as para matrimoniais, a filiação, os cultos de fecundidade, as representações referentes à maternidade, o adultério e às proibições sexuais. São todas questões que circulam em torno da regulamentação da reprodução dos seres humanos na sociedade.[20]

> As relações de parentesco que resultam do casamento - enquanto instituição - mais ainda do que do nascimento que não é mais do que um acontecimento codificado por regras fixadas no momento do casamento), são claramente relações que se estabelecem em torno da reprodução dos indivíduos.[21]

Na sociedade doméstica, a reprodução dos indivíduos, e os cuidados que devem ser tomados desde o seu nascimento e ao longo de sua vida, são objetos de um controle rígido sobre o conjunto das relações sociais. Em vez de ser, como no bando das sociedades coletoras/caçadoras, um ato breve e simples - o acolhimento ou o acasalamento- o processo de reprodução realiza-se através de todo um processo - promessa, contratos de casamento, casamento, dote - etc. A noção de filiação encontra-se nesta perspectiva. A filiação consiste numa sucessão que é sancionada por cerimônias

.18 Ibidem, p. 71

19 MEILLASSOUX, Claude. *op.cit.*, p.74.

20 Ibidem, p. 69-70.

21 Ibidem, p.70.

importantes, como os funerais e, de maneira menos generalizada, os batismos, os casamentos, os quais, diferentemente dos acasalamentos, regulamentam não apenas a coabitação dos esposos ou as suas tarefas respectivas, mas o destino da sua descendência.[22]

Neste contexto, o processo de reprodução, embora dominando as preocupações sociais e políticas e ainda que inspirando o essencial das noções ideológico – jurídicas, permanece subordinada às restrições da produção.[23]

As relações de produção criam relações vitalícias hierárquicas entre os membros da comunidade, baseada na anterioridade ou na idade, e contribuem para a constituição de células econômicas e sociais que definem uma dependência e um poder de administração atribuído ao mais antigo no ciclo produtivo.[24] Sendo assim, existe uma relação entre a idade e o respeito no ciclo produtivo, há uma oposição entre as gerações. Conforme explicitamos no capítulo segundo, o mais velho é o que se encontra apto a gerir a comunidade e assume também a gestão da reprodução do grupo.[25]

O casamento pode ser visto como um acordo que regulamenta as condições de produção do produtor e o seu destino. Enquanto instituição, define a situação da esposa na comunidade do marido, as relações que ela mantém com cada membro e as relações de seus filhos com a comunidade do pai e com a sua , isto é, as regras da filiação.[26]

São postas em práticas algumas estratégias para equilibrar o número de homens e mulheres, principalmente das segundas, necessárias para a efetuação das trocas. Estes meios são: a adoção de

---

22 Ibidem, p. 70.

23 MEILLASSOUX, Claude. *op. cit.*, p.71.

24 Ibidem, p. 76.

25 Ibidem, p.77.

26 Ibidem, p. 77-78.

crianças, a obtenção de cativos de guerra, de clientes, o dote de uma esposa, o rapto de mulheres e as fusões entre famílias debilitadas.[27]

> "Pai" significa não o genitor mas aquele que vos alimenta, vos protege, e em contrapartida, reivindica o vosso produto e vosso trabalho. Nas suas funções de regulador da reprodução social, o "pai" e também aquele que vos casa.[28]

Na família, célula de produção é o lugar de desenvolvimento de uma ideologia e de ritos onde dominam o respeito pela idade, o culto aos antepassados, a fecundidade, formas de continuidade do grupo e consolidação da sua hierarquia.[29]

Na economia doméstica, onde a força de trabalho não é uma mercadoria,[30] a concepção de família alargada, de parentesco classificatório, onde há institucionalmente a circulação dos indivíduos está, portanto, de acordo com as condições da produção e da circulação da subsistências que atribuem mais peso ao trabalho produtivo do que à capacidade geradora do homem.[31]

A circulação da progenitura que ocorre no seio da comunidade doméstica, não possui nenhuma contrapartida material. Trata-se de um conjunto matrimonial formado pela aliança de várias comunidades, onde a reprodução de cada uma é garantida pela redistribuição, entre elas, das mulheres púberes disponíveis.[32]

As mulheres passam por regras de circulação entre os diversos grupos. Esta redistribuição tem, como objetivo, a reprodução

---

27 Ibidem, p. 82.

28 Ibidem, p. 82.

29 MEILLASSOUX, Claude. *op. cit.*, p.83.

30 Ibidem, p.91.

31 Ibidem, p.104.

32 Ibidem, p. 105.

da mulher e de sua progenitura. Conforme afirmamos anteriormente, na sociedades ditas patrilineares a mulher reproduz na comunidade de seu marido.[33]

A troca de mulheres tanto pode ser bilateral como multilateral. No primeiro caso, a troca ocorre entre duas comunidades; a entrega da mulher determina a retribuição ou a promessa de outra mulher. A troca encontra-se limitada ao número de mulheres púberes disponíveis. Em contrapartida, a troca multilateral corresponde à participação de um número maior de comunidades.[34]

Ocorre, assim, uma circulação de créditos, sob a forma de mulheres, que no caso da troca multilateral permite o aparecimento de um novo elemento, um objeto material, que simboliza a memória, que lembra cada comunidade que ela não pode receber mais esposas do que prometeu ou entregou. Este objeto denomina-se dote e possui um caráter perecível ou duradouro, distintivo, deve estar associado às qualidades sociais do decano, deve ser produto que represente o dispêndio de energia humana, em quantidade e qualidade. Desta forma o dote representa, simultaneamente, uma promessa de mulher e o lugar do mais velho, do mais experiente.[35]

A circulação de subsistências, ou de mulheres púberes, evidencia um fato fundamental que é o da troca idêntica, subsistências por subsistências, esposas por esposas.[36] Esta ideologia igualitária foi apreendida por Lévi-Strauss, por meio da noção de reciprocidade que se limita a economia doméstica.[37]

Em geral, os homens nas sociedades africanas buscavam dominar e controlar. Mas por quê? Qual seria o significado e a justifica-

---

33 Ibidem, p. 105-106.

34 MEILLASSOUX, Claude. *op. cit.*, p. 107.

35 Ibidem, p. 110.

36 Ibidem, p. 111.

37 Ibidem, p. 113.

tiva para tal atitude? Conforme observamos, no decorrer do texto, as mulheres dominavam um setor importante da sociedade: a reprodução. Através dela, a população humana se multiplica não apenas fisicamente; mas reproduz costumes, tradições, visões de mundo. Este domínio estende-se à alimentação e às atividades agrícolas.

Verificamos, assim, uma dualidade, uma relação oposta entre homens e mulheres nas sociedades africanas. A relação entre os sexos é marcada pela oposição, a disputa pelo poder. Teria esta dualidade sido transposta para as terras brasileiras? A relação entre homens e mulheres no Brasil teria sido marcada pela luta, pela tentativa de dominação do segundo elemento pelo primeiro? Qual o papel da mulher negra – africana ou crioula – escrava ou liberta, nas terras brasileiras, mais precisamente em Cotia, foco deste estudo?

Os tópicos seguintes visam responder estas questões. O primeiro, detêm-se em compreender de forma mais precisa as relações entre os sexos na África, haja vista a força e a determinação mulher na sociedade africana. É devido a esta importância, que se justifica a dominação masculina e a oposição entre os sexos.

As relações entre os sexos

Balandier discute algumas questões relacionadas à oposição entre homens e mulheres nas sociedades africanas. Em *Homens e Mulheres ou a metade perigosa*, ele discute se a divisão dos sexos afeta o sistema social e a cultura em seu conjunto. Como se exprime o dualismo sexualizado? Como a oposição e a complementaridade dos sexos são, simultaneamente, geradoras de ordem e de desordem social?[38]

A maior parte das narrativas mitológicas africanas concedem um lugar privilegiado às relações entre homens e mulheres.

---

38 BALANDIER, Georges. *op. cit.*, p. 20.

Tratam-se de relações que se apresentam em três planos distintos, isto é, nas narrações referentes a criação do mundo, nos modelos de interpretação e na constituição dos indivíduos. A relação entre os sexos, apresenta-se como a fundadora da ordem, fonte da fecundidade e também a geradora da desordem e da morte. Entre os *dogon* do Mali e entre os *bambara*, localiza-se essa concepção dual do mundo, um dualismo sexualizado e ambíguo.[39]

Entre os mitos bambara, um refere-se ao casal inicial responsável por uma parte da criação do universo. O elemento macho designa-se *Pemba* e o fêmeo *Muso Koroni*; o primeiro é o "portador" de sementes e conhecimentos e o segundo é o "depositário" das mesmas. As relações que os unem levam ao fracasso, pois o elemento fêmeo rompe a união, recusando-se a cooperar na criação, vaga pelo universo causando a desordem, o mal, a desgraça e a morte. Enfim, é a oposição entre os dois elementos de sexos diferentes, seus desacordos, que são a fonte de todas as desordens cósmicas.[40]

Neste contexto, surge uma terceira entidade, denominada *Faro*, um andrógino que possui a essência feminina e masculina. É por meio de sua obra que a criação do universo se completa. O caos do universo chega ao fim, instaura-se a ordem humana, os instrumentos da civilização e do progresso material. Em *Faro* verifica-se a união das diferenças.[41]

A narração do mito bambara é ambígua e negativa. Por um lado, afirma-se que a ação criadora necessita do princípio feminino e masculino para se realizar, de outro, representa a força feminina relacionada ao movimento do caos. O princípio feminino se relaciona à noite, à feitiçaria. Enfim, à imagem da rebelião e da desordem.[42]

---

39 BALANDIER, Georges. *op.cit.*, p. 21.

40 Ibidem, p. 22.

41 Ibidem, p. 22.

42 Ibidem, p. 23.

A interpretação bambara alinha-se a muitas outras. O seu último aspecto, relacionado à depreciação da feminilidade, pode ser encontrado entre os malinke, a maioria dos povos do Sudão ocidental. Entre os *fon*, do Daomei, a mitologia de criação do universo, não apresenta uma versão única e completa, mas uma série de controvérsias sucessivas.[43]

Na origem tem-se uma entidade andrógina *Nana Bulunku*, que simbolizava o início, geradora de *Mawu-Lisa, Mawu*, o elemento fêmeo, e *Lisa*, o princípio macho, às vezes são definidos como gêmeos, outras como uma pessoa com duas faces. Mas, em qualquer interpretação, é evidente que a união entre ambos é a base da organização do universo e da sociedade. Eles representam uma união tensa, associam-se a símbolos contrários e, por isso, unidos. *Mawu*, a lua e *Lisa*, o sol; o primeiro, a noite e o segundo, dia; o primeiro, o frio e o segundo, o calor; o primeiro, à direta e o segundo, à esquerda; o primeiro, a fertilidade e o segundo, o poder; o primeiro, a maternidade e o segundo, a guerra.[44]

O casal por si só não foi capaz de completar a formação do universo, por isso, houve a intervenção de uma terceira força, *Dã*, identificada como a ordem vivente, o signo da prosperidade, o movimento que gera a ordem primordial. Comumente, é representado por uma figura andrógina.[45]

O universo mitológico dos fon recorre, em geral, ao modelo do andrógino ou do casal germinado, do dois em um, da complementação na diferença. O princípio da dualidade se faz presente em todos os lugares, está na essência da organização sexual, natural e humana.[46]

---

43 BALANDIER, Georges. *op. cit.*, p. 24.

44 Ibidem, p. 25.

45 Ibidem, p. 25.

46 Ibidem, p. 26.

O exemplo dos bambaras e dos fons, demonstram que o dualismo representa uma forma de explicação da realidade, um modelo que rege toda forma de convívio, relações sempre marcadas pela ambivalência. Entre os bambaras, o dualismo relaciona-se à ordem e à desordem, fundamenta a sociedade e a cultura. Para os fon, ele demonstra o difícil acordo da dualidade e da unidade na diferença.[47]

Na verdade, os relatos míticos demonstram, simbolicamente, a justificação da ordem natural das coisas e dos homens, tais como ocorrem na sociedade. Entre os lugbaras, da Uganda e do Zaire, constata-se isso na análise das práticas codificadas e cotidianas. Trata-se de uma sociedade assentada sobre a linha da parentela, grupos de filiação patrilinear e rede de alianças e categorias de idade.[48]

A mulher lugbara é cerceada por limites; não participa de discussões sobre os assuntos da linhagem, salvo seja idosa ou irmã de algum notável. Nestas situações, a idade as aproxima dos ancestrais e seu status social faz com que seja considerada um homem. A sua função consiste em ser reprodutora de homens e divertimento para esses. A mulher procria, produz e tece relações sociais. O espaço, o tempo e o valor feminino diferem do masculino.[49] O homem está relacionado à cultura, assim como a mulher à natureza.

Os elementos femininos estão em oposição aos masculinos. A mulher não está associada aos seus antepassados, mas à magia, à feitiçaria. A antiga feitiçaria era uma representação essencialmente feminina, transmitida de mãe para filha e considerada antissocial. A mulher fica estratificada, relacionada aos estranhos, dentro de seu próprio grupo.[50]

---

47 BALANDIER, Georges. *op.cit.*, p. 27.

48 Ibidem, p. 27.

49 Ibidem, p. 28.

50 Ibidem, p. 29.

Um outro exemplo pode ser colhido em Zâmbia, África Oriental, na sociedade dos ndèmbu. Trata-se de um povo matrilinear, onde se verifica uma ruptura precisa entre homens e mulheres, atingindo todos os setores de atividade e da vida cotidiana, ele instaura, mantém e reproduz a superioridade masculina.[51]

A economia baseia-se na agricultura, no tráfico, na pilhagem e na caça. Esta ocupa um lugar privilegiado e relaciona-se à masculinidade, à virilidade, representando a violência contra a natureza. As mulheres possuem um papel de procriação de produção, relacionados à fertilidade. A fecundidade e a fertilidade expressam a necessidade, bem como a inferioridade, da mulher.[52]

A oposição entre os sexos é nítida nas atividades da vida cotidiana. As atividades masculinas se caracterizam pela mobilidade, pela descontinuidade e pela participação social. A mulher ndèmbu é marginal e solitária. O relacionamento entre os sexos é conflituoso.[53]

> A mulher assegura a função de reprodução e, dando uma descendência ao homem, permite-lhe acender à existência social. A mulher é o principal agente de produção, assumindo a maior parte das atividades agrícolas tradicionais e, enfim, ela é o instrumento privilegiado das inter-relações, a primeira medida que os intercâmbios matrimoniais estabelecem as alianças e amplificam o campo das relações sociais. Ela é o elemento mais dominado por ser o mais solicitado, e disso dão conta os provérbios que registram seu caráter utilitário e sua necessária submissão.[54]

---

51 BALANDIER, Georges. *op.cit.* p. 31.

52 Ibidem, p. 31.

53 Ibidem, p. 32.

54 Ibidem, p. 34.

As relações entre os sexos se definem basicamente pelo antagonismo, pela desconfiança, trata-se de um combate sem tréguas. O homem não deve confiar na mulher e vice-versa, exceção feita à mãe, que é vista como a mulher ideal, aquela que pode ser objeto de confiança.[55]

Em sociedades onde as condições sociais são hierarquizadas e separadas, os poderes são diferentes e concentrados e as relações entre os sexos também funcionam assim. É o caso dos ruandas e dos burundis, onde a inferioridade das mulheres não é senão mais um dos casos de inferioridade geral na sociedade rundi. As relações sociais entre homens e mulheres estão sujeitas aos mesmos problemas existentes entre todas as categorias de superiores e inferiores.[56]

Os exemplos demonstram que as mulheres estão situadas à margem dos conhecimentos, das relações e das práticas mais valorizadas; são vistas e colocadas ao lado dos utensílios ou das coisas, das atividades depreciadas e dos comportamentos de dependência. Apenas uma das funções femininas escapa totalmente da desvalorização: a maternidade.[57]

O homem e a mulher são tidos como diferentes, porém estão intimamente ligados. A união biológica de ambos permite a reprodução dos homens e, através deles, as relações sociais podem ser concebidas e formadas.[58]

> Em todos os casos examinados, a mulher intervém no âmbito da coletividade, ultrapassando os limites que sua condição lhe impõe, seja por sua própria iniciativa, com o apoio frequente de sua parentela, ou seja, através das

55 Ibidem, p. 35.

56 BALANDIER, Georges. *op. cit.*, p. 36.

57 Ibidem, p. 37-38.

58 Ibidem, p. 41.

> atividades que se associam ao conjunto das mulheres. Evidentemente, ela dispõe de meios que lhe permitem como pessoa, e em determinados jogos de relações interpessoais, relaxar temporariamente as opressões suportadas pela sociedade feminina.[59]

As relações entre homens e mulheres constituem o alicerce mais profundo de todas as relações desiguais. A partir do momento em que se generalizam, promovem o destaque de outras relações de subordinação. As relações entre os sexos sobrevivem nas sociedades relacionadas às relações de inferioridade e de subordinação. Ao longo da história das sociedades humanas, as mulheres aparecem como um instrumento de uso generalizado. Elas formam as relações sociais, fundamentam a família, a filiação e a aliança formaram também um meio de produção quando a agricultura exigiu a divisão do trabalho.[60]

O homem se realiza pela mulher e na mulher; ele a utiliza como um símbolo de status social.[61] A instauração, a conservação e a reprodução de uma ordem social, tendo como princípio a comodidade de alguns, exige que uma parte da sociedade produza essa comodidade para a outra.[62]

A sociedade feminina não é apenas a metade necessária e subordinada da sociedade, é também a metade perigosa, pois dentro da subordinação, sempre há espaço para a insubordinação.[63]

A mulher foi afastada da estrutura de parentesco africana quando escravizada e conduzida para as Américas. Ela foi retirada

---

59 Ibidem., p. 61.

60 BALANDIER, Georges. *op. cit.*, p. 62.

61 RIBEIRO, Ronilda. *op. cit.* p. 61.

62 Ibidem, p. 64.

63 Ibidem, p. 65.

de um contexto no qual era elemento central devido ao seu papel como reprodutora biológica e social.

Nas terras brasileiras a mulher ocupou outras posições, mas é possível pensar que alguns aspectos persistiram no novo contexto. Será que as mulheres africanas transportaram para o Brasil o seu papel de liderança e reprodução social? O estudo da importância e do significado da maternidade na África, posteriormente no Brasil, trará informações preciosas sobre a mulher como o ser que fornece a vida, que guia um novo ser e lhe transmite seus conhecimentos frente à vida e ao mundo.

A maternidade da mulher negra

Como pensar a maternidade da mulher negra no período colonial e sua relação com os filhos nascidos no Brasil? Num primeiro momento, elas ainda estavam presas à égide da escravidão, posteriormente já trilhavam os caminhos da liberdade. O presente tópico objetiva discutir estas questões, fazendo uma imersão no universo cultural africano, estudando seus símbolos e representações com relação à maternidade.

Nas sociedades africanas os filhos são um símbolo de prestígio e riqueza social por excelência, nesse sentido a gravidez também se inseria num ritual, pois[64]

> A mulher vai passar da classe simples das mulheres a das mães, das procriadoras, das doadoras da vida. Essa passagem supõe uma superação total do estágio anterior. Essa separação é simbolizada pela morte ritual, a ausência de qualquer movimento, a reclusão na cabana de sua mãe, uma colocação a parte.[65]

---

64 RIBEIRO, Ronilda. *op. cit.*, p. 111.

65 Ibidem, p. 103.

Procriar significava conceber um novo ser, dar lugar a outro, supõe uma substituição. Entre os Basangas, o nascimento de um novo ser requeria um lugar livre e esse lugar se abria devido à morte ritual da mãe; por se tratar, de um grupo de filiação matrilinear onde a criação encontrava seu lugar no grupo da mãe.[66]

A gravidez prescrevia uma série de restrições e tabus que objetivavam a proteção ao feto. Buscava-se, através dos tabus, emitir "forças vitais" positivas ao desenvolvimento uterino da criança, evitava-se o contato com forças negativas que pudessem diminuir a vida. Os rituais de proteção ao feto utilizavam plantas e objetos que se relacionam ao pensamento popular dos Basangas.[67]

A mulher grávida era proibida de contrair relações adulterinas, bem como relações sexuais freqüentes; não podia apertar a mão de um homem; deitar em cama alheia ou urinar em local previamente urinado por um homem. Tais atos representavam relações com as forças vitais desconhecidas que poderiam prejudicar/anular a vida da mãe e/ou do feto. No plano alimentar também havia restrições ao consumo do macaco, do esquilo, da lebre e do porco – esses animais poderiam perturbar a gravidez e assinalar a criança com características negativas específicas, relacionadas ao animal.[68]

Dificuldades ocorridas no momento do parto simbolizavam relações adulterinas; neste caso era necessária a coligação com os ancestrais dos grupos do pai e da mãe para a solução do problema. Caso a situação prosseguisse, havia a necessidade de intervenção de adivinhos e feiticeiros, para a realização de um ritual que conciliasse ou matasse, simbolicamente, as forças estranhas que intervinham no parto. Ao nascer, a criança era lavada em água natural

---

66 MUNANGA, Kabenguele. *op. cit.*, p. 105.

67 Ibidem, p. 105.

68 MUNANGA, Kabenguele. *op.cit.*, p. 106.

e untada em óleos. Para muitas culturas o óleo representava a conservação e a proteção.[69]

O nascimento era considerado uma passagem importante da vida. Entre os Basangas toda a comunidade participava do nascimento da criança. Os aldeões ficavam proibidos de trabalhar no campo e os parentes proibidos de utilizar utensílios de corte.[70] Por sua vez, o período de amamentação se estendia por mais ou menos dois anos após o nascimento e, nesse período, destacam-se os rituais de identificação. O primeiro dente representava para a criança a possibilidade de comer; eram-lhes entregues presentes de contas e farinhas. A criança era relacionada ao caulim branco, símbolo de alegria, da crescente e da prosperidade.[71]

Entre os iorubas, a maternidade significava uma exigência de papel fundamental na vida de uma mulher. Atribuía-se a ela um poder gerencial, pois expressava a força vital feminina alargando sua identidade pessoal, pois ela gerava novos descendentes. A maternidade conferia à mulher um papel nobre; o de ser um portal de passagem entre dois mundos. Através do ventre a mulher possibilitava, aos ancestrais, o seu renascimento. A partir desse momento novas funções lhe eram atribuídas; a de proteger os filhos e os netos contra os perigos físicos e espirituais. "A maternidade é considerada uma benção e a prole numerosa uma dádiva divina".[72]

Os pais, antes do nascimento das crianças, recorriam ao oráculo objetivando desvendar as origens espirituais da criança e lhe oferecer o melhor processo educacional possível. Nem sempre a maternidade era possível e, sendo assim, as mulheres recorriam aos orixás femininos buscando a fertilidade perdida. *Oyá* – descri-

69 RIBEIRO, Ronilda. *op. cit.*, p. 149

70 MUNANGA, Kabenguele. *op. cit.*, p. 110

71 RIBEIRO, Ronilda. *op.cit.*, p. 119

72 Ibidem, p. 1

ta no panteão africano feminino como a senhora dos ventos e das tempestades; portadora de imenso charme associado a uma forte personalidade e elegância de movimentos – recebe culto em toda a terra ioruba, principalmente por parte das mulheres. Seu santuário é composto de objetos simbólicos como a espada, o chifre de búfalo e as pedras originárias no rio Oyá; um pote com *agbo* (água para banhar os iniciados) era bebida pelas mulheres que desejavam engravidar ou por pessoas doentes.[73]

Oxum é a protetora das crianças, guardiã da fertilidade dos homens e das mulheres. Anualmente ocorre um festival em sua homenagem, nele as mulheres estéreis bebem a água do seu santuário desejando, no ano seguinte, retornar e agradecer a graça alcançada com os filhos nos braços. A fertilidade, assim como a prosperidade, pertence a *Oxum*.[74]

A reconstituição da força e do poder ancestral feminino ocorre nas sociedades Gelede e Egbe E'leekeo. Trata-se de sociedades integradas por homens e mulheres que cultivam *Iyami*. O culto possui, como finalidade, amenizar os furores, facilitar a fertilidade e a fecundidade, promover os poderes místicos, bem como reiterar normas sociais de comportamento. Anualmente, na época de colheita do inhame, realiza-se seu festival durante sete dias.[75]

Neste contexto, o sangue menstrual é um marco biológico e social. O seu início assinala a possibilidade da maternidade e o seu fim aponta a impossibilidade. O sangue menstrual é compreendido como um eliminador das impurezas do corpo feminino, impurezas estas adquiridas pelo esperma. A ausência desse sangue significa a retração das impurezas e consequentes reflexos na saúde feminina, como dores no corpo físico. Afirma-se que as mulheres que não

73 Ibidem, p. 114.

74 RIBEIRO, Ronilda. *op.cit.*, p. 111.

75 Ibidem, p. 120.

menstruam não devem contrair relações sexuais, pois a elas são atribuídos novos papéis como o de avó. Tanto a menarca quanto a menopausa são indicadores de novos papéis sociais. A primeira, marca o início da vida adulta, a possibilidade de gerar um novo ser e, a segunda, assinala o fim desse período.[76]

Os filhos eram de grande importância nesta comunidade; um casamento sem filhos era sinônimo de infelicidade e uma prole numerosa era vista como uma dádiva alcançada graças à boa conduta e ao bom caráter. A esterilidade ou as dificuldades de fecundação eram tratadas não apenas como um problema físico – podiam ser de ordem espiritual: um ancestral impedindo a gravidez, bem como uma bruxa, um feiticeiro ou a perturbação de alguma divindade.[77]

Existiam métodos anticoncepcionais que antecipavam a menopausa, impossibilitando, assim, as mulheres de engravidar para o resto de suas vidas. Abstinência sexual e o uso de alguns recursos da medicina tradicional, como chás e infusões associados aos poderes mágicos, eram do conhecimento das mulheres. Os iorubas possuíam um grande conhecimento sobre as causas da esterilidade e do aborto; conheciam remédios na medicina tradicional que eram empregados para esse mal. Diante do parto, gritos e manifestações de dor são ocorrências desagradáveis e consideradas a expressão da má educação familiar.[78]

No decorrer de sua vida, a mulher ioruba expressa socialmente os arquétipos femininos relacionados à sua tradição. A mulher ioruba representa *Oxum*, ao velar pelos seus filhos pequenos; vive também *Oyá*, a mulher corajosa, guerreira, que luta lado a lado com o seu companheiro e a ciumenta *Obá*, que cria conflitos e atribulações nas relações poligâmicas. Quando alcança a maturidade,

76 Ibidem, p. 131.

77 RIBEIRO, Ronilda. *op.cit.*, p. 177.

78 Ibidem, p. 133 e 143.

representa *Iemanjá*, a mãe dos filhos adultos. Na velhice, encarna *Nanã buruku*, a mulher sábia, mãe dos adultos. Todos os estágios da vida feminina relacionam-se às características dos orixás femininos que compõem o panteão africano.[79]

A importância da maternidade, nas sociedades tradicionais iorubas, resume-se nos seguintes conceitos: o recém-nascido significa renovação para aqueles que o recebem, representa novas forças. A mulher é como uma ponte que liga duas formas de existência, é através da mulher que os ancestrais renascem da vida espiritual para vida material; trata-se de um compromisso com as gerações passadas – dar à luz é ultrapassar um estágio e a fertilidade é a expressão da força pessoal.[80]

Mas, no contexto brasileiro, a maternidade adquiriu o mesmo valor? Por quê? Através da maternidade foi possível, à mulher recriar o grupo e a família africana desmembrada no momento do tráfico. As crianças nascidas em terras brasileiras representaram, para as suas mães, a esperança de uma vida melhor, a possibilidade da reencarnação de um ancestral, que por meio do corpo de uma criança mostraria o caminho para a liberdade, um caminho de luta e sofrimento.

Sendo mãe a mulher readquiria a sua força, o seu poder. Através da maternidade e do nascimento de uma criança o grupo, a família, voltava a se organizar. A paternidade destas crianças, tão discutida por gerações precedentes de historiadores brasileiros, em África possui um sentido diverso do ocidental lá existe o pai biológico e o pai social, aquele que assume o filho de outrem como seu. E no Brasil, de que forma foi marcada a maternidade da mulher negra? Será que a prática do pai social também foi frequente e comum nas terras brasileiras?

---

79 Ibidem, p. 135-136.

80 RIBEIRO Ronilda. *op.cit.*, p. 137 e 183.

A maternidade da mulher negra no Brasil

Del Priore, estudiosa do corpo e da condição feminina, teceu algumas considerações sobre a maternidade das mulheres negras no Brasil colonial. As preocupações da autora centram-se na escassez de fontes documentais que possam desvendar a história do corpo da escrava e seu processo de gestação. Entre as mulheres brancas o parto era considerado fruto do bom sexo, pois esse não tinha como função o prazer, mas a reprodução.[81]

A partir do século XVIII, adentra na história da maternidade a figura masculina. Até então gravidez e parto eram assuntos exclusivamente femininos, cujos saberes migravam de mães para filhas, de geração a geração. Os tratados de obstetrícia surgiram em Portugal, no século XVIII, como fruto da medicina iluminista, e penetrou no corpo feminino buscando desvendar sinais e posturas até então exteriorizados pelas parturientes e muito bem compreendidos pelas parteiras. Desde então, o corpo feminino passou ser percebido como um espaço de prazer e de dor e, as partes pudendas, como o caminho para a vida e para a morte. Uma porta que poderia dar a vida a belos bebês, bem como pequenos monstros. Esses últimos seriam o resultado de relações sexuais condenadas pela moral religiosa, frutos de bestialismo e homossexualismo.[82]

Através de um documento localizado na Biblioteca Nacional de Lisboa, datado de 1748, Del Priore relata o nascimento de uma criança com chifres e outras com corpo em forma de lagarto. Enfim, pequenos monstrinhos que, ao nascer, não deveriam ser mostrados às mães para que estas não morressem de susto. Tratava-se, de certo, de uma construção da medicina portuguesa sob influência da esco-

81 DEL PRIORE, Mary. *A maternidade da mulher negra no período colonial brasileiro.* p.09.

82 Ibidem, p. 10-11.

lástica. Através do decreto papal de 1163 ficavam proibidas as cirurgias; em seu lugar havia um vasto campo de técnicas como a sangria, exercida por curiosos, que mais violentavam do que curavam.[83]

No século XVI acreditava-se que a prática sexual frequente causava defeito nos filhos. Na virada do século XVIII para XIX surgiram, na Europa, discussões sobre a cesariana e o fórceps. Em Portugal, simultaneamente, acreditava-se no poder curador de encantamentos, da posição astrológica e do poder da palavra dos salmos e dos cânticos.[84]

Na colônia, foram poucos os médicos que para cá vieram e ficaram devido à proibição da circulação de livros – pelo perigo do ideário liberal – e a vastidão do território. Por toda a parte encontravam-se indivíduos, analfabetos, que afirmavam saber curar todos os males através de drogas e benzimentos. Em meio a este contexto, Dr. João Cardoso de Miranda relatou as qualidades curativas de uma lagoa que atendia basicamente as negras pobres, as forras e as escravas. Cita-nos o caso de Luzia, escrava de Lourenço Ribeiro, que possuía um cancro, nas partes pudendas, que desapareceu após alguns banhos. Situação similar ocorreu com a preta forra Joana Garcia, que padecia da falta de seu costume e que foi curada após quinze dias de banho. Essas curas, miraculosas, refletem o desamparo e o descaso com a saúde da população subalterna.[85]

Em 1770, o Dr. José Antônio Mendes redigiu um compêndio buscando sanar as dificuldades de acesso a uma medicina preventiva para as populações mais pobres. O compêndio se dirigia, já na introdução, aos etíopes boçais e ao índio bruto. O doutor afirmava uma grande preocupação com os problemas uterinos apresentados pelas negras. Já sabia, o médico, que obstruções uterinas causavam

---

83 Ibidem, p. 11.

84 DEL PRIORE, Mary. *op.cit.*, p. 12.

85 Ibidem, p. 13.

dores de estômago, de cabeça, flatulências; constatando uma relação entre o útero e as demais partes do corpo.[86]

As mulheres negras, que praticavam a prostituição, eram as vítimas mais freqüentes das inflamações uterinas e das doenças venéreas. A cura, segundo o médico, consistia na aplicação de tutano de vaca, óleo de alcaparra, açucena e outras ervas, esmagadas, como unguento. Havia uma grande preocupação com a fecundidade das negras e a regularidade do ciclo menstrual. No primeiro quartel do século XVIII chegou ao Brasil J. M. Imbert, médico francês, que observou atentamente o corpo dos escravos, redigindo uma obra onde se ensinava a zelar pelos escravos – "*Manual do fazendeiro e o tratado doméstico sobre as enfermidades dos negros*". A obra reflete uma preocupação de quanto os erros, e prejuízos ocorridos no momento do parto, influenciaram no progresso da população entre os negros escravos.[87]

O fazendeiro mostrava-se preocupado com a crise do sistema colonial, a decadência da mineração e a emergência do café. Sendo assim, Del Priore questiona se o cuidado desvelado com a fecundidade das negras não seriam reflexos de objetivos puramente econômicos. Em outras palavras, Imbert preocupava-se e advogava a favor do cuidado para com a fertilidade das negras objetivando uma reprodução natural dos plantéis, um crescimento vegetativo.[88]

O médico francês não compartilhava das fantasias de seus contemporâneos, como Mello Franco, compreendendo a prática da sexualidade como uma busca de prazer e não apenas como um instrumento útil à procriação; no entanto, ele ajuntou-se aos companheiros para atacar e difamar o trabalho realizado pelas parteiras. Centenas de anos de práticas cotidianas e costumeiras foram minimizados pe-

86 Ibidem, p. 14.

87 DEL PRIORE, Mary. *op.cit.*, p. 15-16.

88 Ibidem, p. 15.

los relatos do Dr. Imbert.[89] Evidentemente os avanços da medicina proporcionaram, às mulheres, melhores partos, assegurando as vidas da mãe e do filho. Até então, o parto estava cercado de crendices e fortemente embalado pela religiosidade popular, clamava-se por Nossa Senhora do Ó, da Expectação e do Bom Parto. Imagens milagreiras e palavras mágicas compunham o ritual de nascimento dos filhos das mulheres escravas e/ou forras, que nasciam protegidos pela fé e pela devoção. Imbert minimiza os aspectos mágicos que nortearam o parto, atendo-se aos procedimentos técnicos que aproximava a condição das gestantes às de doentes.[90]

A prática da medicina, nos séculos XVIII e XIX, foi um baluarte nas mudanças sobre a concepção do corpo feminino – que até o início do século XIX restringiu-se ao contexto urbano e às classes abastadas. As crendices populares e a medicina caminharam juntas por muito tempo.[91] A gravidez da mulher negra, no Brasil colonial, está inserida num quadro de lutas e sofrimentos pois

> assenhoreando-se de espaços sociais anteriormente vedados, transformando relações sociais e de trabalho no momento do parto, reproduzindo práticas ancilares e africanas no trato de suas crias, fomentando solidariedades importantes para a sua subsistência e a de seus descendentes, as escravas, seus corpos e sua maternidade, sem dúvida, inscrevem-se no combate da mulher negra contra a opressão no passado brasileiro.[92]

---

89 Ibidem, p. 16.

90 DEL PRIORE, Mary. *op.cit.*, p. 18.

91 Ibidem, p. 21.

92 Ibidem, p. 23.

Este quadro de luta, empreendido pela mulher negra, visava recuperar a família africana no Brasil. Mas que família era essa? Assentava-se em que bases e em quais valores?

Na África, a família é o centro do universo, microcosmos que os macrocosmos somente refletem. Não é o homem solitário e abstrato que é a imagem do mundo, mais o homem socializado e fecundo: o casal procriador é o protótipo da união cósmica da terra e do céu, da qual nasce toda a vida.[93]

Os regimes familiares variam de um povo a outro, mas qualquer que seja a forma que eles adquiram, o clã é geralmente considerado como um tipo de ser global, cujo é preciso assegurar a continuidade, a sobrevivência, a consistência.[94]

Seja em um sistema matrilinear ou patrilinear, a criança é a razão principal do casamento. Os outros aspectos restam sempre, o que cria evidentemente um clima psicológico particular. Eles dissociam facilmente amor e procriação. O critério que guia o homem na escolha de uma esposa é a fecundidade. O nascimento do primeiro filho é um acontecimento muito importante que estabiliza a vida do casal.[95]

A esterilidade abala seriamente a vida da mulher e constitui quase sempre caso de divórcio. No plano afetivo, ter crianças é para a mulher uma questão de segurança. Ela não pode ser aceita socialmente quando não se é mãe.[96]

As razões afetivas não estão jamais em primeiro lugar na África negra: há primeiro razões ontológicas. Ter uma descendência é para uma pessoa uma necessidade vital. Primeiro, para ela assegurar os ritos dos funerais para não errar como um ser sem repouso. Em seguida, há a necessidade de descendentes para que

93 ERNY, P. *L' enfant dans la pensée traditionelle de l 'Afrique Noire*. p. 81.

94 Ibidem., p. 81.

95 Ibidem, p. 83.

96 Ibidem, p. 84.

os ancestrais possam exercer sua influência. Na África Negra, as relações entre os seres vivos e os ancestrais são particularmente estreitas e íntimas. O culto aos ancestrais são fundamentalmente de solidariedade e de submissão. Fonte de toda a vida, os defuntos são ao mesmo tempo a origem das leis e costumes e continuam a se ocupar dos negócios de seus descendentes. O complexo que forma estas crenças constitui a ossatura da linhagem, e a devoção que religa seus membros aos defuntos, absorve uma grande parte de sua personalidade, mas é nele que se encontra ordem e estabilidade. De uma forma geral, o lugar que ocupa uma pessoa na hierarquia social não é somente a expressão de uma ordem terrestre, mas reflete uma ordem ontológica e vital.[97]

Os ancestrais revivem nas crianças. O clã e a linhagem aparecem como um reservatório de almas, nomes, papéis em número limitado. A família é um conjunto de mortes e de renascimentos de indivíduos sempre idênticos. Porém esta crença na reencarnação não é universal, o fenômeno da reencarnação está longe de ser considerado como geral.[98]

Quando o germe humano progride na sua maturação, ele não recebe de sua mãe somente, os elementos que edificam o seu corpo, mas também a resposta dos movimentos os mais imperceptíveis de sua alma. A mulher é a porta de entrada que conduz a vida terrestre, o canal pelo qual entra a vida de um mundo a outro, o ponto que religa as bordas, a dialética das graças do alto. Ela é somente um servo humilde, o respeitável, o templo, a brecha pela qual um mundo entra em simbiose com o outro. Ela constitui um tipo de condensação das influências cósmicas, espirituais e divinas habitualmente difusas, mas que no presente se conjugam.[99]

---

97 ERNY, P. *op.cit.*, p. 85.

98 Ibidem, p. 88-91.

99 Ibidem, p. 182.

Mas, qual seria o significado e a importância das crianças em África? A que estavam relacionadas? O que representavam? Eram elas elementos estruturadores ou edificantes dentro da família? Como era vista e compreendida a infância do homem?

As crianças e os ritos de iniciação

Na África negra há uma diversidade extraordinária. Mas, apesar dessas diferenças, não é impossível traçar algumas características comuns ressaltando que, para cada povo, os elementos recebem uma acentuação diferente.[100]

Cada cultura tem sua maneira própria de ver a infância do homem, de tratar sua educação e sua integração social. Quando mudamos de meio social, cultural ou simplesmente histórico, percebemos que as atitudes com relação à criança mudam profundamente.[101]

Historicamente, as atitudes em relação à criança mudaram profundamente na Europa desde a Idade Média, e mesmo depois do século XVIII. Essas pedologias próprias de cada povo, e de cada época, são a base do funcionamento da personalidade, porque elas determinam as atitudes, as condutas educativas, a maneira como o caráter é modelado por todo o meio cultural.[102]

Para os objetos que manipulam, e que pouco a pouco fazem ver a dimensão simbólica, a criança se integra numa ordem, num cosmos organizado e em movimento. As correspondências analógicas não são somente válidas ao nível do pensamento, mas também da ação. As relações são dinâmicas, portadoras de força e de influência, e se espera uma eficácia. O universo africano é como

100 ERNY, P. *op.cit.*, p..08.

101 Ibidem, p. 11.

102 Ibidem, p. 11.

uma teia de aranha; não podemos tocar no meio dos seus elementos, sem fazer vibrar o conjunto, tudo é religado, solidário, tudo concorre a formar uma unidade. O homem se ocupa por um lugar à parte, ele está no centro e tudo converge para ele.[103]

Os mitos que contam a origem do universo e da humanidade referem-se, à sua maneira, à infância do mundo. A tradição africana opera, de maneira explícita, a reaproximação entre as primeiras caminhadas do ser humano antes e depois de seu nascimento e o início da existência terrestre.[104]

A criança é um ser que cresce, ela fica do tamanho do adulto em sua forma acabada, há nela algo como uma força progressiva que esboça um futuro, ela é um impulso, um movimento à frente, avante, um adulto em vontade mais do que em poder. Ela procura se distanciar pela força das coisas, dos trabalhos reais, do mundo sério dos grandes e, portanto, ela procura se inserir no seu meio. A criança se define assim como uma plenitude de projetos, uma audácia, um começo de múltiplos horizontes.[105]

O homem está ligado a um conjunto do universo, porque ele reúne quatro grandes categorias de seres que correspondem, entre os *Fali*, aos quatro elementos e aos quatro princípios constitutivos do universo, repartidos em dois pares: fogo macho, terra fêmea de uma parte, ar macho e água fêmea. Ao fogo estão ligados os grãos; às águas, os peixes, à terra, os mamíferos selvagens e ao ar, os pássaros. Neste jogo de correspondências, entre microcosmos e macrocosmos, tudo se completa, se ajunta. Os diversos elementos são ligados, uns aos outros, por relações significativas. Eles formam um tecido emaranhado, onde encontramos fios da trama aos da cadeia.[106]

103 ERNY, P. *op. cit.*, p. 16.

104 Ibidem, p. 13.

105 Ibidem, p. 20.

106 Ibidem., p. 25.

O homem é mais particularmente ainda uma criança, muito comumente assimilada aos grãos e às plantas no curso de sua maturação. Há uma ligação de analogia, de inteligibilidade e de simpatia ativa, entre a vida do milho e a vida humana. A vegetação nasce da ação da chuva, elemento que tem uma conotação masculina, na medida em que vem do céu e desce sobre a terra mãe. Um jovem que morre é como uma planta arrancada antes que ela pudesse ter dado frutos, é um acontecimento triste. Ao contrário, um velho que deixa os seus para o outro mundo é como uma fruta murcha e seus grãos germinarão novamente, dando motivo à realização de festividades marcadas pela obscenidade ritual. Exaltar a sexualidade, nas músicas e nas danças, é contribuir para a fecundidade e seguir o curso normal da morte e da velhice.[107]

Entre os bantus, a colheita do milho é um trabalho das mulheres, pois os campos representam o período de gestação. Eles dizem "É a mulher quem dá a vida à criança, é normal que este papel envolva todos os setores da atividade humana onde se trata de engendrar a vida sobre qualquer relação que seja".[108]

Esta relação entre o céu, o fogo e a terra pode ser transposta para o plano das relações sociais. Um homem e uma mulher, que evitam o casamento, se tornam estranhos, um ao outro e do ponto de vista da sociedade. De uma parte é preciso que o homem e a mulher se aproximem, mas de outra parte é preciso que entre eles se interponham a criança que eles devem procriar e que representa sua contribuição à sociedade. A criança joga, assim, entre o homem

107 ERNY, P. *op.cit.*, p. 26.

108 "C' est la femme qui donne la vie en enfantant; il est normal que ce rôle s'étende à tous les secteurs de l'activité humaine où il s'àgit d'engendrer la vie sous quelque rapport que ce soit."(ERNY, P. p. 27).

e a mulher, de uma parte, entre o casal e a sociedade, de outra, e tem um papel mediador.[109]

A morte é considerada o nascimento da alma em uma outra vida. As crianças *mossi*, seguem o cadáver do pai através de uma abertura praticada na parede da casa. Muito comumente os mortos são enterrados na posição fetal, para significar a analogia entre a morte e o nascimento.[110]

O costume de plantar uma árvore no nascimento de uma criança, sobretudo no lugar onde foi enterrada a placenta ou o cordão umbilical, é corrente na África. Ao nascimento de um futuro chefe, os Gabons, plantavam uma árvore cuja a sombra deveria proteger. Se a árvore ficasse grande e forte era, para a criança, um símbolo de vigor e de uma importante posteridade.[111]

As relações de analogia não se situam simplesmente ao nível do pensamento. Um símbolo é ativo, repleto de dinamismo e de força. Os elementos aparentados têm uma ação uns sobre os outros. Se o símbolo da infância, da gestação, do nascimento é aplicável, em qualquer sorte a um conjunto da realidade cósmica, se uma afinidade com o mundo permite agir sobre o mesmo, é possível ver a criança participar, em papéis bem precisos e não numa simples imitação do adulto, em um grande número de atividades humanas. O pequeno homem está ligado simbolicamente a tudo o que no universo se encontra num estado de começo, de gênese, de nascimento, de maturação, de transformação.[112]

A criança é introduzida nas atitudes e nos atos da vida cultural por meio das brincadeiras e das paródias. O enterro do gato, entre as crianças *dogons,* imita perfeitamente os funerais humanos e as pre-

---

109 ERNY, P. *op.cit.*, p. 30.

110 Ibidem, p. 32.

111 Ibidem, p. 36.

112 Ibidem, p. 37.

para para o culto aos mortos e o culto totémico: "meu gato morreu, está noite, eu farei o funeral" - canta a jovem criança, dona do gato.[113]

A participação nos mistérios introduz a criança numa rede de correspondências e símbolos, na lógica das aproximações e afinidades, onde ela irá se mover com facilidade. Ela se familiariza com as imagens da sua sociedade, ao mesmo tempo exerce sua faculdade de intuição para descobrir sempre as novas ligações.

Tudo explica porque o pequeno africano tem em certos domínios, um espírito singularmente aguçado, sobretudo quando se trata da intuição. Explica-se assim esta impressão de segurança, estabilidade, calma, certeza de dar sempre a criança um meio tradicional: seu universo é estável, fechado, tudo tem uma significação e uma razão de ser, tudo está no lugar.[114]

O estado da infância é caracterizado por uma proximidade particular com o divino. Segundo a tradição ocidental e cristã, além do corpo, nós precisamos de uma alma, um princípio espiritual, imaterial e imortal, criada pela divindade; criada por ela, o pequeno corpo está suficientemente diferenciado e organizado.[115]

Como regra geral admitimos, ao lado do corpo, ao menos dois princípios de vida. A pessoa não é única, há nela uma dualidade, uma pluralidade de elementos constitutivos. Na sua teoria das almas, o africano não procura liberar um princípio de inteligência pura, uma forma do corpo, mas procura conceitos próprios e circunscritos aos mistérios da vida como a respiração, o calor vital, a força e a fraqueza, a doença e a morte. Apesar de grandes diferenças, as concepções sobre a personalidade espiritual, na África negra, tem numerosos pontos em comum.[116]

---

113 "Mon chat est mort, cette nuit je ferai les funérailles." (ERNY, P. p. 41)

114 Ibidem, p. 45

115 Ibidem, p.48-49

116 ERNY, P. *op.cit.*, p. 49.

De uma maneira geral, podemos distinguir a alma, o princípio vital e o duplo. A primeira está ligada a mais tempo, aos fenômenos psicológicos: crescimento, sangue, secreções.[117]

É o que os bambaras chamam de *ni*, que anima o corpo, não é indissolúvel/ inseparável do corpo, ela deixa o corpo durante o sono. O duplo é um tipo de projeção, fora da individualidade, seu reflexo, sua imagem, sua sombra. Ele é o princípio da atividade pouco ligada a um lugar preciso.[118]

Os bambaras, chamam de *dya*, um gêmeo do ser humano, do sexo oposto, que tem ele mesmo um tipo de corpo etéreo, a sombra sobre o sol ou a imagem na água. Quando conhecemos o *dya* de um indivíduo, chegamos a determinar seu temperamento e suas possibilidades na vida.[119]

O princípio que os bambara chamam de *tere* é, por sua vez, o caráter do homem sua força, sua consciência e a parte de seu ser que, através do corpo, lhe entrega sensível as contingências. Se o homem é vulnerável pelo seu duplo, é seu *tere* que afeta toda ruptura interditada. O *tere,* quando liberado de seu suporte, a morte, torna-se *nyama.* Em caso de morte violenta, aquele pode ficar perigoso e se revoltar contra os responsáveis. Mas, normalmente, ele é depositado pela família no curso dos ritos funerários e lá ele se junta com as demais forças ancestrais. O *nyama* é um tipo de força vital, ou de energia, difundida nos suportes que são os homens, os animais e as plantas, certos objetos e seres sobrenaturais.[120]

A personalidade da criança é também composta de um corpo, de uma alma, de um duplo animal e de uma pluralidade de nomes. Cada um destes elementos exprime, à sua maneira, um as-

117 Ibidem, p.49-50.

118 Ibidem, p. 50.

119 Ibidem, p. 51.

120 ERNY, P. *op.cit.*, p. 51.

pecto do eu: o corpo é a forma somática; a alma, o dado metafísico; o duplo animal, o elemento cosmológico e o nome constitui um aspecto social.[121]

A criança tem uma natureza particular, é um ser andrógino, bissexual, isto é, ela é um princípio macho e fêmea, então, o adulto, é mais claramente determinado no seu sexo, ele é um ou outro, mas não os dois. Esta concepção antropológica apreende dois aspectos bem diferentes de um povo a outro, mas existem crenças comum entre as etnias.[122]

Nas tradições, os dois criadores do mundo são, em grande parte, bissexuais. O andrógino significa a reunião de contrários, mais fortes e mais marcantes. Sobre o plano psicológico e arquetípico, o ser original bissexual transforma-se no símbolo da unidade, da personalidade, do ser o qual o conflito dos contrastes chega a se acalmar. Todo indivíduo tem genes masculinos e femininos, seu sexo é determinado pela preponderância de um sobre o outro e não pela exclusividade.[123]

A criança é dotada de inteligência e de vontade desde o primeiro momento, porque ela não é o início absoluto, ela tem um passado, uma personalidade herdada de longe, ela já é alguém, é sempre o ser que sonha sua aparência, é mais forte e mais consciente que o adulto médio.[124]

A criança, de uma parte, é um ser novo, é o outro que não se imaginava, que surpreende por sua originalidade, de outra parte, se inscreve numa longa cadeia de determinismos, ela herda um patrimônio, ela lembra aquilo que lhe precedeu.[125]

---

121 Ibidem, p. 53.

122 Ibidem, p. 55.

123 Ibidem, p. 63.

124 Ibidem, p. 76.

125 ERNY, P. *op.cit.*, p. 79.

Cada cultura tem o seu centro de gravidade e procura a solução dos problemas universalmente humanos, segundo os eixos preferenciais, segundo um declive que lhe é próprio. As culturas africanas atribuem uma enorme importância à família, ao clã, à linhagem, conhecidas como um tipo de sistema fechado, que tratam de perpetuar, mas, de outra parte elas são também extremamente sensíveis à proximidade do divino que se manifesta e se comunica com os homens de múltiplas maneiras.[126]

Os gêmeos possuem, em toda a África, uma importância primordial. As atitudes variam de acordo com o povo, tendo uma aceitação feliz ou uma rejeição brutal. Mas jamais o nascimento de gêmeos é banal. Ele dá sempre motivo para a realização de rituais. Mesmo acolhidos com benevolência, elas passam sempre por seres poderosos, vingativos, que se irritam com facilidade e que é preciso cuidar. Eles são os irmãos dos espíritos. Apesar da bondade e da indulgência geral, e dos cuidados da infância, o nascimento gêmeo é sempre visto como perigoso por toda a coletividade. Mas, por outro lado, geram uma atitude positiva ao ponto de instaurar um culto ao duplo.[127]

Este nascimento é, geralmente, explicado pelas intervenções sobrenaturais cuja natureza determina o caráter benéfico ou nefasto. Deste fato, as crianças são consideradas como seres meio humanos, meio sobre-humanos, aos quais se atribui aptidões excepcionais.[128]

Admite-se que uma das crianças foi concebida por um espírito. Ou ainda, os gêmeos são o resultado da fecundação por homens diferentes, quando se pensa que o pai engendra somente uma criança. É, geralmente, a mais jovem o resultado da intervenção de um ser sobrenatural. A lógica destas crenças faz até repudiar a mãe,

126 Ibidem, p.80.

127 Ibidem, p. 100.

128 Ibidem, p. 100.

causadora da infidelidade que se supõe; enquanto, outros, como para os *Bakongo*, ser mãe de gêmeos e ser mãe por excelência.[129]

Para os *Baluba*, o nascimento duplo é uma manifestação extraordinária de força e de fecundidade, suscita um duplo movimento. Para uma atitude positiva, procura-se aproveitar o acontecimento para revigorar sua própria força; para uma atitude negativa, se procura conjurar o perigo e tudo o que poderia perturbar o equilíbrio vital. As crianças são purificadas com o *caolim*, terra branca como a lua, porque os gêmeos são crianças da lua, é ela quem provoca esta fecundação anormal e assustadora nos humanos por seus excessos.[130]

O fato dos gêmeos *luba* serem considerados como portadores de má-sorte transparece nos ritos seguintes. Os gêmeos são, por natureza, ambivalentes; esta ambigüidade pode ser também portadora de forças maléficas e benéficas. Eles protegem a casa paterna contra os feitiços e os procedimentos ocultos. Eles indicam aos parentes os locais onde eles podem procurar os objetos desejados. De uma maneira geral, eles favorecem os negócios do pai e da mãe e são também fatores de abundância e riqueza. Para outros povos, eles são considerados como a causa do mal para seus pais e sobretudo a morte precoce de seu pai.[131]

Outras crianças podem ser colocadas na mesma categoria dos gêmeos, crianças que os pés saem primeiro ou ainda cujo o cordão umbilical enrola no corpo, passando pelo pescoço e pelas espátulas. Estas crianças são compreendidas por seus pais, como crianças que fazem parte do grupo dos gêmeos. Os *dogon* incluem, nesta categoria, as crianças que nasceram sem que a mãe tivesse tido a menstruação antes da fecundação.[132]

---

129 ERNY, P. *op.cit.*, p. 91.

130 Ibidem, p. 101.

131 Ibidem, p. 103.

132 ERNY, P. *op.cit.*, p. 105.

Não há somente analogia, mas verdadeiramente equivalência entre nascimento e morte. Os dois constituem um estado intermediário que precede uma adaptação a novas condições de existência. A morte é um nascimento e o nascimento é uma morte. A criança não nasce definida, na condição de adulto, completo e fecundo. A infância, em sua totalidade, representa um período de encaminhamento, durante o qual o ser humano está ainda se adaptando ao mundo terrestre. Podemos colocar o nascimento e a morte sobre o mesmo plano, um está indo, enquanto o outro está retornando.[133]

Há relação entre as crianças e os anciãos, as categorias de jovem e velho formam um dos casos de oposição nos quais se assenta o pensamento tradicional e que servem para organizar o mundo e o tempo. A vida se encontra assim dividida em dois, como o dia em manhã e tarde, como o ano em estação quente e fria. Existe uma familiaridade especial entre crianças e velhos, e sobretudo entre avôs e netos, que se explica pelo fato de que eles se encontram em uma situação similar, em uma classe de idade intermediária àquela dos pais, dos procriadores, o que faz estabelecer entre ambos uma certa cumplicidade. Os *bambara* comparam o casal ancião-criança à árvore *muni de gui*, porque um anuncia a decrepitude do outro. [134]

As etapas que atravessa a pessoa infantil, no curso de seu crescimento, não são marcadas no plano social somente pelos ritos, mas também por todo um conjunto formado de particularidades, de costumes, de jogos, de cantos, de comportamentos próprios, de lugares e de funções na sociedade. As grandes transformações da vida não são somente incidentes sobre a vida do indivíduo, são também propensões coletivas, sendo que eles classificam todos aqueles que tem a mesma idade em uma categoria definida por

133 Ibidem, p. 128.

134 Ibidem, p. 135-136.

critérios precisos e sempre caracterizados, na linguagem, por uma apelação específica.[135]

A integração do indivíduo na sociedade se faz por alargamentos sucessivos, relações com a mãe, com o grupo familiar, com a sociedade infantil, com constituição de classes de idade e de sexos, com as sociedades dos homens feitos por iniciação. A iniciação se constitui como o termo desta integração da pessoa na sociedade e no mundo, lhe dá um status definido e um lugar no interior do sistema onde figura também os poderes de outro mundo. É a última mutação da borboleta que deixa, definitivamente, sua crisálida.[136]

A inserção da criança no universo adulto africano, isto é, a passagem para a condição de homem, se dá através dos ritos de passagem. A puberdade física, o desenvolvimento do corpo, não é suficiente para se fazer um homem, o que importa são os ritos, as cerimônias. Como os mortos, os jovens, antes dos ritos, estão num período de inatividade.[137]

Os ritos que marcam a vida da criança servem para integrá-las à sociedade e marcar as diferentes etapas de seu crescimento, veiculando toda uma ideologia. Enfim, as atitudes e práticas educativas não são arbitrárias.[138]

Os ritos de iniciação formam um complexo de práticas e significações educativas que, às vezes, são difíceis de resolver, de se superar. Eles têm por objetivo fazer a criança passar por uma mutação do ser, são ricos em elementos míticos, rituais, carregados de simbolismo cósmico e sócio-religioso. Mas a pessoa deve poder seguir sobre o plano da conduta, o transtorno, que se opera ao nível ontológico. É porque o rito se acompanha logicamente de numerosos elementos

135 ERNY, P. *op.cit.*, p. 149.

136 Ibidem, p. 150.

137 Ibidem, p. 154.

138 Ibidem, p. 130.

educativos. O rito e a idade física da puberdade, em geral, se correspondem. Há, no entanto, algumas exceções. Há casos em que o rito de passagem ocorre e não há nenhuma relação com a maturidade psicológica das crianças e sua integração social. Entre os *Balouba*, o rito ocorre por volta dos cinco ou seis anos. Neste domínio é difícil generalizar, mas é possível traçar algumas linhas gerais.[139]

A iniciação é uma entrada na vida social e é preciso aprender e interiorizar sem equívocos certas necessidades da vida coletiva: coragem, trabalho, força moral e física, resistência, obediência passiva, solidariedade, conformismo, esforço pessoal, domínio sobre si (saber se calar e guardar um segredo). O vilarejo/aldeia ou clã delega, por um tempo, suas responsabilidades educativas a um iniciador competente. A pedagogia iniciativa recapitula toda a formação tida anteriormente. Nela se encontra, normalmente, os aspectos morais, sociais, religiosos e técnicos.[140]

Algumas populações, mesmo entre os mais antigos, ignoram todo rito especial de iniciação individual ou coletiva. Entre os *Mandara* do Norte de Camarões, por exemplo, toda a educação moral, cívica e técnica das meninas ocorre no seio da família e para os meninos não existe ritos de passagem de uma classe de idade para outra.[141]

Os ritos podem ser divididos em três tipos: os de separação, que arrancam o jovem homem de seu estado antigo das coisas, o de intervalo, que o faz viver afastado de sua sociedade e de agregação, que o reintegra à comunidade, como membro regular.[142]

As cerimônias de iniciação têm por objetivo, completar o indivíduo, entregá-lo apto à execução de todas as funções de um membro

139 ERNY, P. *op.cit.*, p. 149-150.

140 Ibidem, p. 155.

141 Ibidem, p. 156.

142 ERNY, P. op.cit., p. 156.

legítimo do grupo. Se trata de uma espécie de sacramento da maturidade, levando a uma mudança de estado. A iniciação é também marcada, em numerosos povos por mutilações ou marcas corporais.[143]

A puberdade, na sua acepção larga, mais social que biológica, não é um negócio pessoal, próprio da criança. Ela está colocada no mesmo patamar que o nascimento e a morte está, por sua vez, em uma e outra. Os ritos de passagem operam um novo nascimento, não somente para os candidatos, mas para toda a comunidade que participa. A cerimônia de fecundidade assegura o renascimento da natureza. Eles visam revificar, através da nova geração, toda a condição humana no contato com o sagrado, atualizar um passado mítico para fazer o mundo rejuvenescer.[144]

Para bem marcar a separação entre a condição humana sacralizada e aquela dos não-iniciados, o ritual se circula de mistério para os últimos e, de fato é ainda valorizado a seus olhos.[145]

> Quem diz mistério, diz segredo. A lei do silêncio envolve toda iniciação desde a idade mais tenra. Segredo e silêncio são irmãos uterinos, diz o povo sudanês, um é a borda do poço, o outro é um aprofundador. Saber guardar sua língua é um aspecto do domínio de si. O segredo concerne em particular os instrumentos, entre os masques e os rhom-

143 Ibidem, p. 163.

144 Ibidem, p.165.

145 "Qui dit mystére, dit secret. La loi du silence enveloppe toute initiation, même à l'age le plus tendre, comme on peut s'en rendre compte chez les enfant bambara. Secret et silence sont frères utérins, dit ce peuple soudanais l'un est le bord du puits, l'autre en est maîtrise de soi. Le secret concerne en particular les instruments, tels les masques et les rhombres, représentant les ancêtres, et qui servent à créer une atmosphère de terreur pour ceux, qui n 'en savent pas la vraie nature."(ERNY, P., p. 167).

> bres, representam os ancestrais e servem para criar uma atmosfera de terror para aqueles a verdadeira natureza.[146]

As iniciações visam colocar a criança no interior de um tipo de problemática existencial e esboçar, diante dela, grandes linhas de sua natureza. Mas é de preferência sob a forma de ação simbólica, essencialmente concreta, que se comunica este conhecimento ao alcance, muito geral, universal e abstrato. O simbolismo, através de seus elementos convergem os jovens a compreender a natureza e as exigências de seu novo estado. Sobre o plano clânico-religiosos, a iniciação comporta sempre um contato com o ancestral, ou o que certos povos podem chamar animal-totémico. Ela constitui não somente uma integração à família, à tribo ou à sociedade, mas também ao cosmos inteiro. [147] A criança que nasce traz com ela sua vida própria, sua interioridade, ela não é simplesmente o resultado de sua hereditariedade. Ela procura se afirmar.[148]

> Educar é permitir a esta força interna vir ao mundo, se revelar, muito mais que agir sobre a criança para lhe impor uma forma exterior. A dialética se encontra em uma grande autoeducação [149]

Em oposição, a educação europeia moderna, onde a criança aparece como uma tábua rasa, uma matéria à qual o adulto deve dar forma, na tradição africana a criança é um ser que, antes de

146 ERNY, P. *op.cit.*, p. 167.

147 Ibidem, p. 171.

148 Ibidem, p. 171.

149 "Eduquer c 'est permettre à cette force interne de venir au monde, de se révéler, beaucoup plus qu 'agir sur l'enfant pour lui imposer une forme de l 'extérieur. La maieutique s'achève en une large auto-éducation. "(ERNY, P. p.177).

nascer, já preexiste, ela entra na carne humana, onde irá procurar crescer, se integrar cada vez melhor na sociedade que a recebe.[150]

Pouco a pouco, à medida que cresce, a criança se afasta deste outro mundo de onde vem, para se aproximar dos seres vivos. A transição delicada se situa não no nascimento, mas no momento em que se completam as passagens decisivas, para uma progressiva desintegração cósmica à qual corresponde as etapas da integração social.

No contexto brasileiro, do período colonial, as crianças independentes da etnia e da situação social passavam por um rito de introdução à sociedade cristão católica: o batismo. O batismo era visto como a porta de entrada no mundo cristão, um rito de inserção na sociedade, enfim, de iniciação à vida religiosa.

Para os negros, o batismo foi imposto. Todavia, eles aproveitaram uma brecha concedida pelo batismo, o compadrio, para estabelecer vínculos de parentesco espiritual e recriar a família africana. Os negros associaram o batismo aos ritos de iniciação existentes na África e, por meio desta associação estabeleceram laços de solidariedade e parentesco espiritual. Qual o significado do batismo no Brasil colonial? Qual a sua função? Como se configurava para brancos e negros?

O batismo

No contexto brasileiro, o batismo sempre foi um ato expressivo de fé e seu sentido ultrapassava a questão religiosa, era um instrumento de solidariedade nas relações sociais. A prática do batismo, pela religião cristã, tem suas origens em tempos muito remotos. Iniciou-se com o batismo de Cristo, realizado por João Batista no rio Jordão, conforme o texto bíblico e, desde então, significa a purificação do pecado original. A presença do padrinho e da madrinha

150 Ibidem, p. 181

– para assistirem, representarem e legitimarem a cerimônia – não tem origem tão remota, todavia, o "termo" já constava no século III. A antiguidade do tema não se reporta à dos estudos sobre a questão ocorrendo, assim, uma oposição. Apesar da instituição do batismo existir há muito tempo, os estudos sobre a questão são recentes e, para o contexto da escravidão, restringem-se ainda mais.[151]

A relação entre escravidão e batismo são opostas. Pois o primeiro assinala ou marca algo oposto a escravidão: igualdade, humanidade, libertação do pecado. Desta forma, podemos compreender que

> O batismo de escravos representa uma ameaça à escravidão, enquanto a escravização do batizando é uma contradição potencial para a Igreja. Cada relação promove em parte o que a outra não e′ o batismo de escravos une relações incompatíveis, senão contraditórias.[152]

A resolução desta incompatibilidade não foi abolir a escravidão ou o batismo, embora a contradição eventualmente contribuísse para a extinção da escravidão. Pelo contrário, as relações realmente conflitantes foram mantidas separadas. Através dos batismos as relações espirituais definiam parte da individualidade dos escravos.[153]

Os estudos sobre a Bahia, desenvolvidos por Gudeman e Schwartz, verificaram que em nenhum momento o senhor foi padrinho do escravo. Os autores explicam a questão da seguinte maneira: igreja e escravidão são dois sistemas, ou melhor, duas insti-

151 GUDEMAN, Stephen & SCHWARTZ, Stuart. "Purgando o pecado original: compadrio e batismo de escravos na Bahia do século XVIII. In.: REIS, João José (org.). *Escravidão e invenção da liberdade: estudos sobre o negro no Brasil.* p. 33

152 Ibidem, p. 43

153 Ibidem, p. 43

tuições diferentes. O batismo é uma relação espiritual, o estabelecimento de um vínculo entre o padrinho e o batizando; por não estar ligado à carne, o compadrio pressupõe solidariedade e comunhão, enfim, significa uma relação espiritual. O vínculo proprietário/cativo não possuía o mesmo significado. Ao contrário, era uma relação produtiva e uma instituição social de dominação; os senhores eram detentores da vida e da energia de seus escravos que, para eles, eram apenas propriedade – ao contrário do que ocorre com a instituição do batismo, que buscava humanizar e libertar os escravos do pecado original.[154]

Em Casa Grande & Senzala, Freyre enfoca a família escrava através da análise de testamentos e inventários do século XIX, onde se refere aos batizados de escravos:

> (...)Na maior parte das casas-grandes sempre se faz questão de negros batizados, tendo-se uma como repugnância supersticiosa a "Pagãos" ou "mouros" dentro de casa, fosse embora simples escravos. E os testamentos e inventários do século XIX referem-se frequentemente a negros casados: Fulana, mulher de Sicrano. Diz-nos Perdigão Malheiro que houve senhoras, de tal modo interessadas no bem-estar dos escravos que levavam aos próprios seios mulequinhos , filhos de negras, falecidas em consequência de parto, alimentando-os do seu leite de brancas finas; que nos engenhos e fazendas vários escravos chegavam a unir-se pelo casamento, "vivendo assim em família, com certas regalias que os senhores lhe conferem.[155]

Em todos os grupos, parentes próximos foram chamados para apadrinhar crianças. Padrinhos tinham fortuna igual ou

154 GUDEMAN, Stephen & SCHWARTZ, Stuart, *op.cit.*, p. 41-2.

155 FREYRE, Gilberto. *Casa Grande &Senzala.* p.327.

maior do que a dos pais da criança – em 70% dos casos a ligação de compadrio também vinculava famílias, de graus de riquezas diferentes, em grupos de parentesco mais amplo. Praticamente nenhum homem livre ou liberto tinha como padrinho de seus filhos pessoas livres e libertas. Havia hierarquia para as atitudes, para as ações, enfim, para as contrações de laços.[156]

No caso dos escravos, as relações de compadrio eram definitivamente escolhidas, pelos escravos, entre as pessoas de fora de seus plantéis, com forte e acentuada incursão no universo livre, principalmente com relação às mães solteiras.[157]

O compadrio circunscreve e limita as possibilidades de contração do parentesco pelo matrimônio. A lei canônica proibia o casamento ou relacionamento carnal entre os padrinhos e os pais da criança e a escolha de um escravo da mesma propriedade, especialmente em fazendas de cana ou unidades menores, limitaria futuras possibilidades de matrimônio. Os senhores procuravam circunscrever os contatos dos cativos aos limites da propriedade, impedindo casamentos com escravos de outras propriedades e, em alguns casos, tentando evitar a participação em irmandades ou em batizados fora de suas terras.[158]

Em Cotia, os registros de batismo referem-se a crianças que podem ser classificadas em quatro grupos: escravas, livres, expostas e não-identificadas. Uma única criança foi classificada como não identificada: Maria, batizada aos 25/05/1793. Ao contrário dos outros registros, a menina não tem o nome da mãe identificado, apenas o nome do pai. Ela era filha de Inácio de Camargo Pontes, teve como padrinho Francisco, solteiro, escravo do Dr. José Vaz e,

156 FARIA, Sheila de Castro. *op. cit.*, p. 212-213.

157 Ibidem, p. 321.

158 SCHWARTZ, Stuart. *Segredos internos: engenhos e escravos na sociedade colonial.* p.334.

como madrinha, Maria, casada, cuja condição social encontra-se ilegível. Por não sabermos o estatuto legal da mãe, não é possível classificar a menina Maria; no entanto, esse registro permite uma série de suposições: seria a pequena filha de pai livre e mãe escrava? Por que o pai teria reconhecido a criança não revelando o nome da mãe? Por que o padrinho era escravo? Em nenhum momento do processo encontramos referência ao nome de um proprietário, tanto para o pai quanto para a menina.[159]

O número de crianças escravas era bem maior que os demais, perfazia 156, nos fogos onde haviam famílias constituídas, sete nos fogos sem famílias escravas constituídas, 44 entre os pardos roceiros e treze entre os vadios.

Os escravos e os libertos aceitaram o batismo e o casamento religiosos não por estarem totalmente assimilados pelo catolicismo, mas porque desejavam recriar as estruturas familiares, marcadamente definidas em África.

No contexto brasileiro, nem sempre as crianças eram bem-vindas. Para a sociedade branca e cristã elas não possuíam o mesmo valor e significado que lhes eram atribuídos nas sociedades africanas. Muitas crianças foram abandonadas, na roda dos expostos, nas estradas e nas casas alheias, por motivos que variam da pobreza dos pais a ilegitimidades dos filhos.

Exposto era o nome que designavam as crianças abandonadas nas casas de particulares ou em áreas de Casas de Misericórdia. A maioria dos estudos concentram-se nos locais onde existiam as rodas, não se estendendo aos locais onde as crianças eram acolhidas pela coletividade, como em Cotia.[160]

159 ACMSP. Livro nº 10-2-11. Paróquia Nossa Senhora do Monte Serrate – Cotia – p. 90.

160 FARIA, Sheila de Castro. *op.cit.*, p. 68.

A roda dos expostos surgiu inicialmente na França e lá se extinguiu; sua presença é registrada também em Portugal. No Brasil chegou no século XVIII, mais propriamente em 1738, devido à forte tradição portuguesa. [161]Fundou-se, no Rio de Janeiro, a Santa Casa de Misericórdia que foi construída devido a doações feitas por Romão Duarte, rico comerciante carioca pertencente à irmandade da Misericórdia. A roda era um dispositivo em forma de cilindro, dividido em duas partes que se voltavam uma para a rua e a outra para o interior da casa. Havia uma ama rodeira que, dia e noite, observava a entrega dos expostos.[162]

Nela, registrava-se de forma detalhada as características dos enjeitados, tais como a cor, seu enxoval, a existência ou ausência de bilhetes. Esse procedimento facilitava a identificação futura do enjeitado, caso alguém o procurasse. Em geral, os enjeitados permaneciam na Santa Casa de Misericórdia por um ou dois meses e, logo após, eram encaminhados às "criadeiras" pagas pela Santa Casa de Misericórdia e, com elas, permaneciam até os sete anos. A partir de então, eram entregues para adoção de famílias; na inexistência destas, os meninos seguiam para o Arsenal da Marinha e as meninas para o Recolhimento dos Órfãos. Nos primeiros sete anos as crianças trabalhavam em troca de habitação e alimentação; somente a partir dos catorze anos é que poderiam se empregar em troca de uma remuneração.[163]

Afirma Venâncio que, durante os séculos XVIII e XIX, aproximadamente 50.000 crianças foram deixadas na roda dos expostos pertencentes às Santas Casas de Misericórdia do Rio de Janeiro e de

---

161 LEITE, Míriam L. Moreira. O óbvio e o contraditório da roda. In.: *História da Criança no Brasil.* p.99.

162 LIMA, Lana Lage e VENÂNCIO, Renato Pinto. O abandono de crianças negras no Rio de Janeiro. In: *História da Criança no Brasil.* p. 66-67.

163 LIMA, Lana Lage e VENÂNCIO, Renato Pinto. *op.cit.*, p.67.

Salvador. Questionam-se os motivos que levariam os pais a abandonarem seus filhos e quais seriam as consequências deste ato. As respostas para o abandono de crianças no Brasil colonial variam conforme os autos e o testemunho apesar de, hoje, já se conhecer os principais motivos de tal ato.[164]

Segundo as leis portuguesas, os relatórios de negócios do Império e as teses médicas, os motivos para o abandono eram o desejo de se esconder o nascimento de filhos ilegítimos, a miséria, a doença dos pais ou da criança, irresponsabilidade e o desamor materno. Acrescido a estes, encontram-se o interesse e a ambição dos senhores de separarem os filhos das mães escravas para alugá-las como amas de leite.[165]

A Santa Casa de Misericórdia era uma instituição cuja função era abrigar os sem-família, os bebês abandonados em terrenos, calçadas e caminhos. No entanto, a população baiana e carioca achava que a instituição tinha como obrigação acolher as crianças às quais as famílias, momentaneamente, não pudessem criar.[166]

Este ponto de vista possuía raízes nas dificuldades sócioeconômicas. Até fins do século XIX, tanto no Rio de Janeiro quanto em Salvador, não havia orfanatos ou creches. Antes da criação destes, em 1870, somente a família e o auxílio aos expostos eram responsáveis pelo bem-estar dos recém-nascidos. Na ausência da família, o único recurso possível era recorrer à Santa Casa de Misericórdia e às Câmaras Municipais.[167]

No início uma instituição criada para acolher crianças abandonadas, mas, no contexto brasileiro, foram-lhe atribuídas outras

164 VENÂNCIO, Renato Pinto. O abandono de crianças no Brasil antigo; miséria, ilegitimidade e orfandade. *Revista História*. p. 153.

165 Ibidem, p. 155.

166 VENÂNCIO, Renato Pinto. *op.cit*, p. 188.

167 Ibidem, p. 159.

prerrogativas, como a de ser um abrigo de órfãs. A ampliação das funções assistências da Santa Casa fez com que, em determinadas circunstâncias, algumas matrículas fossem canceladas devido à localização dos pais ou responsáveis.[168]

No contexto da sociedade colonial, assentada numa economia escravista, os responsáveis pela Casa dos Expostos possuíam muita cautela com a crianças negras ou pardas que lá eram deixadas que, em alguns casos, eram consideradas filhas de escravas fujonas sendo, assim, devolvidas aos proprietários.[169]

Segundo Russell-Wood, o abandono de crianças possuía uma relação forte com a moral. Mulheres brancas com filhos ilegítimos estavam fadadas à desonra moral. Situação similar não era vivida pelas negras ou mestiças, pois estas não estavam sujeitas aos rígidos valores morais da época. Dessa forma, a instituição estaria protegendo mães brancas da desonra. Na Casa da Roda de Salvador Russell-Wood verificou um predomínio de expostos brancos.[170]

A hipótese, então, levantada por Russell-Wood para a Bahia – de que os expostos eram filhos ilegítimos de mulheres brancas de condição social elevada que necessitavam preservar a honra – foi incorporada pela historiografia. Por outro lado, Venâncio, compreende estas afirmativas demasiadamente simplistas pois, tanto entre a população livre do Rio de Janeiro quanto em Salvador, havia um percentual elevado de mulheres brancas que assumiram filhos gerados fora do matrimônio. Nos meios urbanos destacam-se as mulheres como chefes de domicílio, exercendo a costura, a quitanda, a lavagem de roupas ou, ainda, atividades esporádicas; eram mulheres que, sozinhas, assumiam a criação dos filhos.[171]

168 Ibidem, p. 161.

169 Ibidem, p. 161.

170 VENÂNCIO, Renato Pinto. *op.cit.*, p. 163.

171 Ibidem, p. 164.

Em épocas de dificuldades financeiras, as mães solteiras, tanto quanto as famílias pobres recorriam às Santa-Casas. O abandono era resultado da miséria, da indigência, e não da condenação moral dos amores ilícitos. A roda era o destino dos órfãos pobres. Os bilhetes faziam menção a viúvos que não podiam pagar amas de leite; viúvas sem leite e a bebês com pai e mãe mortos.[172]

Mello e Souza afirma, em um artigo onde discorre sobre três matrículas – coletadas do Livro de Matrícula de Exposto número 558, pertencentes ao Acervo Documental da Câmara Municipal de Mariana entre 1751 e 1779 – que estas faziam restrição à provável mulatice de três crianças expostas. A Câmara Municipal de Mariana expressava sua clara intenção de não prover o sustento de mulatos ao afirmar que, nem sempre, na ocasião da matrícula, era possível averiguar a cor da criança. Algumas vezes, os pequenos não eram levados à presença dos vereadores e, em outras, havia dificuldade de observação dos traços étnicos. Todos sabemos que é comum algumas características raciais tonarem-se mais marcantes após dias ou meses de nascimento.[173]

Na Bahia, os estudos de Russell-Wood sobre a Santa Casa de Misericórdia e o acolhimento de expostos, apontam uma diferença entre a criação de expostos. Na Bahia eles ficavam a cargo da Santa Casa de Misericórdia e, nas Minas, eram responsabilidade das Câmaras. Na Bahia os enjeitados, fossem pretos ou brancos, eram abrigados pela Câmara e pela Santa Casa sem discriminação racial. Os mineiros, mais propriamente o Conde de Assumar – governador de Minas entre 1717 e 1721 – asseverava que "apesar de serem meio atrevidos, os forros trabalhavam nas lavras e contribuíam para o pagamento dos impostos, o verdadeiro flagelo era

172 Ibidem, p.164.

173 MELLO E SOUZA, Laura de. *História da Criança no Brasil.*, p.34.

representado pelos mulatos, porque a mistura que tem de brancos os enche de tanta soberba e vaidade, que fogem ao trabalho servil, com que poderiam viver e assim vivem, a maior parte deles, como gente ociosa." Pardos e forros, em sociedades escravistas, eram vistos como perturbadores da ordem.[174]

Segundo Nizza da Silva, o alvará de 1775 afirmava que a questão dos expostos dizia respeito à população livre e o exposto de cor negra ou mulata gozaria de liberdade automática. O ato de recusar a criação de mulatos, com o dinheiro público, demonstra o horror da sociedade mineira à mestiçagem.[175]

Em Cotia, assim como em Sorocaba, não havia Santa Casa de Misericórdia e nem roda dos expostos, as crianças eram abandonadas nas casas, em sítios, nas estradas e nas portas. Os registros de batismo indicam o local onde as crianças eram encontradas, quem as encontrava, o horário ou período do dia e a data. Dos 25 registros analisados todos referem-se a crianças brancas e, destes, três merecem destaque. A exposta Ana foi batizada em 18/06/1809 pelo Alferes Manoel Soares de Campo e por Ana Leme de Barros. A menina foi entregue, através de despacho competente, no oratório de Dona Ana. Neste caso, constatamos que a identidade da mãe da criança era conhecida, porém não revelada; cita-se, ainda, no registro, ter sido a menina entregue por pessoa de segredo.[176]

Segundo Faria, os expostos eram vistos como os filhos do pecado, fenômeno que proliferou principalmente nas zonas urbanas. Todavia, tal situação, muitas vezes não era um ato escondido, pois muitos sabiam quem recebiam em suas casas. A escolha

---

174 Idem, *Os desclassificados do Ouro.*, p. 36.

175 Idem, O senado da Câmara e a criação de expostos. In.: *História da Criança no Brasil.* p. 30-31-38.

176 ACMSP. Livro de Batismo nº10-2-12. Paróquia Nossa Sra. do Monte Serrate. - Cotia - p. 23.

da casa em que se abandonava as crianças não era aleatória. As pessoas que recebiam os expostos possuíam determinadas características que os tornavam especiais em relação aos outros.[177] A exposição dos filhos poderia disfarçar muitas situações e preservar a estabilidade, ou melhor, a moralidade familiar. Os ricos, muitas vezes, escondiam os filhos naturais para se manterem dentro da legalidade e cumprirem a moral católica. Com relação aos solteiros, o abandono dos filhos poderia permitir o estabelecimento de um enlace matrimonial sem conflitos.[178]

Nem sempre as crianças expostas desconheciam os seus pais biológicos; às vezes as mães mantinham, com eles, estreita convivência. Em Paraíba do Sul quase a metade dos expostos foram encaminhados para casas de pessoas influentes, econômica e socialmente, da comunidade. Sendo assim, pode-se pensar em duas direções: a primeira, indica que as mães buscavam famílias com um bom poder aquisitivo para cuidar de seus filhos e, a segunda, é que as famílias recebedoras dessas crianças poderiam ser seus parentes. Há casos, ainda, de recebedores de expostos que não possuíam filhos ou que tinham filhos falecidos.[179]

Nos dois casos restantes, as crianças foram encontradas com bilhetes. Foi o caso de Maria, batizada em 16/07/1809, por Ana Joaquina e padrinho estava ausente. O bilhete dizia apenas ter sido, a menina, batizada *in extremis,* fato que reafirma as afirmativas de Venâncio de que os bilhetes demonstravam uma grande preocupação dos pais com relação ao sacramento do batismo. O fato de ter sido batizada *in extremis* pode indicar que a menina estava doente. Este batizado, embora citado nos autos, foi desconsidera-

177 FARIA, Sheila de Castro. *op. cit.*, p.69-79.

178 Ibidem, p.71.

179 FARIA, Sheila de Castro. *op.cit.*, p.69-70.

do, haja vista a realização do novo batismo.[180] Em 06/11/1809 foi encontrada outra Maria, pelo Alferes Caetano José Homem e Ana Gertrudes, com um bilhete, cujo conteúdo não foi especificado.[181]

Este caso, corrobora as afirmações feitas por Venâncio. Segundo ele, os expostos, às vezes, apareciam acompanhados por bilhetes. Através destes aventa-se um maior número de possibilidades de justificativa para tal ato. Os bilhetes, tanto para o Rio de Janeiro quanto para Salvador, apresentam-se em um número muito reduzido e expressavam – a opinião de um grupo minoritário de pais e mães – preocupação fundamentalmente religiosa, indicavam a atribuição de nomes cristãos aos pequeninos abandonados e a ocorrência de batizado.[182]

As informações contidas ora concordavam ora refutavam as prerrogativas oficiais. Assim como as autoridades justificavam o abandono pela miséria, ilegitimidade, doença e/ou morte dos pais, os bilhetes enfatizavam o amor e as preocupações materiais.[183]

Ocorriam súplicas para o bom tratamento dos filhos, buscando proteção contra a escravidão; declarações de que crianças pardas eram forras; alguns diziam ser as crianças filhos de cristãos velhos e vacinada. O nascimento de gêmeos ou a doença dos recém-nascidos também apareciam como motivo para o abandono.[184]

Evidentemente os depoimentos devem ser vistos com cautela; porém, em alguns escritos, os pais citam seus nomes ou designam à qual ama de leite a criança deveria ser entregue.[185] Observam-se, nos bilhetes, uma preocupação com o batismo que nem sempre era

---

180 ACMSP. *op.cit.*, p. 24/verso.

181 Ibidem, p. 29/verso.

182 VENÂNCIO, Renato Pinto. *op. cit.*, p., 155.

183 VENÂNCIO, Renato Pinto. *op.cit.*, p. 155.

184 Ibidem, p. 152.

185 Ibidem, p. 157.

realizado na igreja. Muitas vezes o padre ia até os domicílios em atitude decorrente do desejo de ocultação da criança ou por motivos de saúde do pequeno enjeitado.[186]

Através dos bilhetes declarava-se o nome das crianças. No Brasil dos séculos XVIII e XIX, a transmissão dos nomes de família não era regulamentada e, sendo assim, alguns pais atribuíam a seus filhos sobrenomes religiosos visando identificá-los no futuro. Mesmo quando as crianças não recebiam sobrenome, o simples nome poderia ser um meio de identificação no futuro. Os responsáveis pela roda atendiam aos pedidos e atribuíam, às crianças, nomes que não eram, de todo, incomuns como Maria, Ana e José. Os bilhetes também expressam o amor materno e a preocupação. Os bilhetes faziam indicações sobre a origem racial e religiosa dos pais.[187]

A falta de um dos padrinhos, ou do casal, significava uma exceção às regras e às determinações da Igreja. O Concílio de Trento estabelecera uma série de requisitos e normas para o batismo, entre elas a de que os bebês deveriam ser batizados na primeira semana de vida e as idades mínimas para apadrinhamento eram 14 anos, para o padrinho, e 12 anos, para a madrinha. Essa legislação também proibia os pais de serem padrinhos de seus próprios filhos.[188]

Os expostos apresentavam um número significativo de crianças com atas de batismo incompletas, isto é, padrinho, e/ou madrinha ausente (s). Foi o caso do menino Roque, encontrado no dia 29/04/1810 em casa de Maria Francisca Duarte e batizado em 01/05/1810.[189]

A ilegitimidade estava presente em todas as esferas sociais; em algumas mais, em outras menos. No caso das crianças escra-

186 Ibidem, p. 157.

187 Ibidem, p. 158.

188 GUDEMAN, Stephen e SCHWARTZ, Stuart. *op.cit.*, p. 53.

189 ACMSP. *op.cit.*, p. 35.

vas, de um total de 122 crianças, oitenta eram naturais e 42 eram legítimas. No caso das crianças livres a situação se inverte, sendo a maioria filhos legítimos. De um total de 51 registros de crianças livres, apenas cinco eram filhos naturais.

Verificamos que, para todos os casos – expostos, escravos e livres – a maioria dos casais de padrinhos eram livres. No caso dos expostos a maioria dos padrinhos eram livres; seguidos de casal misto, ou seja, casal onde um dos padrinhos era escravo ou liberto e de casal não-identificado – fator este que reforça as afirmações de Gudeman e Schwartz, ou seja, de que as relações de compadrio buscavam o estabelecimento de redes de proteção e auxílio para as crianças batizadas. Padrinhos escravos e libertos não significavam proteção para crianças livres.

Com relação aos escravos observamos uma maior diversificação na composição dos padrinhos. As crianças escravas possuíam casais de padrinhos livres, libertos, mistos, escravos e não classificados. Em outras palavras, para os pequenos escravos, que se situavam no estrato mais inferior da sociedade, todos serviam, qualquer um representava segurança e auxílio. Tal heterogeneidade não ocorria nos outros casos. Os batizandos livres não tiveram casais de libertos como padrinhos e encontramos apenas um casal misto e um casal escravo. A mesma afirmação é válida para os expostos, que não tiveram padrinhos escravos nem libertos e, em apenas um caso, tiveram um casal de padrinhos misto. Sendo assim, fica notável que os padrinhos possuíam um *status* legal muito próximo ao do batizando, quando não superior.

Com relação à constituição sexual dos padrinhos, os batizandos livres tiveram ambos os padrinhos e, em apenas um caso, houve mais de um padrinho, não ocorrendo casos de padrinho ou madrinha ausente. Mais uma vez, constatamos a heterogeneidade na constituição dos casais de padrinhos dos cativos. Entre os 122 registros, referentes aos batizandos escravos, 109 possuíam ambos os padrinhos, no entanto, os números de padrinho ausente / madrinha ausente / casal ausente é maior do que nos demais casos. Com relação aos batizandos expostos, ocorreu apenas um caso de padrinho ausente e um de casal ausente. Em relação aos batizandos livres, por sua vez, não constatamos casos de padrinho ausente / madrinha ausente / casal ausente. A figura do padrinho constituía fator de grande relevância, afinal de contas era bem mais importante do que a madrinha, pois representava segurança material.[190]

Situações como as descritas acima foram estudadas, para o Rio de Janeiro, na segunda metade do século XVIII, por Venâncio. Através de 2.110 atas de batismo de livres, no período que abrange de 1768 a 1783, conclui-se que nos batizados havia o comparecimento massivo das mães – no caso de ilegítimos 63% eram ex-escravas – mas verifica-se uma ausência sistemática de madrinhas em 30% dos batizados de ilegítimos e em 40% dos legítimos.[191] Existiam as madrinhas por procuração; mulheres que eram representadas pelo marido, filho, ou mesmo por um padre. Esses casos representavam 10% do total. Nenhuma parda livre, forra ou escrava usou esse procedimento. Outro caso, que merece destaque, a escolha de Nossa Senhora como madrinha – correspondendo a 22% do total de atas pesquisadas. No período em análise, só houve um caso de padrinho celestial: Santo Antônio. Essa relação, padrinho na terra e madrinha no céu, representava a desvalorização da mulher – caso se pense o compadrio como um meio de acesso aos bens materiais.[192]

A opção por Nossa Senhora como madrinha tinha como objetivo a proteção da mulher perante o parto ou uma possível morte.

190 GUDEMAN, Stephen & SCHWARTZ, Stuart. *op.cit.*, p. 51.

191 VENÂNCIO, Renato Pinto. A madrinha ausente: condição feminina no Rio de Janeiro (1750-1800) in. *Brasil: História Econômica e Demográfica.* p.96.

192 Ibidem, p.97.

O parto, nas sociedades anteriores às modernas técnicas de higiene e obstetrícia, era um intensificador na mortalidade das mulheres em idade fértil. As Constituições Primeiras do Arcebispado da Bahia obrigavam a confissão antes do parto, enquanto os outros períodos de confissão obrigatória eram somente na quaresma e extrema unção.[193]

O nome da criança é compreendido como uma forma dela ser fortificada. O nome é, por sua vez, um chamado, uma força que evoca o ser nascente para a vida individual e faz, assim parte integrante da personalidade humana. A criança traz seu nome com ela de outro mundo. Pronunciar o nome é chamar o ser celeste e convidá-lo a morar na sociedade dos homens. A partir da imposição do nome se traça para a criança todo um programa de vida, mas se impõe também o arremate de certos deveres e certas atitudes de sua consideração.[194]

O nome é por toda parte considerado como uma parte distinta de um indivíduo. Há como uma conexão real e psíquica entre o homem e seu nome, podemos ferir a pessoa por eu nome. Pronunciar o nome é agir sobre a alma, a provocar, contrariar.[195]

Os nomes – de pessoas, objetos, cidades, seres – possuíam uma grande importância. Os nomes não eram abstratos, eram palavras carregadas de significado e, alguns eram determinados pelas circunstâncias de nascimento. No caso de gêmeos, por exemplo, chamava-se *Taiwo* o que nascia primeiro; era considerado o espírito mais novo e chegou ao mundo em primeiro lugar porque necessitava de mais experiência do que *Kehinde* (o último a chegar), a segunda criança a nascer, um espírito mais velho e experiente.

193 Ibidem, p.97.

194 RIBEIRO, Ronilda. *op. cit.*, p. 177.

195 Ibidem, p. 111.

Chamavam *biodun* às crianças que nasciam em datas festivas como o Natal, a festa dos orixás e o último dia do ano.[196]

Muitas crianças recebiam nomes em homenagem aos orixás, tais como *Exu, Xangô, Oyá, Oxum*. O nome podia, ainda, expressar máximas como *Olusuwalu* – "Deus associou comportamentos" – que consiste na exaltação da coexistência pacífica.[197]

As pessoas, além do nome, possuíam um *oriki*, que permitia a sua identificação. *Oriki* significa ori + Ki (saudar ou louvar); o ori, ou a origem do mundo, serve para contar as realizações e as características do indivíduo da família, da cidade ou de algum orixá.[198]

Alguns *orikis* constituem normas primordiais, secretas, místicas ou de fundamento dos espíritos, divindades, animais, plantas, seres humanos e moléstias, outros relatam ocorrências do nascimento individual: gêmeos, crianças nascidas com o cordão umbilical em volta do pescoço ou as que nasciam apresentando primeiramente os pés. Cada qual possuí seu *oriki* particular, existindo ainda os dedicados aos animais.[199]

A importância do nome das crianças, nas sociedades africanas, era assaz significativa e era um fator de individualização, que identificava o sexo e até mesmo a posição dentro da família, terceiro ou sétimo filho. A criança podia ter o mesmo nome de um ancestral, como também poderiam escolher o próprio nome.[200]

> O nome exprime a natureza individual do ser, o nome não é uma simples etiqueta, é a própria realidade do indivíduo.[201]

196 Ibidem, p. 71.

197 Ibidem, p. 72.

198 RIBEIRO, Ronilda. *op.cit.*, p.73.

199 Ibidem, p. 73.

200 Ibidem, p. 111.

201 Ibidem, p.112.

O nome possuía um significado sagrado e real, misto com o indivíduo portador. Tocar no nome é tocar no indivíduo portador. Entre os Baluba havia três tipos de nome – o nome interior, o nome da vida ou o nome do ser, e o nome que nunca se repete. O segundo nome era dado por ocasião do desenvolvimento da força, relacionava-se à circuncisão, à chefia ou ao poder de feitiçaria e era recebido no momento da iniciação ou na ocasião da investidura ou possessão. Enfim, existiam nomes que se escolhiam e outros que se atribuíam.[202]

Entre os Basanga havia três categorias de nomes próprios. O primeiro era o nome de nascimento ou interior – geralmente atribuído por um ancestral que se manifesta por meio dos sonhos, por dificuldades no parto ou por doenças que aflijam a criança nos primeiros dias. Caso não houvesse a interferência de um ancestral, os pais eram livres para atribuírem o nome que desejassem à criança. Em geral, o primeiro filho levava o nome do grupo de seu pai enquanto o segundo levava o nome da mãe. Os nomes circunstanciais referiam-se às ocorrências observadas no nascimento dessas crianças. Os nomes de passagem e de iniciação eram atribuídos por volta dos quatro ou cinco anos, em geral, para crianças vítimas de feitiçaria e tinha a função de camuflagem, eram utilizados durante o tempo em que fosse conveniente.[203]

Ao tornar-se chefe, um Basanga recebia um novo nome, pois era estritamente proibido, ao subordinado, se dirigir a um chefe pelo seu nome de nascença. Nesses casos considerava-se uma afronta, uma tentativa de relaxamento, uma forma de insulto.[204]

O significado do nome, conforme demonstra as tabelas acima, tanto para os escravos em geral, quanto para os expostos – grupo onde não havia escravos e pardos – tratam-se de nomes cristão.

---

202 Ibidem, p. 112.

203 MUNANGA, Kabenguele. *op. cit.* p., 112.

204 Ibidem, p. 114.

Sendo assim, concluímos que a imposição de nomes cristão, foi mais das formas de violência da sociedade escravista brasileira para com os africanos e seus descendentes.

Em Cotia não observamos nenhuma especificidade em relação ao nome dos escravos. A maioria era formada por João, Maria, José e Ana (como demonstra a tabela abaixo, que representa uma pequena amostra aleatória). Os nomes masculinos possuíam variantes femininas e vice-versa, assim como os nomes dos adultos também eram encontrados entre crianças.

Neste capítulo, refletimos sobre a situação da mulher na África e no Brasil e constatamos, através da literatura africana e de diversos trabalhos existentes no Brasil, que a importância e a força das mulheres negras têm suas origens no continente africano.

Através das informações obtidas, verificamos que as mulheres e as crianças são os elementos mais importantes na constituição da família africana, e posteriormente afro-brasileira. A primeira é a reprodutora social dos costumes e das tradições, a segunda é a esperança de uma vida melhor, é o futuro ao mesmo tempo em que é o passado. Para os africanos, o espírito da criança é a reencarnação de um ancestral que revive nas terras brasileiras, objetivando mostrar o caminho para a liberdade. Esta trajetória passou pelo catolicismo e pelo atendimento aos seus ritos – o batismo e o casamento- visando assim a integração à sociedade branca e a recuperação e fortalecimento da comunidade negra.

Evidentemente, nem todos os dados sobre o modo de viver africano, são possíveis de serem verificados para o Brasil, ou para Cotia, foco deste estudo, devido, entre outras coisas, à limitação das fontes documentais utilizadas – listas nominativas e registros paroquiais.

No entanto, é possível identificarmos a especificidade de Cotia no contexto colonial. Tratava-se de um local onde não havia roda dos expostos, o abandono era feito nas estradas e nas casas alheias. Assim como em outras regiões, conforme aponta o estudo de Venâncio, estas crianças portavam bilhetinhos que traziam informações sobre a sua origem ou fatos importantes relacionados a elas, como a realização do batizado. Não se verificam expostos pardos ou forros, dado que corrobora os apresentados por Mello e Souza para a região mineradora. Isto pode ser explicado devido à conformação econômica da época – sociedade escravista – onde os filhos das escravas pertenciam a seu senhor, bem como pode apontar, no caso das forras, o afloramento do instinto de maternidade, tão importante na África.

Através das estruturas familiares, constatadas no capítulo terceiro, verificamos a proximidade física das mães escravas e seus filhos, fato que permitiu a reprodução social dos valores negro-africanos em Cotia, região pobre voltada para a economia de subsistência, que merece destaque por portar aspectos relativos às mulheres, aos expostos, aos batizados em geral, similares aos já apontados para os grandes centros como Salvador, Rio de Janeiro e Minas Gerais.

Enfim, na Sociedade Cotiana do século XVIII, houve espaço para a criação de laços de solidariedade verificados através das relações de compadrio que se estabeleceram no interior da sociedade rural. O casamento, a organização dos pardos em famílias – às vezes estendidas e composta de agregados – demonstra a força da instituição familiar entre as camadas mais desprivilegiadas da população, escravos e libertos, força esta que tem suas raízes na cultura africana.

V.
Mudanças e permanências

> O mundo rural não é imóvel pela simples razão que ele é o mundo da terra; antes de ser o mundo dos gestos imemoriais, ele é o mundo da propriedade e esta não cessa de provocar movimento, mobilidade e transformação. (Mary Del Priore, 1998)

Em 1808, a freguesia de Cotia compunha-se de 454 fogos, distribuídos em quatro companhias de ordenanças. Mantinha uma economia basicamente rural, voltada para o consumo de subsistência e para o mercado interno. Cultivava-se milho, feijão, algodão, mandioca, criava-se gado e produzia-se a aguardente.

Naquele ano, a quantidade de homens livres pobres era significante; expressões como nada colheu, pouco colheu e pobres eram freqüentes, indicando o empobrecimento da freguesia. Não localizamos a categoria vadio, mas alguns fogos onde os moradores são denominados mendigos.

Em 1798 a freguesia compunha-se de 479 fogos, distribuídos em quatro companhias. Destes, em apenas cinco observamos o registro de informações como pouco colheu, nada colheu e pobres. Segundo o mapa das ocupações dos habitantes, reproduzido no capítulo terceiro, quadro 6, existiam 64 indivíduos classificados como vadios e mendigos. Em 1808, a situação é bastante diversa, constatamos que, dos 419 fogos existentes, 144 pertenciam a indivíduos os quais pouco colheram, nada colheram ou eram pobres. Havia, ainda, mais quatro fogos de mendigos. Notamos que não havia nenhum domicílio onde os moradores fossem denominados vadios.

Estes dados apontam o empobrecimento da freguesia no período de dez anos, houve sim um acúmulo de riqueza, medida em escravos, nas mãos dos pequenos proprietários em geral e dos roceiros. Dos pardos proprietários, duas continuavam presentes e, daqueles que estavam imersos na vadiagem, dois conseguiram ascender economicamente.

Para o estudo das questões relativas à família, efetuamos uma amostra com sessenta domicílios onde identificamos quatro tipos de unidades. A tabela abaixo, demonstra o tipo de unidade determinado e quantos destes fogos estavam presentes em Cotia, transcorridos dez anos.

As unidades escolhidas foram classificadas em quatro tipos – tipo um, domicílios que possuíam famílias escravas constituídas; tipo dois, domicílios que não possuíam famílias escravas constituídas; tipo três, domicílios de pardos proprietário de roças e tipo quatro, domicílios de pardos não roceiros, denominados vadios.

Este estudo vem corroborar alguns dados que vêm sendo expostos pela historiografia nos últimos anos. A escravidão no Brasil era amplamente difundida, atingindo quase todos os estratos da população livre, era a base econômica da sociedade como um todo e um meio de investimento comum.[1] Os dados coletados para Cotia, em 1798, confirmam estas afirmativas ao apresentarem a estrutura de posse dos escravos difundida entre vários estratos sociais: militares, religiosos, mulheres e roceiros.

No recôncavo baiano, região associada tradicionalmente a economia açucareira, a maioria dos proprietários possuía menos

1 SCHWARTZ, Stuart. Padrões de propriedade escrava nas Américas: nova evidência para o Brasil *Estudos Econômicos* (1) 259-287, 1983, p.278.

de quatro escravos e, cerca da metade destes, localizavam-se em unidades com menos de vinte.[2]

Antes de 1850, nos Estados Unidos, a escravidão também era bastante difundida no Sul; por volta de um terço das unidades familiares eram detentoras de cativos. Em contraposição, nas ilhas do Caribe, predominavam as grandes plantações. Em fins do século XVIII, as maiores ilhas britânicas e francesas, tratavam-se de grandes unidades agrícolas e possuíam uma população predominantemente escrava. Em 1780 Granada possuía 91% da população escrava; em 1779, 86% dos habitantes de São Domingos também eram cativos. Em 1832, na Jamaica, 86,8% da população também era de escravos, e mais da metade, vivia em escravarias que contavam com mais de 150 cativos. O tamanho médio da posse era 25 e 61,5 % dos escravos vivia em unidades com mais de cem cativos.[3]

Na região mineradora, os proprietários possuíam pequenos plantéis que variavam de um a dois cativos. Por um lado, tal situação poderia ser um empecilho à formação de famílias legitimas, pois em muitos casos o parceiro precisava ser buscado fora do plantel.[4]

Os escravos, pertencentes a pequenos plantéis não conheciam formas de organização e associação praticadas pelos escravos de plantéis maiores. Muitos eram, até mesmo, discriminados pela condição de seus senhores. Compartilhar a pobreza, juntamente com seus donos, distanciava-os, às vezes, de uma disciplina rígida, aproximando seu modo de vida ao dos homens livres pobres. No entanto, pertencer a pequenos plantéis, que estavam relacionados

---

2 Ibidem, p. 281.

3 SCHWARTZ, Stuart. *op.cit.*, p. 282-282.

4 LEWKOWICZ, Ida. Herança e relações familiares: os pretos forros nas Minas Gerais do século XVIII. *Revista Brasileira de História.* v. 9, n°17, set/98/fev.89, p. 103.

diretamente à sobrevivência de seus senhores, expunha esses escravos ao perigo da negociação, venda e aluguel constante.[5]

Nas áreas adjacentes à cidade de São Paulo, a circulação de pessoas, carroças e produtos era acentuada. Tratava-se de um movimento composto de escravos e negros forros, devido à existência de chácaras nos arredores da cidade. As chácaras eram propriedades de caráter semi-rural, de dimensões variadas, que pertenciam as camadas abastadas da população. Produziam gêneros alimentícios e mantinham pequenas criações, representavam um estilo de vida diverso do vivificado nas cidades. Os cativos, que nela trabalhavam, dedicavam-se às plantações, às criações e ao comércio dos gêneros. Esses escravos dispunham da autonomia e da mobilidade necessárias para a execução de suas tarefas. Em geral, as chácaras contavam com senzalas, feitores e troncos, mas não se pode afirmar que fosse vigente uma mesma disciplina para todos os escravos, nem que lá existisse um modo de vida e de trabalho nos termos estritamente rurais.[6]

Nos arredores situavam-se, em meio às chácaras, as pequenas e médias propriedades e os núcleos de povoamento disperso. Possuíam um papel importante na dinâmica da cidade, desses arredores se originavam parte dos alimentos, principalmente os perecíveis, e as atividades extrativas – olarias e pedreiras que abasteciam o setor da construção civil que estava em desenvolvimento. Nas cercanias rurais, desenvolvia-se o artesanato, a preparação do couro para a fabricação de artefatos e a produção de objetos de cerâmica.[7]

Em 1808 a população cotiana exercia atividades diversificadas eram agricultores e lavradores, gente que vivia de seus negócios, tropeiros e jornaleiros. A ocupação de tropeiro era exercida

5 WISSENBACH, Maria Cristina. *op. cit.*, p. 27-128.

6 WISSENBACH, Maria Cristina. *op.cit.*, p. 129-130.

7 Ibidem, p. 134.

pelos homens brancos, assim como as de jornaleiros e músicos eram exercidas, em sua maioria, por homens pardos e pretos.

Havia um total de sete tropeiros que faziam o Caminho de Santos. O primeiro deles era Joaquim de Queirós, natural de Cotia, 32, casado com Ana Custódia, 37, branca; eles viviam com seus três filhos, uma agregada, 28, solteira, branca, cunhada deles e uma pequena escrava, Maria de nove anos.[8] Assim como ele, os outros quatro tropeiros identificados eram proprietários de escravos. Pertencendo ao mesmo padrão de posse, isto é, apenas um escravo, encontramos Manoel de Oliveira Paes, miliciano, 43, branco e casado com Maria Francisca, natural de Cotia, 26, casada e branca; além dos três filhos, contamos uma escravinha, Felizarda, de 12 anos. É interessante o fato de Manoel ser um miliciano, mas estar identificado como tropeiro do Caminho de Santos.[9]

Uma mão-de-obra composta basicamente de crianças e velhos, aponta as dificuldades que tinham os senhores dos arredores de São Paulo de repor/atualizar suas escravarias, tal dificuldade avultou-se mais a partir de 1850, com a elevação dos custos dos escravos no tráfico interprovincial. Os escravos eram muito importantes para a sobrevivência dos roceiros, que em muitos casos reclamavam judicialmente indenizações, visando suprir gastos monetários oriundos de perda, lesão, afastamento temporário da propriedade escrava.[10]

Entre os detentores de um número maior de escravos estava Manuel Pedroza, natural de Cotia, 53, casado e branco, com cinco filhos e possuidor de oito escravos. Entre eles, havia uma família quebrada, isto é, Maria, crioula, 35, aparece como casada, mas não é possível identificar o seu marido entre os demais escravos. Há no

8 AESP. Maços da População. – Cotia – 1808 p. 1029.

9 WISSENBACH, Maria Cristina. *op.cit.*, p. 1030.

10 Ibidem, p. 98-99.

documento a menção de que faltava o escravo Manoel, que havia sido vendido. Talvez fosse ele o marido de Maria.[11]

Francisco de Camargo Pontes, casado com Ana Maria, possuía sete filhos e cinco escravos. Sob a sua tutela, estava uma família matrifocal forra, Josefa, 38, casada, e seus filhos Melchior, 12, forro; Maria, 10; Rita, 8, Joaquim, 3 e o pequeno Silvestre, que contava seis meses. A ausência do marido pode se justificar por vários motivos, entre eles o deslocamento, para uma área mais produtiva, em busca de melhores condições de vida. Assim, como no exemplo anterior, verificamos que além de tropeiro, havia uma outra ocupação, neste caso, tratava-se de um alferes.[12]

O fato de possuir uma outra ocupação não é motivo para relacionarmos a posse de escravos aos tropeiros. Manoel, 28 anos, casado com Escolástica, 29 anos, possuía dois filhos pequenos e não tinha escravos.[13]

Francisco José Pais não possuía outra ocupação e também não tinha escravos. Vivia com sua mulher Ana, dois filhos solteiros, um genro, uma filha casada, um casal de agregados brancos e sua pequena filha de três anos.[14]

Por último, havia José de Camargo Paes, natural de Cotia, 36 anos, casado e branco. Ele possuía dois filhos e oito escravos. Entre estes havia uma família escrava constituída; era Matheus, 41 anos, casado com Gertrudes, 38, ambos negros, sem registrar descendência.[15]

Carvalho Franco focaliza o papel dos homens livres pobres, no interior da sociedade escravista, reconstituindo seu modo de vida por meio de suas ocupações econômicas, entre elas tropeiro, ven-

---

11 AESP. *op. cit.*, p.1030.

12 AESP. *op.cit.*, p. 1042.

13 Ibidem, p. 1031.

14 Ibidem, p. 1030.

15 Ibidem, p. 1034.

deiro e pequeno proprietário. O tropeiro é apresentado como "um dos tipos humanos para o qual mais se abriram as possibilidades de integração ao outro lado da sociedade. Especialmente o comércio de burros, constituiu um importante canal de ascensão socioeconômica".[16] O mesmo não ocorrendo com relação ao vendeiro, que tanto se ligava às camadas dominantes quanto se aproximava dos estratos inferiores. Com relação à família, afirma que a camada livre e sem postos não se organizou em torno da família para a realização das funções sociais apontadas para as classes dominantes. A escassez econômica e a impossibilidade de pleitear cargos políticos, ou seja, a marginalização social, exclui essa possibilidade, visto ter sido a família uma estratégia de manutenção do poder.[17]

Além de tropeiros, localizamos cinco fogos onde os chefes são identificados como músicos. Em comum, eles possuem o fato de serem todos pardos, estarem organizados em famílias e não possuírem escravos.

O primeiro foi Pantaleão da Costa, 41 anos, casado com Gertrudes de Oliveira, 34 anos, que possuía dois filhos. Com uma família um pouco maior, localizamos Mathias da Silva, 54 anos, casado com Ana da Silva, 42, que possuía uma filha solteira e outra casada, que vivia na companhia dos pais juntamente com o marido e seus quatro filhos, netos de Mathias, com idades variando entre um e oito anos. Havia ainda uma agregada, Leonor, 77 anos, viúva e parda.[18]

Haviam músicos bem mais jovens que Mathias. Entre eles estava Manoel de Siqueira, 36 anos, casado com Maria Natal, 33, que tinha um filho. Eles abrigavam uma agregada, 46, solteira e parda, e Ana, 12, solteira e parda.[19]

---

16 FRANCO, Maria Sylvia de Carvalho *Homens livres na ordem escravocrata*, p. 66.

17 CARVALHO FRANCO, Maria Sylvia. *op. cit.*, p. 09, 42 e 72.

18 AESP. *op. cit.*, p. 1038.

19 Ibidem, p. 1039.

Um ano mais jovem era Joaquim Francisco, 35, casado com Maria, 38. Eles possuíam sete filhos com idades oscilando entre cinco e dezoito anos. Entre os mais velhos estava Marcelino, 58 anos casado com Inácia. Moravam com eles seus dois filhos e um casal de agregados. Os exemplos acima são nítidos, tratavam-se de indivíduos que viviam da música.[20]

A lista nominativa de 1798 apresentava, além da descrição dos fogos, mapas que representavam uma sistematização dos dados mais importantes. No capítulo terceiro – quadro 06, página 152, reproduzimos o mapa das ocupações dos habitantes, onde constam os ofícios desenvolvidos em Cotia naquela data. Constatamos que foram lavrados como artistas e curiosos de alguns ofícios um total de 24 indivíduos, apesar de não termos encontrado nenhum dado específico, existe a possibilidade dos músicos já estarem presentes na freguesia em 1798.

A maioria dos estudos sobre a música colonial concentram-se em Minas Gerais. No contexto mineiro, já se apreendeu que o desenvolvimento da música ocorreu em paralelo à construção dos primeiros arraiais e de suas capelas de taipas. A demanda de músicos na região foi notável. E neste contexto, mereceram destaque os mulatos. Estes viviam agrupados nas irmandades – Confrarias da Boa Morte, das Mercês, dos Perdões, das Mercês de Cima, de São José e de São Francisco de Paula.[21]

Em Minas Gerais, o mulato se impôs e teve uma presença de destaque como intérprete e compositor. No apogeu da música, eles alcançaram uma posição social de respeito e solvência. Podiam alugar boas casas e possuir escravos, ser proprietários de imóveis ou,

---

20 Ibidem, p. 1039/1040.

21 LANGE, Francisco Curt. A música barroca. In.: HOLLANDA, Sérgio Buarque de. *História Geral da Civilização Brasileira.* Tomo I – A época colonial. p. 126-129.

pelo menos possuir uma residência própria. O analfabetismo era inexistente entre eles, a caligrafia era excelente, uma consequência das cópias das músicas e dos textos em latim.[22]

A música estava presente nos festejos oficiais, no Palácio do Governador, na Câmara e entre os músicos que se reuniam para trocar experiências. Nas fazendas haviam orquestras, que também eram formadas por negros escravos de ambos os sexos.[23]

O maior de todos os expoentes foi o mulato mineiro José Joaquim Emérico Lôbo de Mesquita, que atuou na irmandade do Santíssimo Sacramento da matriz de Santo Antônio do Arraial do Tejuco. Foi organicista nesta e na Ordem terceira do Carmo. De seu trabalho conhece-se cerca de quarenta obras, entre elas: Sua Missa Grande, Te Deum, Ofício de Defuntos, Domenica Palmurum e a famosa Antífona de Nossa Senhora, estas fizeram com que fosse considerado um gênio. Foi o mais destacado autor no contexto americano, não apenas no período colonial, mas também no século XIX até o aparecimento de Carlos Gomes.[24]

Ao que tudo indica, a música e as artes foram uma forma de ascensão social para os mulatos na colônia. Um exemplo do importante papel desempenhado pelos artistas negros e mulatos – escravos e livres são as obras do Rococó, datadas do fim do século XVIII e início do XIX, principalmente em Minas Gerais, que teve como maior expoente Antônio Francisco Lisboa, o aleijadinho.[25]

Esse desempenho é reflexo do grau de abertura da sociedade mineira. Os mineradores solteiros, concubinados com mulheres escravas, deram origem a uma classe mulata livre que cresceu rapi-

---

22 Ibidem, p. 131-133-138.

23 LANGE, Francisco Curt. *op.cit.*, p. 134-135.

24 Ibidem, p. 142.

25 KLEIN, Herbert S. Os homens livres de cor na sociedade escravista brasileira. *Dados*. n°17, 1978, *Dados*. p.20.

damente e ascendeu não apenas por qualificação, mas também por herança.[26] As igrejas e capelas da capitania foram, em sua maioria, construídas por homens livres de cor e escravos, de onde vinham os artesãos, arquitetos e construtores de igrejas, utilizados também pelas irmandades brancas que lhes ressarciam o serviço.[27] Esse clima permitiu o desenvolvimento de uma das mais florescentes escolas de música sacra da América Latina Colonial, que deve sua projeção aos que trabalhavam na composição musical.[28]

Mas não foi o único caminho. Os mulatos se destacaram em vários ofícios, dentre os quais a pesca e a marinha. Além dos ofícios especializados e das artes, os indivíduos livres de cor desempenharam um importante papel na medicina. As faculdades de medicina foram inexistentes no Brasil colonial e os doutores profissionais foram raros.[29]

Em 1787 na Bahia, a maior parte dos barbeiros-cirurgiões eram negros ou mulatos, que aprenderam o ofício na prática, um segmento muito importante na medicina baiana. Segundo o governador da Bahia, eles eram qualitativamente superiores aos doutores vindos de Coimbra.[30]

Os primeiros recenseamentos manuscritos datam do século XVIII e, neles, já se encontram referências sobre o homem livre de cor, categoria que se desenvolveu lentamente no século XVI e, no início do século XVII, já eram tidos como numerosos, sendo considerados unidades de combate em parte nas milícias coloniais e exércitos voluntários.[31]

26 Ibidem, p. 20.

27 KLEIN, Herbert S. *op.cit.*, p. 20.

28 Ibidem, p. 20.

29 Ibidem, p. 21.

30 Ibidem, p. 21.

31 Ibidem, p. 4.

No século XVIII as unidades de homens livres de cor eram designadas para funções militares específicos, eram diferenciados com base em sua composição negra ou mulata. Propagaram-se por todas as áreas da colônia, registrando presença nos primeiros recenseamentos militares do final do século XVIII.[32]

As unidades provinciais das milícias, das cidades e das aldeias, compostas tanto de homens brancos como de livres de cor, possuíam um papel importante na sociedade colonial, pois mantinham a ordem, resistiam às invasões estrangeiras, caçavam índios e escravos fugidos. Era uma porta para a mobilidade social. Soldados de cor capacitados tinham condições de chegar a oficial e receber os direitos correspondente as estes cargos.[33]

Em Cotia não localizamos mulatos/pardos como cirurgiões-barbeiros, mas como soldados milicianos. É o caso de João Jorge, 41 anos, viúvo, pardo, que vivia com seu filho Bento, 09 anos. Em situação similar estava Vicente Roiz, natural da freguesia de Cotia, 26 anos, casado com Maria Joaquina, 24, e pai de Maria, 03 e Pedro, 01.[34] Estes dados indicam que a sociedade cotiana de fins do século XVIII, permitia aos mulatos galgar a ascensão social não só pelo exercício da música, mas também como soldados.

As estruturas familiares: outra vez

Propomos, neste capítulo, verificar se as famílias escravas e libertas existentes em Cotia em 1798, continuavam presentes tendo transcorrido dez anos. Em todos os casos, com exceção dos religiosos, encontramos alguns representantes, dos grupos estudados em 1798. Na tabela catorze apresentamos os proprietários (tipo um) em

32 KLEIN, Herbert. *op.cit.*, p. 20

33 Ibidem, p. 4

34 AESP. *op. cit.*, p. 1108

1808 e apontamos a predominância de famílias nucleares sobre as demais. Dentre os militares analisados, localizamos o fogo do Alferes Vicente Pedroza. Em 1798, o alferes aparece na lista com 50 anos, casado com dona Rita de Morais, 40; eram denominados lavradores e criadores, que plantavam milho e feijão, criavam éguas e vacas. Tinham oito filhos, com idades oscilando entre quatro e vinte anos. Os escravos eram Inácio, mulato, defeituoso e Rita, mulata, 40 anos, juntamente com seus seis filhos com idades entre um e doze anos.[35]

Com o passar do tempo, o número de escravos aumentou indicando, assim, um acúmulo maior de riqueza. De oito escravos, passou para onze. Os escravos Inácio e Rita continuavam na escravaria, mas não com todos os seus filhos. Luciano, André e Efigênia não estavam mais presentes. Em contrapartida, o casal teve outros filhos, Felizarda, sete anos, nascida no intervalo de tempo e Francisca de três anos.

Em 1808, Manuela, outra filha do casal de escravos, que possuía dez anos na época da primeira coleta, aparece na lista com dezenove. E Jacinta, que na época da primeira coleta possuía apenas um ano, apresenta-se com nove. Constatamos assim que, parcialmente, a família escrava residente nesta escravaria manteve-se com o tempo, apesar da inexistência de três de seus membros.

Localizamos um outro militar, o Capitão José Novais Dias, que em 1798 era viúvo e possuía seis filhos e seis escravos, entre os quais uma família de cativos pretos que era

Constituída por José, 60, e Efigênia, 40. Havia entre os escravos, três crianças, cujos pais não se encontravam identificados, entre elas a pequena Maria, com menos de um ano.

Em 1808, o Capitão José de Novais Dias, aumentou consideravelmente o seu plantel, contando 31 escravos. José e Efigênia con-

35 AESP. *op. cit.*, p.1223.

tinuavam presentes e localizamos outras famílias constituídas. É o caso de Joaquim, 66, e Maria, 46; Caetano, 46, e Cecília,46; João, 44, e Maria, 26; Manoel,46, e Maria, 29. Em oposição ao caso acima assinalado, neste plantel localizamos a família escrava total. Observamos que o proprietário passou por um processo de enriquecimento, haja vista ter adquirido um número maior de escravos.[36]

Em situação oposta encontrava-se o Capitão Salvador Leonardo de Oliveira, 47, e sua mulher Maria Vieira da Silva, 38, que em 1798 possuía quatro filhos, com idades oscilando entre um e 21 anos e oito escravos. Dentre esses, Antônio, preto, 32, e Efigênia, preta, 37.

Em 1808, o fogo chefiado pelo Capitão Salvador Leonardo de Oliveira contava com apenas quatro escravos. Isto é, em dez anos o seu plantel se reduziu em 50%, não tendo sido realizada nenhuma compra. Os escravos que estavam presentes em 1808 eram os mesmos de 1798, a citar: Quitéria, Miguel, Elias e Efigênia. Havia uma família escrava quebrada. Efigênia, esposa de Antônio, constava na lista como viúva. Enfim, ao que tudo indica, o capitão passou por um processo de empobrecimento reduzindo sua escravaria. No entanto, a família escrava não se manteve devido à morte natural do cônjuge.[37]

No fogo chefiado pelo Tenente Antônio Manuel Roiz Borba, 33, e dona Ana Tereza de Jesus, 30, em 1798 havia cinco filhos e seis escravos. Entre os escravos, Joaquim, pardo, 40 anos e Joana, parda, 39. Transcorridos dez anos, ele contava com nove escravos, dentre os quais Joaquim e Joana, única família escrava identificada em 1798. Eles estavam presentes, não havendo o registro de filhos e nem a existência de outras famílias no plantel.[38] Assim como no caso do Capitão José Novais Dias, este proprietário passou por um

36 AESP. *op. cit.*, p.1057.

37 AESP. *op. cit.*, p.1091.

38 Ibidem, p.1119.

processo de enriquecimento, haja vista ter adquirido mais três escravos no espaço de dez anos.

Concluímos assim que, dos quatro militares localizados, três passaram por um processo de enriquecimento num período de dez anos, além de se manterem foram capazes de aumentar sua escravaria. Em apenas um caso, o único de empobrecimento, o número de escravos diminuiu. A estabilidade das famílias apresenta-se em dois fogos, um chefiado pelo Capitão José Novais Dias e o outro pelo Tenente Manoel Antônio Roza.

Mas, e quanto as mulheres brancas? Como elas se definiam como proprietárias de cativos? Sob a sua liderança e administração os escravos criavam laços familiares duradouros e estáveis?

O poder feminino

Conforme vimos, no capítulo terceiro, as mulheres brancas exerceram um importante papel na sociedade colonial. O papel social de liderança da mulher branca, em oposição às mulheres negras, não era herdado, nem vinha com a tradição, tratava-se de uma função nova, relacionada ao poder adquirido na colônia.[39]

Durante o processo de colonização, as mulheres brancas exerceram essa organização *suis generis* eram fundadoras de capelas, curadoras, mulheres de negócio, administradoras de fazendas e exerciam atividades como líderes políticas locais. Ao exercerem as funções de chefes de família, lideravam os clãs e as alianças do mandonismo local e, na esfera política, destacaram-se nas revoluções. Foi o caso de Bárbara de Alencar, que participou da Revolução de 1817, no Ceará.[40]

---

39 DIAS, Maria Odila L. S. *op. cit.*, p. 102.

40 Ibidem, p. 104.

A história social das mulheres pertencentes à classe dominante não se restringe apenas à clausura e à passividade. Questões demográficas, como as relacionadas às constantes ausências masculinas, fez com que as mulheres se tornassem flexíveis e assumissem papéis masculinos, sempre que se fizesse necessário.[41]

> Além disso, tarefas domésticas tomavam proporções enormes e de complexidade dificilmente apreciadas para quem não estuda de perto os afazeres da sobrevivência nas casas do Brasil colonial: o artesanato doméstico implicava capacidade de liderança e de administração, desdobradas em horas de trabalho e treinamento de escravos e de execução de tarefas penosas e lentas, envolvendo dias a fio de trabalho incessante, essenciais para a sobrevivência do grupo.[42]

Como chefes dos grupos familiares, as mulheres exerciam um papel de coesão e harmonização de forças contrárias que, muitas vezes, objetivavam destruir o clã doméstico. O estereótipo existente, das mulheres brancas como matriarcas hospitaleiras e generosas, na verdade, delineia personalidades fortes que exerceram papéis decisivos para a manutenção e reprodução dos grupos familiares coloniais.[43]

Muitas mulheres viúvas assumiram os negócios de seus maridos, respondendo por dívidas contraídas. A Fazenda Real as cobravam sem considerações especiais. Não eram raras as firmas comerciais, de grande ou médio porte, herdadas por viúvas. Viúva Rezende e filhos, Viúva Monteiro e família. Quando apresentavam dificuldade em habitar na zona rural, vendiam suas terras e mu-

41 DIAS, Maria Odila. *op.cit.*, p. 105.

42 Ibidem, p. 105.

43 Ibidem, p. 105.

davam-se para a cidade, juntamente com os filhos, e investiam em escravos de ganho, chácaras e casas de aluguel.[44]

Pela lei, as mulheres não podiam assumir cargo público, mas exerciam poder político, como aparece transcrito nos documentos. Pessoalmente, também eram proibidas de exercerem cargos administrativos, mas como proprietárias e herdeiras de cargos, intrometiam-se constantemente na administração pública. Podiam nomear e empossar meirinhos, tesoureiros, provedores, geralmente filhos e genros. Quando viúvas, recebiam pensão dos cargos dos maridos falecidos e impetravam ações contra autoridades.[45]

Das proprietárias estudadas em 1798 localizamos, após dez anos, dona Escolástica Vieira da Silva, lavradora e criadora, que possuía agregados brancos e mulatos, bem como treze escravos mulatos e oito pretos. Apenas entre os escravos pretos localizamos famílias constituídas. Era Joaquim, 60, e Rita, 50 – não havia nenhuma menção a filhos nascidos dessa união.

Em 1808, é possível localizar o fogo chefiado por dona Escolástica, onde ela aparece com uma filha, Ana Maria, 46, e José, seu neto, 20 anos. Possuía 22 escravos, entre mulatos e pretos. Localizamos Joaquim e Rita que, desde a lista de 1798, aparecem como casados, sem menção a filhos, e Cristovão e Benta.[46]

Com relação a Eva e sua filha Emanoela não foi possível a localização, tanto da mãe quanto da filha, pois estas não viviam mais nesta escravaria. Constatamos que, assim como no caso anterior, a família escrava se manteve no tempo, porém parcialmente.

Em casa de dona Escolástica Néboa, 28, havia quatro escravas adultas, isto é, acima de catorze anos, e quatro crianças com idades oscilando entre dois e nove anos. Córdula, 25, era mãe do peque-

44 Ibidem, p. 110.

45 DIAS, Maria Odila. *op.cit.*, p. 109.

46 AESP. *op.cit.* p. 1032.

no Henrique, 06, que foi batizado aos 28/01/1792, por Joaquim e Maria, solteiros e livres. O padrinho era filho de Manoel da Luz e a madrinha filha do Capitão Francisco Soares. Transcorridos seis anos, Córdula deu à luz uma menina, Veridiana, nascida aos 13/02/1804 e batizada onze dias depois pelo Reverendo Padre Bernardino da Costa e por Maria do Monte, solteiros e livres, tendo sido a madrinha exposta em casa de dona Escolástica. O nascimento do segundo filho garante-nos que, após seis anos, Córdula fazia parte da escravaria.

Não apenas após seis anos, mas também após dez. Na listagem de 1808, encontramos Córdula na escravaria de D. Escolástica, juntamente com sua filha Veridiana, não estando presente Henrique. Entre os doze escravos não encontramos outra família escrava constituída.[47]

Verificamos assim que, entre as mulheres brancas, as famílias escravas mantiveram-se no tempo, porém parcialmente. Será que esta conduta também pode ser encontrada, na comunidade negra, entre as pardas roceiras?

As pardas roceiras

A organização familiar dos escravos como vimos, no capítulo terceiro, era de fundamental importância para a obtenção de melhores condições de vida cotidiana. Após o cativeiro a estrutura familiar não desapareceu, mas foi organizada de forma mais veemente e foi uma alavanca para os forros sustentarem seus projetos e conquistas.[48]

A família era extensa, conforme os moldes africanos, não se prendia aos vínculos biológicos, abrangia todos os da casa, inclusive os agregados. Porém, ressaltamos que os libertos, como os

47 AESP. *op.cit.*,p.1032.

48 PAIVA, Eduardo França. *Por meu trabalho, serviço e indústria.* p. 259.

demais grupos sociais, incorporaram valores e representações, práticas culturais e formas de organização.[49]

Muitos forros buscavam aproximar-se do mundo dos brancos de forma aparente. Muitos enriqueceram, mas não conseguiram interagir com a elite colonial. O caminho não foi fácil, como não é até hoje, para os descendentes de escravos. Havia muitos empecilhos práticos e legais, mas muitos libertos, como os estudados por Paiva, continuaram na luta.[50]

As mulheres ocuparam um papel fundamental nos arranjos coloniais. Assumiram posições de autoridade, disfarçaram a realidade, celebraram o poder adquirido através de uma linguagem representada por símbolos, cores, matérias mágicas e balangandãs. No caso das forras mineiras, a ascensão econômica e a ostentação da riqueza, estavam relacionadas às maneiras mágicas de representar a manutenção e o poder.[51]

Dos seis fogos chefiados por mulheres pardas detentoras de roças em Cotia localizamos dois. Um deles é o de Ana Maria, natural da freguesia de Cotia, 42, solteira, parda, que vivia junto de seus dois filhos, João, 28, solteiro e Gertrudes, 29, solteira, e plantava para o sustento da família, não havendo portanto excedentes.[52]

O outro caso é o de Angela Pires, natural da Freguesia de Cotia, 58, viúva. Em 1798, não existia nenhuma dúvida com relação à cor de sua pele, parda, mas em 1808, o recenseador, anotou parda e depois marcou branca, sendo nítida no documento a alteração. A mesma vivia juntamente com seus quatro filhos e duas crianças agregadas; o menino José, então com onze anos apareceu, em 1798, listado como neto de Angela, filho de Rita, a outra criança, Antônia, 03

49 Ibidem, p. 264.

50 PAIVA, Eduardo França. *op.cit.*, p. 265.

51 Ibidem. p. 273.

52 AESP. *op.cit.*, p.1029.

anos, ao que tudo indica, também devia possuir laços consanguíneos com Angela. Assim como Ana Maria, Angela Pires plantava e colhia para o sustento de sua família, não havendo excedentes.[53]

Estas mulheres conseguiram se manter com o passar do tempo, tinham sua estrutura familiar e econômica assentada na terra. Não conseguiram ou não quiseram adquirir escravos, todavia elas se mantiveram economicamente estáveis.

O fogo chefiado por Inácia, que em 1798, das pardas forras era única proprietária de escravos não foi localizado. O que indica, que ela pode ter morrido e legado seus bens a outrem, bem como ela pode ter se mudado para outra região. A transmissão do patrimônio, entre os libertos, foi um ponto determinante na estruturação das relações interpessoais. A sucessão dos bens não significa apenas acesso aos recursos disponíveis, mas representa uma interferência na demografia, na organização e na qualidade das relações familiares, principalmente com relação ao modo como os bens são transmitidos e o momento do ciclo de vida em que se realiza.[54]

As pretas e pretos forros, do século XVIII mineiro, se preocuparam em realizar testamentos devido à idade avançada, às doenças ou mesmo quando se previa morte. Entre os motivos mais freqüentes estava a preocupação com a morte e o sepultamento, em geral, muito caros; eram necessárias velas, hábitos de São Francisco, a presença de vários sacerdotes e centenas de missas, dependendo das posses do defunto e do empenho das irmandades.[55] Os testamentos também foram uma forma de reconhecimento dos filhos

---

53 Ibidem, p.1098.

54 LEWCOWICZ, Ida. Herança e relações familiares: os pretos forros nas Minas Gerais do século XVIII. *Revista Brasileira de História*. S. Paulo. v.9, n°17, p. 103.

55 Ibidem, p. 105.

tidos fora do casamento, uma forma de protegê-los dos demais herdeiros forçados.[56]

Os padrões de riqueza, verificados para os forros, não destoavam dos vigente na sociedade mineradora: o escravo, que foi o principal fator de produção utilizado na lide extrativa. A fortuna mineira media-se relacionada ao número de escravos do possuidor.[57]

A propriedade mais comum entre os forros era a casa de moradia na cidade, uma área em geral ocupada por um bananal, mas a posse de escravos foi o principal determinante no grau de riqueza dos forros, assim como era para os homens brancos. A média de posse era de dois a três. O casamento contribuía, em parte, para o aumento da riqueza, os casados possuíam um maior número de escravos, porém, este fator não era determinante, haja vista que os solteiros também detinham escravos.[58]

Os forros viam no casamento uma possibilidade de ascensão, mesmo quando realizado entre eles. Uniões tardias e sem filhos não foram incomuns. A ausência de uma descendência direta fez com que eles legassem seus bens a pessoas com quem estavam ligadas pelos laços do compadrio, da amizade e da gratidão. Tal fato se acentua quando em relação aos africanos. A ordem de preferência era afilhados, filhos de amigos, compadres, amigos e antigos senhores.[59]

Não era somente por meio da morte que se transmitia bens entre os pretos forros de Minas. Assim como os membros da elite colonial, eles praticavam o adiantamento de heranças, principalmente para dotar suas filhas. Este comportamento tinha como objetivo auxiliar os filhos a encontrar um casamento legítimo dentro do grupo dos libertos. Os forros davam a suas filhas pequenos do-

---

56 Ibidem, p. 106.

57 LEWCOWICZ, Ida. *op.cit.*, p. 106.

58 Ibidem, p. 107-108.

59 Ibidem, p. 108-109.

tes, geralmente um único escravo que, com seu trabalho na lavra, poderia ser capaz de assegurar um rendimento considerável, ao menos mínimo para a sobrevivência do casal.[60]

Os filhos do sexo masculino, quando exerciam ofício de sapateiro e carpinteiro no lar paterno, às vezes se beneficiavam com o adiantamento da legítima. Casamentos, heranças e dotes figuravam nas relações familiares entre forros em Minas Gerais. Isso demonstra, à primeira vista, que eles não diferiam sistematicamente do restante da população mineira colonial.[61]

As mulheres pardas cotianas eram pobres, lutavam pela sobrevivência, mesmo sendo heroínas quotidianas, tudo indica que não podiam trazer balangandãs à cintura, objeto que servia para proteger a portadora, nem os pingentes que representavam a fertilidade e a sexualidade feminina, insígnias de poder das mulheres sobre as famílias e outros grupos sociais. Acredita-se que tenha significado para os iniciados em práticas religiosas africanas e afro-brasileiras. O que para alguns, era um adorno sem a melhor importância, para outros significava um símbolo de autoridade, de poder, de devoção e de proteção.[62]

Após o estudo da capacidade de gerenciamento das mulheres forras sobre suas próprias vidas. Cabe-nos examinar a situação dos roceiros, proprietários de famílias escravas, no transcorrer destes dez anos. Entre os roceiros como se estruturava a posse dos escravos. Quais eram as possibilidades dos cativos constituírem uniões estáveis?

Os roceiros

Proporcionamos, no capítulo terceiro, um destaque aos roceiros como proprietários de escravos, agora verificamos a estabili-

60 LEWCOWICZ, Ilda. *op.cit.*, p. 113.

61 Ibidem, p. 113.

62 PAIVA, Eduardo França. *Por meu trabalho, serviço e indústria.* p. 279.

dade das suas escravarias. Em 1798, em casa de Inácio Dias Vieira, 50, e Maria Domingues, 40, moravam os cinco filhos do casal, com idades oscilando entre cinco e catorze anos, e mais cinco escravos. O casal Zacarias, 25, e Bárbara, 23, tinham três filhinhos: Maurício, 08, Luzia, 06, e Rita, 02.

Em 1808, Inácio Dias Vieira aparece com seus quatro filhos e oito escravos. Zacarias e Bárbara continuam no plantel e juntamente com seis crianças. Maurício aparece com 18 anos, Luzia com 16 anos. Rita não se encontra presente, mas Suzana, nascida em 01/03/1808, aparece na lista com exatamente sete anos. Bento, nascido em 1795, que já não aparecia na lista de 1798, continua inexistente e registra-se a presença de mais três crianças, nascidas no intervalo destes dez anos a nomear: Inácia, cinco anos, Dezidéria, 02 e João, menos de dois. Verificamos assim, que se trata este de um plantel familiar, onde todos os escravos estão ligados por laços de parentesco. Na verdade, é uma única família escrava, com seus filhos que se mantém, parcialmente, no transcorrer de dez anos. As conclusões combinam-se com as demais, a família manteve-se, porém parcialmente, não contando com todos os seus membros. Estruturas familiares como esta, situadas em uma economia rural, podem aventar a hipótese da família escrava, nestes contextos, ser utilizada como uma forma de reprodução natural dos cativos.[63]

Esse universo aponta ainda a pobreza em que vivia os proprietários rurais paulistas, detentores em sua maioria de poucos escravos, quando estes não eram inexistentes.

> Grande parte dos pequenos plantéis eram compostos de cativos nascidos e criados na mesma freguesia ou provenientes de regiões circunvizinhas, entre eles muitas crias da casa, geradas nos relacionamentos entre escravos de um

63 AESP. *op.cit.*, p. 1049.

> mesmo senhor, outros, herdados do patrimônio das famílias aí estabelecidas há tempo.[64]

Em 1798, Vicente Dias Correia, 50, e Tereza Francisca, 55, possuíam cinco filhos, com idades oscilando entre três e 25 anos, e somente um casal de escravos. Joaquim, pardo, 30, e Ana, liberta, parda, 20. Estes possuíam três filhos: Francisco, liberto, pardo, 01, Rosa, liberta, parda, 05 e Inácia, liberta, parda, 03. Havia ainda mais uma liberta, Maria, agregada, 50. Tratava-se, evidentemente, de um caso de casamento misto.

Em 1808, Vicente Dias continuava possuindo apenas um escravo, Joaquim, casado com Ana. Ela e seus filhos continuavam como agregados e localizamos mais quatro crianças listadas após o nome de Ana que, ao que tudo indica, eram filhos do casal, nascidos no intervalo dos anos, Ana, 09, Maria, 04 José, 05, Anna, 03. Constatamos assim que a família mista manteve-se no plantel.[65]

Sabemos que o casamento e o nascimento legítimo eram indicadores de mobilidade social, não apenas para a população branca como para a livre de cor, principalmente os mulatos que desfrutavam de uma melhor situação na sociedade quando em comparação com os escravos. Os casamentos inter-raciais também eram um fator de mobilidade social, mas estas uniões legais eram bastante raras, sugerindo uma certa aceitação por parte da sociedade branca. [66] Evidentemente, o caso acima trata-se de um casamento misto de condição, um era escravo, mas o outro não, questões como a cor da pele e fatores econômicos não estavam presentes.

Em 1798, José Barbosa de Lima, 43, e Maria de Farias, 41, possuíam treze escravos e cinco agregados. Entre esses haviam

---

64 WISSENBACH, Maria Cristina. *Sonhos africanos, vivências ladinas.* p. 98-99.

65 AESP. *op. cit.*, p.1111.

66 KLEIN, Herbert. *op. cit.* p. 16-17.

duas famílias constituídas por homens escravos casados com mulheres libertas. João, preto, 40, e Silvéria, liberta, parda, 30; e Inácio, pardo, 31, casado com uma mulher cujo nome se encontra ilegível, 30. Havia cinco crianças, com idades oscilando entre dois e nove anos, cujos pais não foram identificados.

Em 1808, algumas destas crianças continuavam no plantel, eram Joaquim, Roque e Francisco. Anastácio aparece listado como agregado. Os casais que representavam as famílias de 1798, não se encontravam mais presentes.[67]

Por sua vez, o domicílio chefiado por Roque Machado da Silva, 70, e Isabel Maria, 50, pais de uma criança cujo nome encontra-se ilegível, possuía cinco escravos e, dentre eles, havia uma família constituída por Feliz, pardo, 60, e Suzana, liberta, 46.

Em 1808, Roque Machado contava com quatro escravos. A família escrava identificada não mais existia. O plantel passou por algumas alterações, de todos os escravos listados em 1798 apenas uma mantinha-se no plantel, Brízida, então com 27 anos e viúva. Em 1798, ela aparecia solteira, tendo neste período de tempo casado e enviuvado. Não podemos afirmar que o proprietário tenha passado por um período de empobrecimento, haja vista que em 1798 ele possuía cinco escravos e, passados dez anos, ele possuía quatro. Mas, podemos asseverar que ele passou por um período de instabilidade econômica que levou à venda dos escravos antigos e a posterior substituição por outros.[68]

Em 1798, Joaquim Mendes Rapozo, 54, e dona Maria da Assunção, 46, pais de quatro filhos com idades oscilando entre três e dezesseis anos, possuíam quatro escravos, adultos – três mulheres e um homem – e duas crianças. Através dos registros

67 AESP. *op. cit.*, p.1095.

68 Ibidem, p.1086.

de batismo, descobrimos Maria, na época solteira, parda, 34, era mãe de Adam, pardo, 03.

O pequeno Adam foi batizado aos 19/02/1795 por Manoel Ferreira Duarte, viúvo, livre e Angélica Maria, solteira, livre – consta dos autos que o padrinho era pai da madrinha. Entre os escravos temos Gertrudes que, em 01/07/1801, deu à luz Amaro, filho natural, batizado pelo alferes Rafael Antônio Costa, livre, casado com Gertrudes de Oliveira. Quanto ao pequeno Inácio, pardo, três anos, permanece a dúvida de quem seriam seus pais. Em 1808, haviam oito escravos dentre os quais localizamos Maria e Gertrudes, sem os seus filhos. Percebe-se que o plantel aumentou 100%, haja vista que de quatro escravos, em 1798, passou a oito. Porém, as famílias escravas manteram – se parcialmente.[69]

No domicílio chefiado por Thomé Homem de Goy, 68, casado com dona Josefa Machado, 56, era o único roceiro que, no ano de 1798, entre seus escravos não possuía famílias constituídas. Eles possuíam dois filhos: Caetano Homem, solteiro, 28, e Ana Machado, solteira, 38. Entre os escravos estava Fabiano, preto, solteiro, 40 – que em 1804, batizava seu filho. O pequeno Benedito, nascido aos 01/06/1804, filho de Fabiano e Isabel, teve como padrinhos Domiciano e Gertrudes Borba, ambos casados e livres. O padrinho era filho de Agostinho Homem.

Em 1808, localizamos o fogo chefiado por Thomé Homem de Goy, apresentado como Alferes, 59, e dona Josefa Machado, 59. Fabiano e Izabel aparecem na lista, mas não o seu filho, o pequeno Benedito. Mais um caso de família escrava parcial. Entre os escravos, temos Catarina, viúva, com 84 anos, que não estava presente há dez anos. Desde 1798, havia um casal de agregados negros com

69 AESP. *op.cit.*, p .1087.

dois filhos, que após dez anos permaneciam na escravaria, com mais três filhos.[70]

Assim como nos grupos anteriores, a família escrava manteve-se parcialmente, na maioria dos casos. Um caso de família mista, destaca-se entre os demais, onde após dez anos, é possível constatar a união, e o aumento do número de filhos. Por outro lado, constatamos que em dez anos, a esposa não obteve a alforria do marido, acompanhando-o por todo este período no cativeiro, juntamente com os filhos nascidos livres. Este exemplo, talvez possa indicar, as dificuldades de obtenção de alforria num ambiente rural e pobre como Cotia.

Mas, além dos proprietários de escravos, existiam outros grupos sociais em Cotia como os pardos roceiros, representado neste capítulo pelas mulheres, e os brancos pobres que não fazem parte do recorte adotado neste estudo. Encontramos ainda, os pardos desprovidos de bens, de roças, sendo por isso denominados vadios. Os descendentes de escravos, desde os tempos da escravidão e até os dias atuais, estão associados ao trabalho, ao dispêndio da força. Qualquer desvio neste sentido conduz as autoridades a considerar como vadios aqueles que não se dedicavam ao acúmulo de riqueza. Os pardos não estavam mais sobre o jugo do cativeiro, no entanto carregavam o peso do preconceito e da discriminação. Por isso, na Cotia entre 1798 e 1808, cabe-nos interrogar: Quem eram os vadios? Como viviam? Com o passar do tempo, eles acumularam bens ou continuaram imersos na pobreza? Como organizavam suas famílias? Eram estáveis e duradouras ou, simplesmente, não existiam? Cabe ao tópico seguinte elucidar estas questões.

---

70 Ibidem., p.1086.

Os vadios

As autoridades coloniais e metropolitanas viam os mestiços e forros como um grupo que trazia incômodo à sociedade. Eram vistos como aqueles que roubavam, matavam, vadiavam e desacatavam as ordens. Em Minas, eles eram considerados nocivos, mas ao mesmo tempo necessários para a arrecadação dos quintos reais. Sem dúvida, existe uma diferença na forma pela qual eles eram vistos pelas autoridades e o seu dia-a-dia. Não foi o fato de burlarem as leis, mas ascenderem economicamente e adquirirem certo status social o que tanto incomodou a elite branca.[71] Será que o comportamento das autoridades coloniais em Cotia era próximo ao mineiro?

Dos onze fogos compostos de vadios, localizados em Cotia, em 1798, localizamos, após dez anos, dois. Um refere-se a João Jorge, pardo, soldado miliciano, 41 anos, viúvo de dona Ana Pedroza, que vivia juntamente com seu filho, Bento, 09 anos. Em 1798 foi classificado como vadio, passados dez anos, houve uma reclassificação social, ele ascendeu a pardo roceiro, visto que plantava e colhia para o sustento de sua família, que se reduzia a ele e seu pequeno filho.[72]

O outro caso refere-se a Joaquim de Lima, 56, que no transcorrer dos dez anos também se tornou viúvo, com cinco filhos. Passou pelo mesmo processo de acumulação de terra que João Jorge, haja vista que dez anos antes havia sido classificado como vadio. Em 1808, verificamos que já se tratava de um pardo roceiro, que plantava e colhia para o sustento de sua família.[73]

Estes exemplos demonstram que, no interior da sociedade cotiana colonial, havia brechas que permitiam a ascensão de não-bran-

---

71 PAIVA, Eduardo França. *op. cit.*, p. 238.

72 AESP. *op. cit.*, p.1108.

73 Ibidem, p.1098.

cos. Estes pardos, desprovidos de tudo, menos de família, conseguiram ascender a roceiros. Neste processo de ascensão, verificamos que Joaquim de Lima ficou viúvo, privando-se da força e da determinação feminina. As causas da sua ascensão, talvez, estejam presentes na morte da esposa, ele pode ter recebido alguma herança.

Nas áreas urbanas os libertos viviam de forma pacata, sem provocar profundas modificações na lógica do sistema escravista. Eram libertos em uma sociedade escravocrata, carregando consigo o estigma do cativeiro. Tornar-se senhor de escravos era um dos objetivos perseguidos por eles.[74]

A vida no pós-alforria deve ser melhor pensada, questões que busquem respostas de como os libertos se organizavam, como trabalhavam, onde moravam, quais eram seus relacionamentos e costumes, as dificuldades que apresentava a integração no mundo dos brancos, a preservação de suas práticas e representações culturais sua forma de comportamento, suas escolhas de convivência. Por muito tempo, a alforria foi vista como a porta para a vadiagem, os escravos vadiavam e depois voltavam para as fazendas por não terem condições de gerenciar a sua própria liberdade. Reforçando assim os estereótipos racistas de que ao negro/africano/descendentes de africanos era necessário o cativeiro.[75]

Os libertos aproveitaram-se de todas as possibilidades oferecidas pelo sistema, visando um processo de enriquecimento. Não foram poucos os proprietários, em Minas, que legaram moradia, instrumentos de trabalho e bens materiais a seus ex -escravos.[76]

Os libertos e libertas aproveitaram as oportunidades existentes de trabalho e lutaram pelo seu sustento. A maioria dos forros não conseguiu uma condição material que os desvinculasse da po-

---

74 PAIVA, Eduardo França. *Por meu trabalho, serviço e indústria.* p. 239.

75 Ibidem, p. 240.

76 Ibidem, p. 242.

breza. As libertas, em geral, ocupavam-se do pequeno comércio de alimentos, trabalhavam na lavagem de roupas, na amamentação remunerada, nos partos, na criação de enjeitados pagos, pela câmara, e também na prostituição.[77]

Repensar a vadiagem, o papel e a participação dos pardos neste contexto, faz parte de uma nova tendência historiográfica que se volta para as questões relacionadas ao cotidiano.

O âmbito de atuação das novas tendências historiográficas, abrange questionamentos sobre a economia colonial. Conforme apontamos, no capítulo primeiro deste trabalho, a economia colonial não se voltava exclusivamente para o mercado externo. Neste contexto, insere-se a conformação econômica de Cotia, foco deste estudo, onde reinava a pobreza e a economia de subsistência. A economia mineira, tradicionalmente compreendida como exportadora, vem sendo questionada pelos historiadores. O tópico seguinte objetiva discutir questões sobre economia colonial, culturas de subsistência e de exportação.

Novas perspectivas historiográficas: outra vez

A discussão, encetada no capítulo primeiro deste trabalho, sobre as novas perspectivas de pesquisa, retorna neste momento. Iniciamos a discussão apresentando o trabalho de Costa sobre Bananeiras, província da Paraíba do Norte. Ela procurou compreender o papel da mão-de-obra escrava nas lavouras voltadas para a exportação, bem como para o mercado interno de subsistência. Neste estudo, a autora retoma o debate encetado na historiografia e representado por Martins e Martins filho e Slenes. Os autores em questão representam duas vertentes opostas, dois pólos de interpretação. Os Martins, através de um trabalho sobre Minas Gerais

77 PAIVA, Eduardo França. *op.cit.*, p. 247 e 253.

no século XIX, argumentam que a origem da grande população escrava mineira foi a produção e o consumo de bens trocados nos mercados locais; enquanto Slenes, afirma que a origem daquela população foi a articulação da produção voltada para o comércio externo juntamente com os mercados locais.[78]

Neste debate, outros autores merecem destaque pela realização de pesquisas sobre o assunto, são eles Castro e Schwartz, que discutem o grau de concentração e difusão da mão-de-obra escrava pelos diversos tipos de cultivos, então existentes.[79] Luna e Cano também podem ser aqui agrupados, pois advogam que o pequeno grau de mercantilização da economia mineira não teria sido forte o suficiente para importar escravos africanos, sendo assim, apontam fatores naturais – balanço positivo entre o número de nascimentos e mortes como o fator explicativo para o crescimento da população. Slenes não corrobora estas afirmações argumentando que, juntamente com os Martins, estes autores estariam minimizando o papel exercido pelo setor exportador nas Minas e seu impacto na economia interna da província. Foram as atividades de exportação que permitiram, além de um grande tráfico interno de escravos, a constituição de um centro dinâmico, que refletiu seus efeitos no restante da economia.[80]

Libby e Paiva apontam também que a reprodução natural dos escravos foi positiva em algumas regiões de Minas. Além do mais, afirmam que o tamanho da posse não era uma variável importante em relação aos padrões reprodutivos, mas que a reprodução era

---

78 COSTA, Dora Isabel Paiva da. Demografia e economia numa região distante dos centros dinâmicos: uma contribuição ao debate sobre a escravidão em unidades exportadoras e não exportadoras. *Estudos Econômicos*, v. 26, n.1. p. 113.

79 Ibidem, p. 113.

80 COSTA, Dora Isabel Paiva da. *op. cit.*, p. 116.

sim um fator de grande importância, determinando o tamanho da posse dos escravos.[81]

Os Martins confrontam a visão tradicional da historiografia, que associa trabalho escravo e produção voltada para a exportação, também afirmam que Minas não exportou escravos, ao contrário, importou, por possuir uma economia diversificada e não orientada para a exportação. Eles caracterizam a economia mineira como não-constituída de *plantation*, nem voltada para a exportação, mas sim como auto suficiente, diversificada e isolada dos mercados externos.[82]

Slenes, em *"Os múltiplos de porcos e diamantes"*, enfatiza uma crítica a estas prerrogativas apontando, no trabalho dos Martins, vários pontos críticos, tais como: o valor calculado das exportações, o contrabando, as cifras de entrada dos africanos em Minas, mas principalmente as ligações entre o setor exportador e o setor de produção para o consumo interno. Slenes demonstra que o setor exportador mineiro não era fraco e insignificante, atravessou um período gradual, mas se constituiu num centro dinâmico da economia. Para Slenes, o setor exportador não pode ser entendido de forma desarticulada do setor de produção de mantimentos. Para os Martins, isso demonstra que Slenes defende um modelo simples de "divisão regional do trabalho".[83]

Em Bananeiras, região voltada para a produção de cultivos ligados à exportação e produtos voltados para o comércio interno, a ocupação do território esteve ligada a terras doadas para criação de gado e cultivos de lavoura para a manutenção das populações. As primeiras doações ocorreram no início do século XVIII e, no final do mesmo, já encontramos doações de terras visando a implantação de engenhos. Desde o final do século XVIII, eram realizadas

81 Ibidem, p. 117.

82 COSTA, Dora Isabel Paiva. *op.cit.*, p. 118.

83 Ibidem, p. 115.

criações de gado vacum e cavalar, plantações de lavouras e roças. A partir de 1850 surgem os primeiros registros de engenhos de ferro com caldeiras e alambiques [84]

Constatou-se uma grande porcentagem de senhores trabalhando com um reduzido número de escravos ou nenhum escravo sequer. Sendo assim, Costa corrobora as opiniões de Martins quando ele enfatiza o papel da mão-de-obra escrava em cultivos voltados para o mercado interno, porém não corrobora em relação ao

> ..modelo rígido por eles elaborado, no qual milhares de cativos teriam sido comprados por setores de menor produtividade e rentabilidade sem a participação significativa dos setores de menor produtividade e rentabilidade cujos efeitos multiplicadores teriam promovido a estruturação de setores produtivos voltados para os mercados locais e regionais.[85]

Os dados de Costa demonstram uma difusão e dispersão da mão-de-obra cativa e uma relativa concentração no setor canavieiro. Os donos de pequenos e médios plantéis e os não plantadores de cana, tinham uma participação significativa, a participação de maior destaque e vulto refere-se ainda aos donos dos grandes plantéis e os plantadores de cana.[86]

Estas prerrogativas corroboram, em parte, os dados obtidos para Cotia, uma região rural pobre voltada para a economia de subsistência, onde a posse de escravos era diluída.

A escravidão, vivificada nas cercanias rurais, favorecia a mobilidade dos cativos; era resultado da pobreza e do ritmo mais afrouxado de trabalho. Esses fatores contribuíram para o estabelecimento de

---

84 COSTA. Dora Isabel Paiva. *op.cit.*, p.118.

85 WISSENBACH, Maria Cristina. *op. cit.*, p. 131.

86 Ibidem, p.131.

relações entre escravos de senhores diferentes. Porém, não podemos relacionar pobreza senhorial e liberdade de movimento dos cativos. Hábitos semelhantes existiam em plantéis mais numerosos. Em fazendas de senhores abastados, moradores da cidade e com uma estrutura de disciplina rígida e organizada, era comum os escravos circularem aos domingos pelos arredores das propriedades.[87]

Em Cotia, localizamos alguns tipos de fogos onde todos os escravos do plantel estavam ligados por laços de parentesco, esta questão viabiliza as prerrogativas já levantadas por outros autores como Wissenbach que, na zona rural e pobre dos arredores da cidade, a família escrava pode ter sido, em alguns momentos e para alguns senhores, uma forma de reprodução natural dos escravos.[88]

Sendo assim, é possível compreender a família escrava não somente como uma forma de resistência dos cativos perante os senhores; mas também como uma estratégia de dominação e de lucro dos segundos sobre os primeiros.

Conforme apontam os estudos desenvolvidos por Motta, Fragoso e Florentino para outras localidades brasileiras, a família escrava é uma estratégia de resistência que deve ser compreendida por meio do campo da negociação cotidiana.

Neste capítulo constatamos que mesmo num ambiente rural, com economia de subsistência como Cotia, é possível o florescimento, a manutenção e a reprodução das famílias escravas. A maior parte dos estudos referem-se a regiões de grande lavoura, que produziam para a exportação e Cotia situa-se, assim, na contramão da História. Por meio dela percebemos que a família escrava se encontrava em todos os contextos.

---

87 WISSENBACH, Maria Cristina. *op.cit.*, p. 116.

88 Ibidem, p. 246.

As famílias pardas também foram estudadas, e nelas verificamos um padrão de organização familiar que incluía mais de uma geração; localizamos mulheres pardas que, apesar de estarem vivendo em companhia de um homem, eram denominadas chefes de domicílio. A manutenção destas famílias estava relacionada a fatores diferentes das que envolviam as famílias escravas. As famílias dos pardos eram responsáveis pelo seu próprio sustento, gerenciavam suas roças. A mobilidade sócioeconômica, como nas demais camadas sociais, também se fazia presente. Os tipos analisados em 1798, continuaram presentes transcorridos dez anos, com exceção dos religiosos.

Enfim, o universo socioeconômico cotiano era rico, detentor de elementos importantes para a compreensão do contexto colonial: havia músicos e soldados milicianos pardos, famílias escravas e forras estáveis, vadios que galgaram socialmente, mulheres brancas e pardas como proprietárias de cativos. Enfim, a especificidade de Cotia demonstra-se pela sua particularidade e pela diversidade de questões que suscita um estudo a região.

Considerações finais

Já se passaram mais de cem anos da abolição da escravidão negra. No entanto, ainda se faz necessários estudos que recuperem o cotidiano e as formas de organização de cativos e libertos, devido às condições em que se encontram as relações raciais no Brasil atual.

Em 1985 Karasch, historiadora norte -americana, preocupou-se em traçar as etnias africanas existentes no Rio de Janeiro do século XIX e explicar o significado de alguns termos que refletem a miscigenação ocorrida em terras brasileiras. Determinou que o termo preto era menos carregado do que a palavra negro. A primeira era utilizada para se referir aos nascidos no Brasil escravos ou não é o segundo, geralmente referia-se aos africanos escravos. Havia ainda a categoria dos pardos, termo usado para definir o mulato, aquele que possuía ascendência africana e europeia. Os pardos distinguiam--se dos crioulos e de outros grupos miscigenados. O cabra, termo pejorativo utilizado para designar um indivíduo com mistura racial indeterminada, também já era conhecido no século XIX e se tratava de uma categoria que abarcava os cafuzos e os caboclos.[89]

Mas, como demonstra o estudo de Karash para o Rio de Janeiro, houve uma gama de etnias que chegaram ao Brasil portando valores e posicionamentos diferentes que sem dúvida, em muitos casos em vez de se complementarem se chocavam e se contradiziam, por isso afirmamos que os costumes africanos se metamorfosearam em terras brasileiras, não apenas com a cultura imposta pelos portugueses, mas também pelas trocas culturais realizadas com outros africanos.

O Instituto Datafolha foi à rua investigar a "cor" do brasileiro. E qual não foi a surpresa ao encontrar 136 tipos de tonalidades de pele que variam de acastanhada a vermelha, eufemismo que objetivam minorar a ascendência africana.[90]

Este estudo tem a pretensão de ser uma contribuição à história social da escravidão. Nele, analisamos a organização dos escravos e dos libertos em Cotia, região não exportadora, relegada até o momento pela historiografia, à luz de uma bibliografia de história, antropologia e sociologia africanista.

> As causas dos diferenciais que nos têm ocupado situam-se além das variáveis demográficas e econômicas, pois dizem respeito à postura coletiva, cujos condicionantes encontram-se em hábitos e costumes os quais formam-se no correr tempo e, certamente, decorreram das experiências

89 KARASCH, Mary. *Slave life in Rio de Janeiro*, p. 4-8.

90 SCHWARTZ, Lília. Questão racial no Brasil. In.: SCHWARTZ, Lília Moritz REIS, Letícia Vidor de Sousa.(org.) *Negras imagens: ensaios sobre cultura e escravidão no Brasil*, p. 171.

> vividas objetiva e subjetivamente pelos distintos grupos aqui discriminados representam ainda provavelmente estratégias de sobrevivência e condições econômicas defrontadas pelos cativos. Neste sentido, é possível que a maior incidência de casamentos entre as africanas fosse uma forma de encontrar, no meio adverso, para o qual haviam sido deslocadas, o refúgio no seio do qual se procurava preservar elementos culturais trazidos do outro continente; este refúgio poderia significar, também, um mínimo de segurança num mundo praticamente desconhecido e possivelmente hostil.[91]

Nossa proposta foi buscar compreender as raízes africanas dos negros que aqui chegaram. Homens e mulheres, escravizados no Brasil, não eram tábuas rasas que se submeteram integralmente ao regime da época. Trouxeram valores e posturas próprias frente ao casamento, à maternidade, à organização familiar e as estruturas do parentesco.

A família negra mantém reminiscências da organização familiar africana. A família extensa e a incorporação de indivíduos que não possuem laços de sangue, mas de amizade, são costumes e tradições que ainda se perpetuam apesar de muitos não saberem a origem.

Devido à conformação histórica da província de São Paulo, onde apenas tardiamente conformou-se uma economia agroexportadora associada à formação de grandes plantéis, até pelo menos meados do século XVIII a posse de escravos africanos e crioulos era pequena e, em geral, estava vinculada a atividades não diretamente produtivas. Após o advento da lavoura da cana-de-açúcar e do café, concentrou-se a mão-de-obra escrava devido às necessidades da *plantation*. Em São Paulo, mesmo no século XIX, levando-se em conta a atividade econômica da região e o ritmo de urbaniza-

91 Costa, Iraci Del Nero, Slenes, Robert W. Schwartz, Stuart. *op.cit.*, p. 286.

ção, mantiveram a pequena e média propriedades escravas como traço dominante.[92]

Em Cotia, região rural portadora de uma economia de subsistência, observamos que, mesmo parcialmente, a família escrava se manteve neste contexto. Conforme ressalta Metcalf, a família dos escravos estava interligada ao ciclo de vida dos senhores e às condições sócioeconômicas dos mesmos. A pobreza reinante em Cotia, foi um fator de mobilidade tanto para a população branca quanto para a negra. No caso das famílias de libertos, estes estavam condicionados a outras variantes, distintas das referentes a família escrava, as dificuldades econômicas e a morte natural interferiram de forma significativa nas possibilidades de manutenção e reprodução destas famílias. A única mulher parda que, em 1798, aparecia como detentora de roças e proprietária de escravos, não se encontrava presente em 1808, podendo ter morrido e legado os seus bens a outrem, conforme observamos ao estudarmos a transmissão do patrimônio entre os libertos. Como bem diz Del Priore, e demonstra o estudo de Faria *A colônia estava em movimento.*[93] A terra, ainda mais quando situada no ambiente rural, onde a pobreza era dominante não deixou de ser um fator de mobilidade social.

Entre os proprietários localizamos mulheres, religiosos, militares e roceiros. Haviam ainda pardos detentores de roças e de escravos, organizados em família. Vadios, que buscavam proteção e ajuda mútua na instituição familiar, registrando-se até mesmo dois casos de mobilidade social. Além de músicos e soldados milicianos pardos, exemplos de possibilidades de ascensão social.

Uma parte da relutância dos brasileiros em reconhecer a ascendência africana, tem suas bases numa família escrava, e poste-

---

92 WISSENBACH, Maria Cristina. *op. cit.*, p. 89.

93 Ver FARIA, Sheila de Castro. *A colônia em movimento: fortuna e família no cotidiano colonial.* Rio de Janeiro: Nova Fronteira,1998.

riormente liberta, parcial, onde também havia espaço para a violência entre seus membros. Conforme demonstramos no capítulo terceiro, as relações entre homens e mulheres são tensas nas sociedades africanas, existe uma relação de antagonismo e de complementaridade refletida nos contos e na vida cotidiana, onde a união de ambos levava ao equilíbrio, à estabilidade, permitindo a criação de um novo ser, que daria à mulher respeito e segurança. É mais, demonstramos, claramente o quanto o elemento macho necessita da fêmea, pois através dela, como disse Balandier, e por ela o homem se realiza.

Florentino e Góes destacam, no seu estudo para a Paraíba do Sul, o poder dos mais velhos entre os escravos. Em África, localizamos estas origens. Este costume relaciona-se às relações entre as classes de idade e os conflitos de gerações, discutidos no capítulo segundo e no quarto.

Conforme atentou Faria, os estudos sobre as famílias não devem se ater em demasia a mapas, gráficos e tabelas que foram, e ainda são, muito importantes para provar a existência da família escrava, mas que não respondem múltiplas indagações sobre o imaginário dos escravos.

Os cativos descendiam de estruturas familiares fortemente definidas, onde havia espaço para monogamia, poligamia, residências conjuntas ou separadas. As crianças, assim como a maternidade e os laços de parentesco, eram valores de alta conta que norteavam a sociedade africana. Esses valores imigraram para as terras brasileiras e aqui se metamorfosearam através das novas relações de parentesco e compadrio na capitania de São Paulo colonial.

Fontes

Fontes manuscritas

ACMSP- Arquivo da Cúria Metropolitana de São Paulo

Livros n° 3-2-47
Livros n°10-2-91
Livros n°10-2-34
Livros n°10-2-12

AESP - Arquivo do Estado de São Paulo

Maços da População - 1798 - Cotia
Maços da População - 1808 - Cotia

Fontes impressas

ANTONIL, André João. *Cultura e Opulência do Brasil por suas drogas e Minas*. Rio de Janeiro, Conselho Nacional de Geografia, 1963.

BENCI, Jorge. *Economia Cristã dos senhores no Governo dos Escravos (1705)*. São Paulo: Grijalbo, 1977.

CONSTITUIÇÕES Primeiras do Arcebispado da Bahia. 1853.

ROCHA Manoel Ribeiro. *Etíope Resgatado: empenhado, Sustentado, Corrigido, Instruído e Libertado*. Rio de Janeiro: Vozes, 1992.

Bibliografia

Livros e artigos

ABUD, K.M. *Autoridade e Riqueza: Contribuição para o estudo da Sociedade Paulistana na Segunda Metade do Século XVIII.* São Paulo: Dissertação de Mestrado, FFLCH/USP, 1978.

ALANIZ, Anna Gicelle G. *Ingênuos e libertos: estratégias de resistência familiar em épocas de transição 1871-1895*. Campinas. CMU/ UNICAMP, 1997.

ALCANTARA MACHADO. *Vida e morte do bandeirante.* São Paulo: Martins. s/d.

ALGRANTI, L.M. *Honradas e devotas: Mulheres da colônia: um estudo sobre a condição feminina através dos conventos e recolhimentos do sudeste: 1750-1850*. São Paulo: Tese de Doutorado, FFLCH/USP, 1992.

______. Criminalidade escrava e controle social no Rio de Janeiro (1810-1821). *Estudos Econômicos.* São Paulo. vol. 18. (especial) p. 45-79. 1988.

______.*O feitor ausente: estudos sobre a escravidão urbana no Rio de Janeiro - 1808-1822*. Petrópolis: Vozes, 1988.

ALMEIDA, ANGELA. *Pensando a Família no Brasil.* Rio de Janeiro: Espaço e Tempo,1987.

ANDERSON, Michael. *Elementos para a História da família ocidental 1500-1914*. Lisboa: Editorial Querco,1984.

ARANTES, Antônio Augusto. Pais, Padrinhos e o Espírito Santo: um reestudo do Compadrio In: *Colcha de Retalhos: estudos sobre a família no Brasil* 2ª.ed. Campinas, SP: Editora da UNICAMP, 1993.

ARENDT, Hannah. *A Condição Humana.* Rio de Janeiro: Forense Universitária; Rio de Janeiro: Salamandra: São Paulo: Ed. Universidade de São Paulo, 1981.

ARIÈS, P. *História Social da Criança e da Família.* 2ª edição, Rio de Janeiro: Zahar, 1981.

AUGÉ, Marc. *Os domínios do parentesco: filiação, aliança matrimonial, residência.* Lisboa: Edições 70, 1975.

BACELLAR, Carlos A. P. *Os senhores da terra: família e sistema sucessório entre os senhores de engenho do oeste paulista 1765-1855.* São Paulo: Dissertação de Mestrado, FFLCH/ USP, 1987.

________. *Família e sociedade em uma economia de abastecimento interno (Sorocaba - séculos XVIII e XIX).* São Paulo, Tese de Doutorado, FFLCH/ USP, 1994.

BAKOS, Margareth. Considerações em torno do protesto do escravo negro no Rio Grande do Sul (1738-1848). *Estudos Econômicos.* vol. 18(especial). pp.167-180, 1980.

BALANDIER, Georges. *Antropo-Lógicas.* São Paulo: Editora Cultrix / EDUSP, 1976

BELLOTO, H. L. *O Governo do Morgado de Mateus: Primórdios da restauração da Capitania de São Paulo. (1765-1775).* São Paulo: Tese de Doutorado, FFLCH/USP, São Paulo,1970.

______. A economia na política militar e nos critérios de administração do Morgado de Mateus(1765-1775). *Estudos Econômicos.* vol. 13. (especial). 1983.

BEOZZO, J.O. A Família escrava e o imigrante na transição do trabalho escravo para o livre: A Igreja católica antes os dois tipos de família In: MARCÍLIO, M.L (org). *Família, mulher, sexu-*

alidade e igreja no Brasil. São Paulo: Edições Loyola, 1993, p. 813-824.

BERKNER, Luts K. The steam family and the development cycle of the peasant household In .: *American Historical Review.* Abril/1972. nº 2. p. 398-418, 1977.

BLAJ, Ilana. A escravidão colonial: algumas questões historiográficas. *Revista do Instituto de Estudos Brasileiros* , nº 37, 1994.

______. A trama das tensões: o processo de mercantilização de São Paulo colonial(1661-1721). São Paulo, Tese de Doutorado, FFLCH/USP, 1995.

BOTELHO, Tarcísio R. *Famílias e escravarias: demografia e família escrava no Norte de Minas Gerais no século XIX.* São Paulo, Dissertação de Mestrado, FFLCH/ USP, 1994.

BRESCIANI, Maria Stella. Condições de vida do escravo na província de São Paulo no século XIX. *Revista do Arquivo Municipal.* São Paulo, CXCII, ano 42, 1979.

BRIOSCHI, Lucila R. *Entrantes no sertão do Rio Pardo: o povoamento da Freguesia de Batatais séculos XVIII e XIX.* São Paulo: CERU, 1991.

______.*Criando histórias: paulistas e mineiros no nordeste de São Paulo 1725-1835.* São Paulo, Tese de Doutorado, FFLCH/USP, 1995.

BRUNO, Ernani da Silva. (org.) *São Paulo: terra e povo.* Porto Alegre: Editora Globo.1967.

______. *Histórias e Tradições da Cidade de São Paulo.* Rio de Janeiro: José Olímpio. 1954.

CAMPOS, Alzira. *O Casamento e a Família em São Paulo colonial: caminhos e descaminhos.* São Paulo, Tese de Doutorado, FFLCH/ USP, 1986.

CAMPOS, Maria Verônica. Os engenhos de cana na Comarca do Rio das Velhas - séculos XVIII. *Anais- vol. 1 VII Seminário sobre a economia mineira.* Diamantina, 1995.

CANABRAVA, A.P. Varnhagen, Martius e Capistrano de Abreu. *III Encontro de Estudos Teuto-Brasileiros.* Porto Alegre da UFRS, p. 215-235,1980.

CÂNDIDO, Antônio. *Os parceiros do rio bonito: estudo sobre o caipira paulista e a transformação dos seus meios de vida.* 6a.edição. São Paulo: Livraria Duas Cidades, 1982.

CARDOSO, C.F.S. Severo Martinez Pelaez y el carácter del regimen colonial In: ASSADOURIAN. C.S. et alii. *Modos de producción en América Latina.* 3a. ed., Buenos Aires: Cuadernos de Passado y presente, p.83-109,1975.

CARDOSO, C.F.S. Sobre los modos de producción coloniais de América. In. ASSADOURIAN,C.S. et alii. *Modos de producción coloniais de América.* 3.ed. Buenos Aires: Cuadernos de passado y presente, p.193-242,1975.

CARDOSO, C.F.S. Sobre los modos de producción coloniais de América. In. ASSADOURIAN,C.S. *Modos de producción coloniais de América.* 3.ed. Buenos Aires: Cuadernos de passado y presente, p.135-159, 1975.

CARDOSO, Ciro F.S. & BRIGNOLI, Héctor Pérez. *Os métodos da história.* Rio de Janeiro: Edições Graal, 1983.

CARDOSO, Ciro F.S. *A afro-américa : a escravidão no novo mundo.* São Paulo: Brasiliense, 1987.

CARDOSO, Ciro F. & VAINFAS, Ronaldo. *Domínios da História: ensaios de teoria e metodologia.* Rio de Janeiro: Campus, 1997.

CARNEIRO, M.L.T. *Preconceito Racial Portugal e Brasil-Colônia,* 1ª edição, São Paulo: Brasiliense, 1988.

CASTRO, A.B.de. A economia política, o escravismo e a escravidão. In.: AMARAL LAPA, J.R. (org.) *Modos de produção e realidade brasileira.* Petrópolis. Vozes, p.67-107, 1980.

CASTRO, Hebe Maria M. *Ao sul da história: lavradores pobres na crise do trabalho escravo.* São Paulo: Brasiliense, 1987.

________. *Das cores do silêncio: os significados da liberdade no sudeste escravista - Brasil - século XIX*. Rio de Janeiro: Arquivo Nacional, 1995.

CERTEAU, Michael de. *A Escrita da História*. Rio de Janeiro: Forense-Universitária,1982.

CHALHOUB, Sidney. *Visões de liberdade: uma história das últimas décadas da escravidão na corte*. São Paulo: Cia das Letras, 1990.

CÔRREA, M. Repensando a Família Patriarcal Brasileira, In: *Colcha de Retalhos: estudos sobre a família no Brasil*. Campinas: Editora da Unicamp, 1993.

COSTA, Dora Isabel Paiva da. Demografia e economia numa região distante dos centros dinâmicos: uma contribuição ao debate sobre a escravidão em unidades exportadoras e não - exportadoras. *Estudos Econômicos*. v. 16, n°1, p. 111-136, jan/abr, 1996.

COSTA, E.V. *Da Senzala a Colônia*. São Paulo: DIFEL, 1976.

______. Cotia e Itapecerica da Serra: subúrbios agrícolas. In: AZEVEDO, Aroldo. *A cidade de São Paulo*. Estudos de Geografia Urbana. São Paulo: Nacional, 1958.

______. *Coroas de glória, lágrimas de sangue: a rebelião dos escravos de Demerara em 1823*. São Paulo: Cia das Letras, 1998.

COSTA, Iraci. Del Nero da. *Arraia-miúda: um estudo sobre os não proprietários de escravos no Brasil*. São Paulo: MGSP,1992.

COSTA, Iraci Del Nero da. Vila Rica: nota sobre casamentos de escravos (1727-1826) in: *Revista África*. Centro de Estudos Africanos da USP, n° 04,1981.

COSTA, Iraci Del Nero da & SLENES, R.W & SCHWARTZ, Stuart B. A Família escrava em Lorena (1808). *Estudos Econômicos*. 17(2): pp.245-295 maio/ago. 1987.

COSTA, Iraci Del Nero da & GUTIÉRREZ. Nota sobre casamentos de escravos em São Paulo e no Paraná (1830). *História, Questões e Debates*. Curitiba 5(9): p. 313-321 dez/1984.

COSTA, Raquel Rumplisberg. *Divórcio e anulação de matrimônio em São Paulo colonial.* São Paulo, Tese de Doutorado, FFLCH/USP, 1986.

CUNHA, Manuela Carneiro da. *Negros estrangeiros: os escravos libertos e sua volta à África.* São Paulo: Brasiliense. 1985.

D`INCAO, M. A. Amor *e Família no Brasil.* São Paulo: Contexto, 1989.

______. (Org.) *História e ideal: ensaios sobre Caio Prado Júnior.* São Paulo: Brasiliense/Editora da UNESP/Secretaria de Estado da Cultura, 1989.

DANTAS, Beatriz Góis. *Vovô nagô e Papai Branco: usos e abusos da África no Brasil.* Rio de Janeiro: Graal, 1988.

DEBRET, Jean-Baptiste. *Viagem pitoresca e histórica no Brasil.* Trad. Sérgio Milliet. São Paulo: Círculo do Livro, 1940.

DEL PRIORE, Mary. *Ao Sul do Corpo: condição feminina, maternidades e mentalidades no Brasil Colônia.* Rio de Janeiro: José Olympio, 1995.

______. (Org.) *História da Criança no Brasil.* São Paulo: Contexto, 1992.

______. *A maternidade da mulher negra no período colonial brasileiro.* São Paulo, Estudos CEDHAL, n°4,1989.

______. *Festas e Utopias no Brasil Colonial.* São Paulo: Brasiliense, 1994.

DIAS, Maria Odila L.S. *Quotidiano e Poder em São Paulo no século XIX.* São Paulo: Brasiliense, 1984.

________ Nas fímbrias da escravidão urbana: negras de tabuleiro e de ganho. *Estudos Econômicos.* vol. 15(especial): pp.89-109. 1985.

DUBY, Georges. *A História Contínua.* Rio de Janeiro: Jorge Zahar/Ed. UFRJ,1993.

______. *História e Nova História.* Lisboa: Teorema, 1989.

EISENBERG, Peter L. *Homens esquecidos: escravos e trabalhadores livres no Brasil - séculos XVIII e XIX.* Campinas: Editora da UNICAMP, 1989.

ERNY, P. *L'enfant dans la pensée traditionelle de l'Afrique Noire.* Le Livre Africain: Paris, 1968.

FARIA, Sheila de Castro. *A Colônia em movimento: fortuna e família no cotidiano colonial.* Rio de Janeiro: Nova Fronteira,1998.

______. Família escrava e legitimidade: estratégias de preservação da autonomia. *Estudos Afro-Asiáticos.* (23): 113-131, dezembro de 1992.

FERLINI, V.L.A. *Terra, Trabalho e Poder: o mundo dos engenhos no nordeste colonial.* São Paulo: Brasiliense, 1988.

FIGUEIREDO, Luciano. *O avesso da memória: cotidiano e trabalho da mulher em Minas Gerais no século XVIII.* Rio de Janeiro: José Olímpio,1993.

FLANDRIN, Jean -Louis. *Famílias, parentesco, casa e sexualidade na sociedade antiga.* Lisboa: Editorial Estampa, 1994.

FLORENCE, Amador. "Municípios paulistas e seus centenários: progressão colonizadora". *Revista do Arquivo Municipal de São Paulo.* São Paulo. vol. 62, p.179-208,1939.

FLORENTINO, Manolo & GÓES, José Roberto. *A paz das Senzalas: famílias escravas e tráfico atlântico, c. 1790-c.1850.* Rio de Janeiro: Civilização Brasileira, 1997.

______. *Em costas negras: uma história do tráfico de escravos entre a África e o Rio de Janeiro.* São Paulo: Cia das Letras. 1997.

______. Parentesco e família entre os escravos no século XIX: um estudo de caso. *Revista Brasileira de Estudos da População.* v.12, ns.1-2 jan/dez 1995.

FRAGOSO, J.L.R. *Homens de grossa aventura: acumulação e hierarquia na praça mercantil do Rio de Janeiro (1790-1830).*Rio de Janeiro: Arquivo Nacional,1992.

FRAGOSO, J.L.R. & FLORENTINO,M.G. Marcelino, filho de Inocência Crioula, neto de Joana Cabinda: um estudo sobre famílias escravas em Paraíba do Sul (1835-1872) *Estudos Econômicos*. 17(2): 151-173, maio/ago, 1987.

______. *O arcaísmo como projeto: mercado atlântico, sociedade agrária e elite mercantil no Rio de Janeiro. 1790-1840*.Rio de Janeiro: Diadorim, 1993.

FRAGOSO, João et alii. *A economia colonial brasileira (séculos XVIII-XIX)*. São Paulo: Atual, 1998.

FRANCO, Maria Sylvia de Carvalho. *Homens livres na ordem escravocrata*. São Paulo: Ática, 1974.

FREITAS, Marcos Cézar de Freitas (org.). *Historiografia Brasileira em Perspectiva*. São Paulo: Contexto, 1998.

FREYRE, Gilberto. *Casa Grande & Senzala*. Rio de Janeiro: José Olympio, 1987.

FUKUI, Lia de Freitas. *Sertão e Bairro Rural*. São Paulo: Ática, 1979.

GEBARA, Ademir. *O mercado de trabalho livre no Brasil 1871-1888*. São Paulo: Brasiliense, 1986.

GENOVESE, Eugene. *A terra prometida: o mundo que os escravos criaram*. Rio de Janeiro. Paz e Terra. Brasília: CNPq. 1988.

______.*O mundo dos senhores de escravos: dois ensaios de interpretação*. Rio de Janeiro: Paz e Terra. 1979.

GOFFMAN, Erving. *Estigma: notas sobre a manipulação da identidade deteriorada*. Rio de Janeiro: Zahar Editores.1975.

GOLDSCHMIDT, Eliana Maria Réa. Os limites da igualdade: um aspecto dos casamentos mistos de escravos em São Paulo colonial. *Ler História*. 29, 105-119, 1995.

______. *Casamentos mistos de escravos em São Paulo Colonial*. São Paulo, Dissertação de Mestrado, FFLCH/ USP, 1987.

GOMES, Flávio dos Santos. *Histórias de quilombolas: mocambos e comunidades de senzalas no Rio de Janeiro - século XIX*. Rio de Janeiro: Arquivo Nacional. 1995.

GONÇALVES, Rosana Andréa, Ivani Maia, Marco Antônio Cabral dos Santos, Fabiana Schleumer. *Luzes e sombras sobre a colônia: educação e casamento na São Paulo do século XVIII.* São Paulo: Humanitas Publicações / Departamento de História/ FFLCH/USP, 1998.

GORENDER, J. *A Escravidão Reabilitada.* São Paulo: Editora Ática, 1990.

______. O conceito de modo de produção e a pesquisa histórica In.: AMARAL LAPA, J.R. do (org.) *Modos de produção e realidade brasileira.* Petrópolis. Vozes, p.43-65,1980.

______. *O Escravismo Colonial.* São Paulo: Editora Ática, 1978.

GRAFF, Márcia Elisa de C. De agredidos a agressores: um estudo sobre as relações sociais entre senhores e escravos no Paraná do século XIX. *Estudos Econômicos.* São Paulo. vol. 18(especial), p.147-166. 1988.

GRAHAM, Richard. Escravidão e desenvolvimento econômico: Brasil e Sul dos Estados Unidos no século XIX. *Estudos Econômicos.* vol.13 (1) 223-257. jan/abr. 1983.

______. *Escravidão, Reforma e Imperialismo.* São Paulo: Perspectiva, 1979.

GRAHAM, Sandra L. *Proteção e Obediência: criadas e seus patrões no Rio de Janeiro 1890-1910.* Cia das Letras: São Paulo, 1992.

GUERZONI FILHO, Gilberto & NETTO, Luiz Roberto. Minas Gerais: índices de casamento da população livre e escrava na Comarca do Rio das Mortes. *Estudos Econômicos.* vol. 18(3) pp. 497-507. set/dez. 1988.

GUTIÉRREZ, Horácio. Demografia escrava numa economia não-exportadora: Paraná, 1800-1830 *Estudos Econômicos.* 17(2): 297-314 maio/ago. 1987

GUTMANN, Herbert. *The black family in slavarey and freedom. 1750-1925.* New York: Vintage books, 1976.

GUZMÁN, Francisco Pérez. Modo de vida de esclavos y forzados en las fortificaciones de Cuba siglo XVIII. *Revista de História.* São Paulo. v.08, p.1-128,1989.

HAREVEN, Tamara K. The history of the family as an interdisciplinary field. In.: RABB, Theodore (ed.) *The family in History.* New York. Harper Torchbooks, pp. 211-226, 1973.

HELLER, Agnes. *Cotidiano e História.* São Paulo: Paz e Terra,1992.

HOLANDA, S.B. Movimentos da população em São Paulo no século XVIII *Revista do Instituto de Estudos Brasileiros,* n° 01, 1960.

HOONAERT, E. *História da Igreja no Brasil.* 3a edição, São Paulo: Edições Paulinas, Vozes, Petrópolis, tomo II, 1983.

KARASCH, Mary. *Slave life in Rio de Janeiro 1808-1850.* Princeton: Princenton University Press, 1985.

KLEIN, Herbert. *Escravidão Africana, América Latina e Caribe.* São Paulo: Brasiliense, 1987.

______. Novas interpretações do tráfico de escravos no atlântico. *Revista de História.* São Paulo,120, 3-25. jan/ jul.1989.

______. Os homens livres de cor na sociedade escravista brasileira. *Dados,*17 pp.3-27(1978).

KNOX, M. *Escravos do Sertão: demografia, trabalho e relações sociais no Piauí: 1826-1888.* São Paulo, Tese de Doutorado, FFLCH/USP, 1993.

KOWARICK, Lúcio. *Trabalho e vadiagem: a origem do trabalho livre no Brasil.* São Paulo: Brasiliense, 1987.

KUZNESOF, Elizabeth Anne. Household, family and community studies, 1976-1986: a bibliographic essay. In: *Latin American Population History Newsletter,* Fall/1988. n° 14.

LAMUR, Humphrey E. A família escrava no Suriname colonial do século XIX. *Estudos Afro-Asiáticos* (29)103-112, março de 1996.

LARA, Sílvia H. *Campos da Violência.* Rio de Janeiro: Paz e Terra, 1988.

LASLETT, Peter. *Household and family in past time.* London Cambridge University Press,1972.

LE GOFF, Jacques. *A História Nova.* São Paulo: Martins Fontes, 1990.

LEWKOWICZ, I. Herança e relações familiares: os pretos forros nas Minas Gerais do século XVIII. *Revista Brasileira de História:* FFLCH/USP, 1989.

______. *Vida em família: caminhos da igualdade em Minas Gerais (séculos XVIII e XIX):* São Paulo, Tese de Doutorado, FFLCH/ USP, 1992.

LIMA, L.L.G & VENÂNCIO, R. P. Abandono de crianças negras no Rio de Janeiro In: *História da Criança no Brasil,* 2ª edição, São Paulo: Contexto,1992.

LIMA, Lana Lage da Gama (org.) *Mulheres, adúlteros e padres - História e moral na sociedade brasileira.* Rio de Janeiro: Dois Pontos, 1987.

LINHARES, Maria Yedda & SILVA, Francisco Carlos Teixeira. *História da agricultura brasileira: combates e controvérsias.* São Paulo: Brasiliense. 1988.

LOPES, Eliane Cristina. *O revelar do pecado: os filhos ilegítimos na São Paulo do século XVIII.* São Paulo: Annablume, 1998.

LUCA, T.R. O trabalho e suas representações em famílias negras de São Paulo *História: Questões e Debates,* Curitiba 9(16):161-186, jun.1988.

LUNA, Francisco Vidal e Iraci Del Nero da Costa. "A presença do elemento forro na conjuntura de proprietários de escravos". *Ciência e Cultura.* 32 p.836-841.(1980)

LUNA, Francisco Vidal. *Minas Gerais: escravos e senhores - análise da estrutura populacional e econômica de alguns centros mineratórios(1718-1804).* São Paulo. IPE/USP. 1981.

LUSTOSA, Oscar de Figueiredo. Situação religiosa da capitania de São Paulo na palavra de seu bispo, Dr. Frei Manuel da

Ressureição (1777). *Revista de História*. São Paulo, 52104): pp.909-924, out/dez. 1975.

MACHADO, M.H.P.T. *Crime e Escravidão- Trabalho, Luta e Resistência nas lavouras paulistas 1830-1888*. São Paulo: Brasiliense, 1987.

_______. *O Plano e o Pânico: Os movimentos sociais na década da abolição*. Rio de Janeiro/ São Paulo: Editora UFRJ/EDUSP, 1994.

MALHEIRO, Perdigão. *A Escravidão no Brasil- Ensaio Histórico-Jurídico Social*. São Paulo: Editora Cultura, 1944.

MARCÍLIO, M.L. *A cidade de São Paulo: Povoamento e População (1750-1850)*. São Paulo: Pioneira / EDUSP, 1974.

______. *Caiçara: terra e população*. São Paulo: Edições Paulinas, 1986.

______. *Crescimento demográfico e evolução agrária paulista (1700-1836)*. Tese de livre-docência, São Paulo, FFLCH/USP, 1974.

______. *Demografia histórica: organizações técnicas e metodológicas*. São Paulo: Pioneira, 1977.

______. Padrões da Família Escrava. *TRAVESSIA*. jan-abril, 1991.

_______. A morte de nossos ancestrais. In: MARTINS, José de Souza. *A morte e os mortos na sociedade brasileira*. São Paulo: Hucitec, 1983.

MARTINEZ-ALIER, Verena. Opressão ou liberalidade: a ambivalência estrutural do liberto numa sociedade escravista - Barbados - *Estudos Cebrap*, 13, 1975.

______. *Marriage, Class and Colour in ninettenth-century Cuba: a study of racial attitudes and sexual values in a slave society*. Cambridge University Press, 1975.

MARTINS, R.B. Minas Gerais, século XIX: tráfico e apego a escravidão numa economia não-exportadora. *Estudos Econômicos*. V. 13, n.° 1, pp. 181-209, jan/abr, 1983.

MATTA, Roberto da. *A casa e a rua: espaço, cidadania, mulher e morte no Brasil.* São Paulo: Brasiliense, 1985.

MATTOSO, K.Q. *Bahia- Século XIX- Uma Província no Império.* Rio de Janeiro: Nova Fronteira, 1992.

______. *Ser escravo no Brasil.* São Paulo: Brasiliense, 1984.

______.O Filho da Escrava *História da Criança no Brasil,* 2ª edição, São Paulo: Contexto,1992

MEILLASSOUX, Claude. *Mulheres, Celeiros e Capitais.* Porto: Afrontamento, 1976.

MELLO E SOUZA, Laura de. *Os desclassificados do Ouro: a pobreza mineira no século XVIII.* Rio de Janeiro: Edições Graal, 2ª. edição, 1986.

METCALF, A. Vida familiar dos escravos em São Paulo no século XVIII, o caso de Santana de Parnaíba. *Estudos Econômicos.* 17(2):pp.229-243 maio/agosto,1987.

______. Recursos e estruturas familiares no século XVIII, em Ubatuba, Brasil. *Estudos Econômicos.* vol. 13(especial): p.771-785. 1983.

______. *Family and Frontier in colonial Brazil: Santana de Parnaíba 1500-1822.* California, University of California Press, 1992.

MONTEIRO, J.M. *Negros da Terra. Índios e bandeirantes nas origens de São Paulo*, São Paulo: Cia das Letras,1994.

MORSE, Richard. *Formação Histórica de São Paulo (De comunidade a metrópole).* São Paulo: Difusão europeia do Livro, 1970.

MOTT, Maria Lúcia. A criança escrava na literatura de viagens. In: *Cadernos de Pesquisa da Fundação Carlos Chagas,* n°31, p.57-68, dez/1979.

______. Ser mãe: a escrava em face do aborto e do infanticídio. *Revista de História.* São Paulo. Departamento de História/ FFLCH-USP, jan./jul.1989, n°120, p.85-96

MOTTA, José Flávio e Nozoe, Nelson. Cafeicultura e Acumulação. *Estudos Econômicos.* São Paulo. v. 24. n.2. p.253-320. mai-ago. 1994.

MOTTA, José Flávio. A demografia histórica no Brasil: contribuições a historiografia. *Revista Brasileira de Estudos da População,* v. 12, ns.1-2 jan/dez 1995.

______. A família escrava e a penetração do café em Bananal. 1801-1829. *Revista Brasileira de Estudos da População.* São Paulo, v.5, n°.1, pp. 7-101, jan/jun.1988.

______. O advento da cafeicultura e a estrutura de posse de escravos Bananal, (1801-1829). *Estudos Econômicos.* São Paulo. v. 21. n° 03, pp. 409-434, set/dez/ 1991.

______. Família escrava: uma incursão pela historiografia. *História, Questões e Debates.* Curitiba. 9(16): p. 104-159 jun.1988.

______. *Corpos escravos, vontades livres - Estrutura da Posse de Cativos e Família Escrava em um núcleo cafeeiro(Bananal,1801-1829).* São Paulo: Tese de Doutorado, FEA/USP, 1990.

MUNANGA, K. Aspectos do Casamento Africano. *Revista Dédalo.* (23) São Paulo, 1993.

______. Preconceito de cor: diversas formas, um mesmo objetivo. *Revista de Antropologia,* vol.21, 1978.

______. *Os Basanga de Shaba (Zaire): Aspectos Sócio- econômicos e Político-religiosos.* São Paulo: Tese de Doutorado, FFLCH/ USP, 1977.

NEVES, M.F. das. *Infância de faces negras: a criança escrava brasileira no século XIX.* São Paulo, Dissertação de Mestrado, FFLCH / USP, 1986.

______. Ampliando a família escrava: compadrio de escravos em São Paulo do século XIX. NADALIN, Sérgio et alii(org.).

História e população: estudos sobre a América Latina. São Paulo: Seade, ABEP/IUSSP/CELADE, 1990.

NIZZA DA SILVA, Maria Beatriz. Testamentos femininos em São Paulo colonial. *Arquivo Boletim Histórico e Informativo.* São Paulo. 10(1): p. 43-49. jan/jun.1989.

______. *História da Família no Brasil Colonial.* Rio de Janeiro: Nova Fronteira, 1998.

______. Casamentos de Escravos na Capitania de São Paulo. *Ciência e Cultura.* 32(7) julho de 1980.

______. *Sistema de casamento no Brasil colonial.* São Paulo: T.A Queirós/EDUSP, 1984.

NOVAIS, F. *Portugal e Brasil na crise do antigo sistema colonial (1777-1808).* São Paulo: Hucitec, 1979.

OLIVEIRA, Maria Inês C. de. "Viver e morrer no meio dos seus. *Revista USP.* n° 28, São Paulo. 1996.

______. *O liberto: o seu mundo e os outros: Salvador, 1790/1890.* São Paulo: Corrupio/CNPq.1988.

PAIVA, Eduardo França. *Escravos e Libertos nas Minas Gerais do século XVIII. estratégias de resistência através dos testamentos.* São Paulo: Annablume, 1995.

_______. *Por meu trabalho, serviço e indústria: histórias de africanos, crioulos e mestiços na colônia, 1716-1789.* Tese de Doutorado, FFLCH/USP, 1999.

PAULA, Maria Regina R.S. As fontes primárias existentes no Arquivo da Cúria Metropolitana de São Paulo (capital). *Separata da Revista de História.* n° 66 - vol. XXXII, São Paulo: 1966

PERROT, Michele. As crianças da Petite-Roquette. In. Samara, Eni de Mesquita (org.). *Revista Brasileira de História- Famílias e Grupos de convívio*, set. 1988/fev.1989, v.9, n°17,p.115-28

PRADO, Jr. *Formação do Brasil contemporâneo.(colônia).* 17 ed. São Paulo: Brasiliense, 1981.

QUEIRÓS, Suely R. R. de. Escravidão *negra em São Paulo: um estudo das tensões provocadas pelo escravismo no século XIX*. Rio de Janeiro: José Olímpio. 1977.

______. *Escravidão negra no Brasil*. São Paulo": Ática,1990.

QUEIRÓZ, Maria Isaura Pereira. *Bairros Rurais Paulistas: dinâmica das relações bairro rural - cidade*. São Paulo: Livraria Duas Cidades, 1973

RADCLIFFE-BROWN, A R. - DARRYLL, Forde. *Sistemas políticos africanos de parentesco e casamento*. Lisboa. Fundação Calouste Gulbenkian, 1950.

REIS, João José & GOMES, Flávio dos Santos. *Liberdade por um fio: histórias dos quilombos no Brasil*. São Paulo: Cia das Letras, 1996.

REIS, João José & Silva, Eduardo. *Negociação e conflito: a resistência negra no Brasil escravista*. São Paulo: Cia das Letras, 1989.

REIS, João José. "Poderemos brincar, folgar e cantar: o protesto escravo nas Américas. *Afro-Ásia*, 14, p.107-122.(1983)

REIS, João José. *A morte é uma festa: ritos fúnebres e revolta popular no Brasil do século XIX*. São Paulo. Cia das Letras, 1991.

RIBEIRO, Ronilda. *Mãe negra: o significado ioruba da maternidade*. São Paulo, Tese de Doutorado, FFLCH-USP, 1995.

RIOS, A.M. Famílias e transição: famílias negras em Paraíba do Sul, 1872-1920. *Revista Brasileira de Estudos da População*. vol.7, n.2, jul/dez 1990.

RUSSELL-WOOD, A J.R. *Fidalgos e Filantropos: A Santa Casa de Misericórdia da Bahia, 1550-1755*. Trad. Sérgio Duarte, Brasília: Editora da Universidade de Brasília,1981.

SAMARA, Eni de M. A família negra no Brasil: escravos e libertos. *Anais do V Encontro da ABEP*. Olinda: ABEP,1988.

______. A história da família no Brasil In.: *Revista Brasileira de História - Família e grupos de convívio.* São Paulo. Marco Zero/ANPUH, ago.88/fev.89., p. 7-35

______. *As mulheres, o poder e a família.* São Paulo: Marco Zero e Secretaria de Estado da Cultura de São Paulo,1989.

______. *O papel do agregado na região de Itu de 1780 a 1830.* São Paulo: Dissertação de Mestrado, FFLCH/USP, 1975

SANTOS, Joel Rufino. *O que é racismo.* 14ª edição, São Paulo: Brasiliense, 1991

SCARANO, Julita. *Cotidiano e Solidariedade: vida diária da gente de cor nas Minas Gerais.* São Paulo: Brasiliense, 1994.

______. Família extensa e escravaria.*Revista do Arquivo Municipal.* São Paulo, vol.193. ano 43. jan/dez. 1980.

SCHWARCZ, Lília M.& REIS, Letícia V.(orgs). *Negras imagens: ensaios sobre cultura e escravidão no Brasil.* São Paulo. EDUSP: Estação Ciência. 1996.

SCHWARCZ, Lília M. *Retrato em Branco e Negro: jornais, escravos e cidadãos em São Paulo no final do século XIX.* São Paulo: Cia. das Letras,1988

______. *O Espetáculo das Raças: cientistas, instituições e questão racial no Brasil -1870-1930,* São Paulo: Cia das Letras, 1993.

SCHWARTZ, S.B. *Segredos Internos: Engenhos e Escravos no Brasil - Colônia: 1500-1835.* São Paulo: Cia das Letras,1986.

______. Purgando o pecado original: compadrio de batismo de escravos na Bahia do século XVIII. *Escravidão e Invenção da Liberdade.* São Paulo: Brasiliense,1988.

SCOTT, Ana Sílvia Volpi. *Dinâmica familiar da elite paulista (1765-1836). Estudo diferencial de demografia histórica das famílias dos proprietários de grandes escravarias do vale do Paraíba e região da capital de S. Paulo.* São Paulo: Dissertação de Mestrado, FFLCH/USP, 1987.

SERRANO, Carlos M.H. *Os Senhores da Terra e os Homens do Mar: Antropologia Política de um Reino Africano.* São Paulo: FFLCH/USP, 1983(Antropologia, 2)

SILVA, Eduardo. *Dom Obá II D' África, o Príncipe do Povo: vida, tempo e pensamento de um homem livre de cor.* São Paulo: Cia das Letras, 1997.

SLENES, Robert W. "Grandeza ou decadência? O mercado de escravos e a economia cafeeira da província do Rio de janeiro. 1850-1888. In: COSTA, Iraci del Nero da (org.) *Brasil: história econômica e demográfica.* SP. pp.103-155.IPE-USP, 1986.

______."Malangu, ngoma vem!: África coberta e descoberta no Brasil" *Revista USP.* São Paulo, n°.12. dez/ jan/fev. 1991-1992.

______. Escravidão e família: padrões de casamento e estabilidade familiar numa Comunidade Escrava (Campinas, Século XIX). *Estudos Econômicos* 17(2): 217-227 maio/ago. 1987.

______. Lares Negros, Olhares Brancos: histórias da família escrava no século XIX In: *Colcha de Retalhos: estudos sobre a família no Brasil,* 2a.ed. Campinas, SP: Editora da UNICAMP,1993.

______. O que Rui Barbosa não queimou: novas fontes para o estudo da escravidão no século XIX. *Estudos Econômicos.* vol. 13(1): p. 117-149. jan/abril. 1983.

______. Os múltiplos de porcos e diamantes: a economia escrava de Minas Gerais no século XIX. *Estudos Econômicos.* vol. 18(3): p.449-495. set/dez.1988.

SPITZER, Leo. "Assimilação, marginalidade e identidade: os dois mundos de André Rebouças, Connelius May e Stefan Zweig". *Estudos Afro-Asiáticos,* n°03, p.35-62, (1980)

TODOROV, Tzvetan. *Nós e os outros: a reflexão francesa sobre a diversidade humana.* vol.1, Rio de Janeiro: Jorge Zahar,1993

VAINFAS, R. *Casamento, Amor e Desejo no Ocidente Cristão,* São Paulo: Ática, 1986.

______. *História e sexualidade no Brasil*. Rio de Janeiro: Edições Graal, 1986.

VENÂNCIO, Renato Pinto. "A madrinha ausente: condição feminina no Rio de Janeiro (1750-1800). *Brasil: História Econômica e Demográfica*. São Paulo: IPE/USP,1988.

______. *Infância sem destino: o abandono de crianças no Rio de Janeiro do século XVIII*. São Paulo: Dissertação de Mestrado, FFLCH/USP,1988.

______. O abandono de crianças no Brasil antigo: miséria, ilegitimidade e orfandade. *Revista História* (São Paulo),14:153 - 171,1995.

WHITE, Hayden. *Meta - História: a imaginação histórica do século XIX*. 2ª. edição.São Paulo: Editora da Universidade de São Paulo, 1995 (coleção Ponta; v.4)

WISSENBACH, Maria Cristina Cortez. *Sonhos africanos, vivências ladinas: escravos e forros em São Paulo (1850-1880)*. São Paulo: Hucitec, 1988.

ZEMPATTI. Ando. *Pioneirismo e Cooperativismo: História do Cooperativa Agrícola de Cotia*. São Paulo. Editora "Sociologia e Política" da Fundação Escola de Sociologia e Política de São Paulo, 1961.

Agradecimentos

O trabalho aqui apresentado existe devido a orientação firme e segura e ao mesmo tempo, carinhosa e amiga de Mary Del Priore. Ela foi capaz de acreditar em mim, mostra-me caminhos e abrir-me um leque de oportunidades. Sempre otimista, estimulou e incentivou todas as etapas desta pesquisa.

Este livro foi originalmente escrito na forma de uma dissertação de mestrado, defendida sob a orientação da Professora Mary Del Priore no Departamento de História da Universidade de São Paulo, em 1999. Compuseram a banca examinadora a Professora Maria Helena Machado e o Professor Carlos Serrano, aos quais agradeço pelas críticas e sugestões.

Nesta caminhada, contamos com a parceria de Carlos Serrano. Em 1999, as questões pertinentes a História da África Pré-Colonial ainda não estavam contempladas nos cursos oferecidos pelo Departamento de História da Universidade de São Paulo. As minhas constantes inquietações levaram-me ao Departamento de Antropologia da USP onde fui "iniciada" no campo dos "Estudos Africanos" pelas mãos generosas e amigas de Carlos Serrano.

Do momento da defesa da dissertação até a publicação deste texto, vinte anos se passaram. Desde então vieram a público algumas obras que poderiam ter sido incorporadas de forma a enriquecer este livro, no entanto, afim de não se adiar ainda mais a publicação, optou-se pela originalidade do texto, o qual passou por leves modificações.

A Fundação de Amparo à Pesquisa do Estado de São Paulo, FAPESP, pela bolsa de estudos que permitiu minha dedicação exclusiva a esta pesquisa.

Ao longo da minha trajetória, vários amigos e funcionários facilitaram o meu caminhar, bem como o acesso a livros e documentos, e agradeço a todos por meio do Sr. Joel Alexandre da Silva, Mohammed Bamba, Jair Mongelli Júnior e Roberto Gava.

A Edegar Soares de Matos, meu padrinho, sua amizade sincera e seu apoio em todos os momentos deram-me forças para conduzir esta empreitada até o fim. Obrigada hoje e sempre!

A minha mãe, Maria das Graças Schleumer, por estar ao meu lado. A ela dedico e agradeço por mais esta conquista!

Por fim, a satisfação de vê-lo publicado devo a Joana Monteleone e Haroldo Ceravolo Sereza, que o acolheram na Editora Alameda. A ambos, gostaria de expressar os meus sinceros agradecimentos.

Alameda nas redes sociais:
Site: www.alamedaeditorial.com.br
Facebook.com/alamedaeditorial/
Twitter.com/editoraalameda
Instagram.com/editora_alameda/

Esta obra foi impressa em São Paulo no inverno de 2020. No texto foi utilizada a fonte Minion Pro em corpo 10,5 e entrelinha de 15,25 pontos.